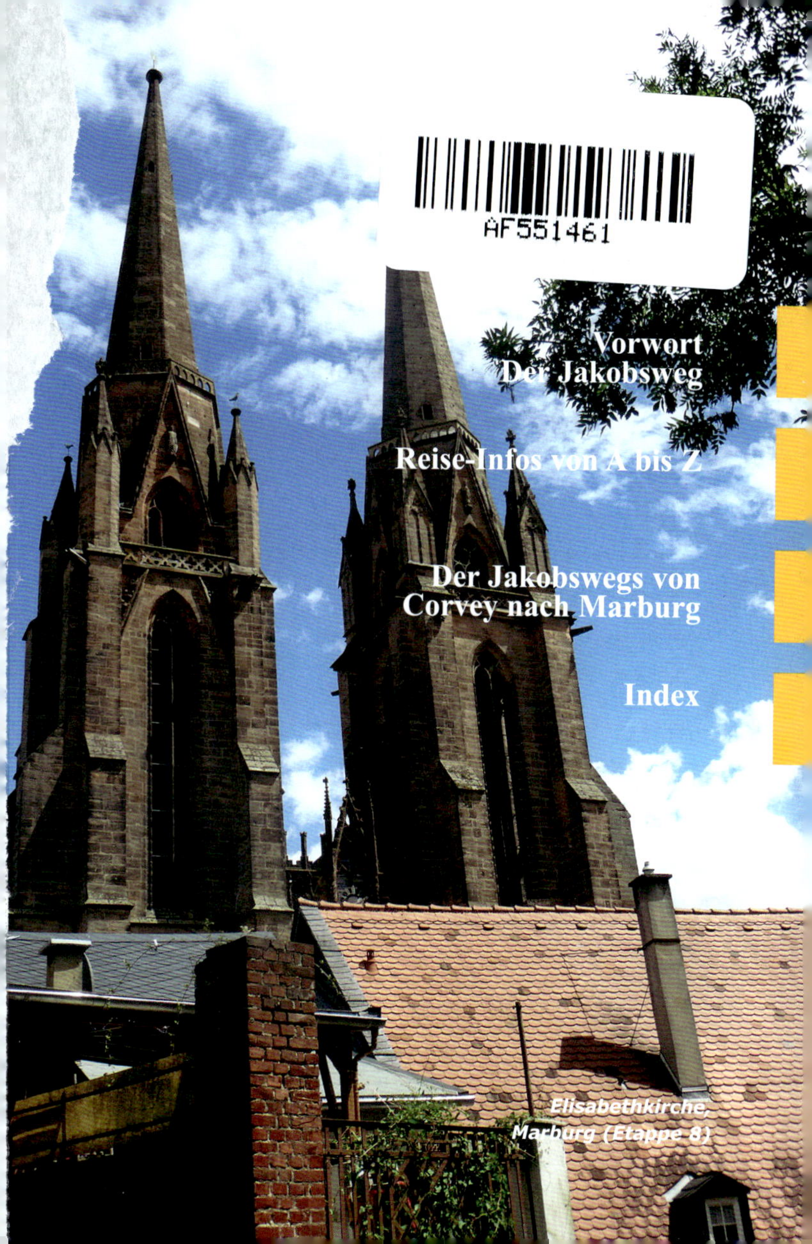

Elisabethkirche, Marburg (Etappe 8)

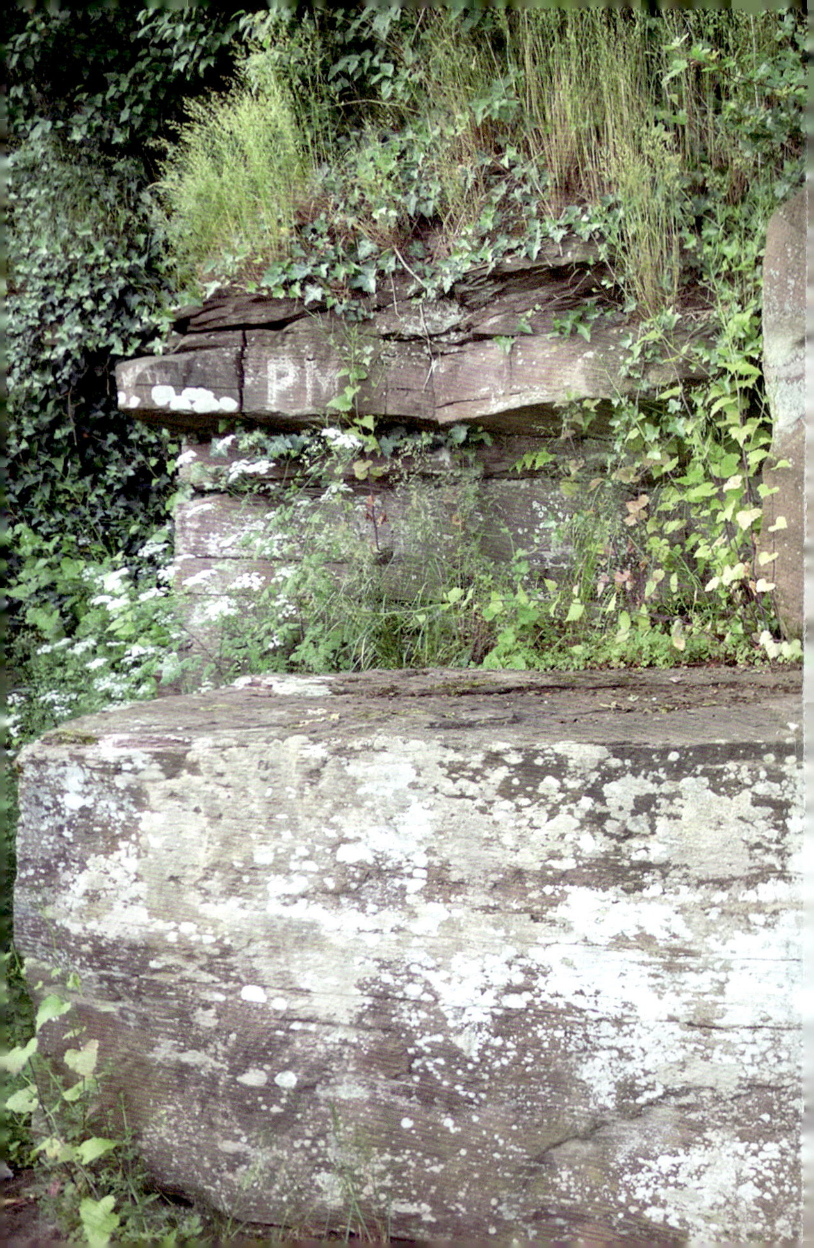
PM

BILDNACHWEIS

Alle Fotos Svea Rogge, außer:
© visitBerlin: 16 (Foto: Stiftung Preußische Schlösser und Gärten Berlin-Brandenburg), 18 (Foto: Michael Schulz/Berlinstagram), 34 (Foto: Stiftung Preußische Schlösser und Gärten Berlin-Brandenburg/Michael Lüden), 84 f. (Fotos: Wolfgang Scholvien), 86 (Thomas Rosenthal, MfN Berlin), 160/161 (Foto: Tierpark Berlin), 164 (Foto: Aquarium Berlin), 166 (Foto: Zoo Berlin), 174 (Foto: Tierpark Berlin)
© Konstantin Börner/Grün Berlin: 24 f., 28,
© Frank Sperling/Grün Berlin: 58, 60
© Grün Berlin: 29 f.
© Felix Derengowski: 96
© Wald-Jagd-Naturerlebnis e.V.: 106, 108
© NKMP: 111 f. (Foto: David Marschalsky)
© Christian Giese: 114 f., 118, 120
© Wildpark Schorfheide: 122 (Foto: Thomas Hennig)
© NABU: 126
© Bolle-Bolevier: 127 f.
© TSV Tierheim Falkensee u. U. e. V.: 154
© Dr. Tanja Wach, Eselfreunde im Havelland e.V.: 156, 158
© Biosphäre Potsdam: 180 (Foto: Marc Lehnhardt)
© Spreewelten GmbH: 186
© Fellfreunde Hundecafé, C. Beckert: 171 f.
Pexels: 35 (Foto: Tomas Malik) | Pixabay: 54 (Foto: Jevgeni Fil), 62 (Foto: Chung Hyeon), 65 (Foto: Waldemar Zielinski), 70 (Foto: minka2507), 107 (Hans Toom), 136 (Foto: Danielle Veelbehr), 162 (Foto: johnnyyip35) | Wikimedia: 76 (CC BY-SA 4.0, Foto: Andreas Weith), 80 (CC BY-SA 2.0, Foto: Kathy Büscher), 178 (CC BY-SA 3.0, Foto: Deadstar0) | Adobe Stock: 110 (Foto: Valeronio)

IMPRESSUM

Originalausgabe
1. Auflage 2024
© 2024 Jaron Verlag GmbH, Berlin
Alle Rechte vorbehalten. Jede Verwertung des Werkes und aller seiner Teile ist nur mit Zustimmung des Verlages erlaubt. Das gilt insbesondere für Vervielfältigungen, Übersetzungen, Mikroverfilmungen und die Einspeicherung und Verarbeitung in elektronischen Medien.
www.jaron-verlag.de
Umschlaggestaltung und Layout: STUDIO STRAHL, Berlin
unter Verwendung eines Fotos von Konstantin Börner/Grün Berlin (Tempelhofer Feld, Berlin)
Redaktion und Lektorat: Tabea Pauli
Lithografie: Bild1Druck GmbH, Berlin
Karten: Jaron Verlag GmbH, Berlin
unter Verwendung einer Karte von OpenStreetMap (CC BY-SA 2.0)
Druck und Bindung: Druckhaus Sportflieger, Berlin
ISBN 978-3-89773-445-6

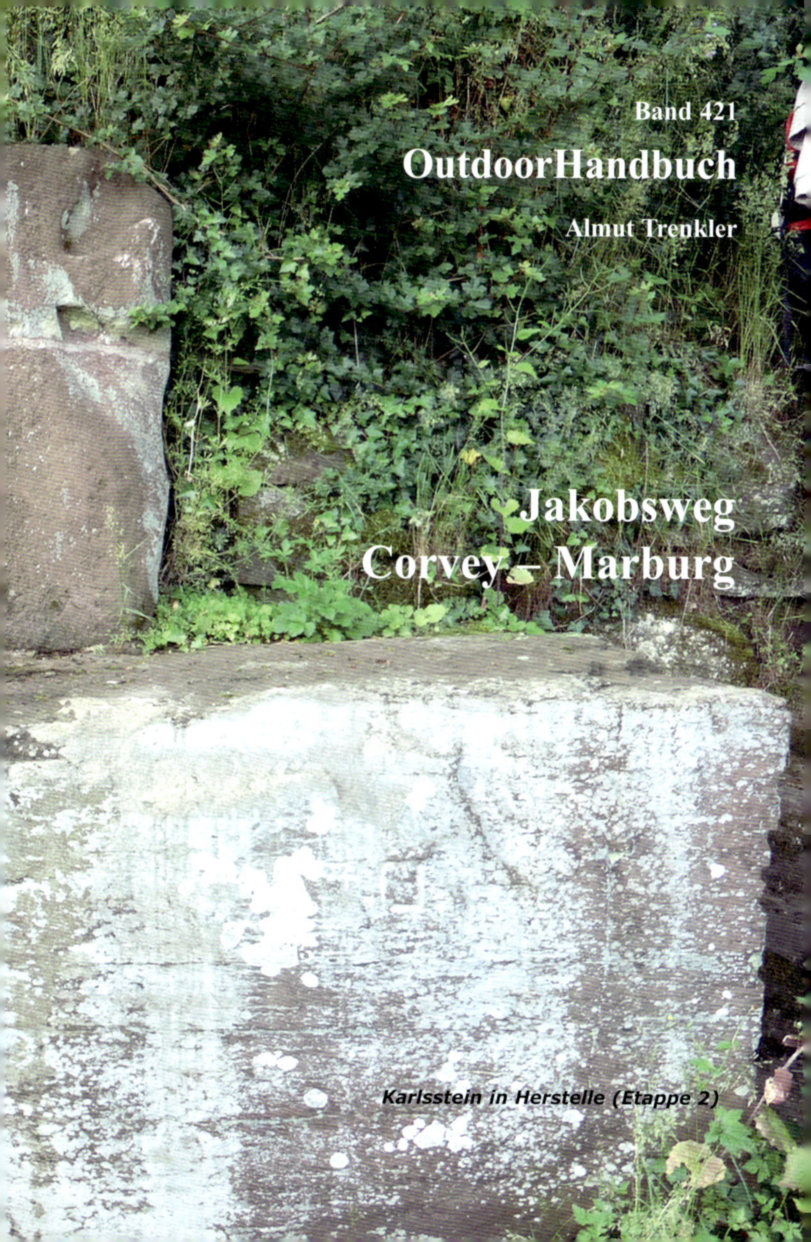

Karlsstein in Herstelle (Etappe 2)

Jakobsweg

Copyright Conrad Stein Verlag GmbH.
Alle Rechte vorbehalten.

Der Nachdruck, die Übersetzung, die Entnahme von Abbildungen, Karten, Symbolen, die Wiedergabe auf fotomechanischem Wege (z. B. Fotokopie) sowie die Verwertung auf elektronischen Datenträgern, die Einspeicherung in Medien wie Internet (auch auszugsweise) sind ohne vorherige schriftliche Genehmigung des Verlages unzulässig und strafbar.

Alle Informationen, schriftlich und zeichnerisch, wurden nach bestem Wissen zusammengestellt und überprüft. Sie waren korrekt zum Zeitpunkt der Recherche. Eine Garantie für den Inhalt, z. B. die immerwährende Richtigkeit von Preisen, Adressen, Telefon- und Faxnummern sowie Internetadressen, Zeit- und sonstigen Angaben, kann naturgemäß von Verlag und Autorin - auch im Sinne der Produkthaftung - nicht übernommen werden.

Die Autorin und der Verlag sind für Lesertipps und Verbesserungen (besonders per E-Mail) unter Angabe der Auflagen- und Seitennummer dankbar.

Dieses OutdoorHandbuch hat 160 Seiten mit 78 farbigen Abbildungen sowie 20 farbigen Kartenskizzen im Maßstab 1:100.000, 17 farbigen Höhenprofilen und einer farbigen, ausklappbaren Übersichtskarte. Es wurde auf chlorfrei gebleichtem, FSC®-zertifiziertem Papier gedruckt, in Deutschland klimaneutral hergestellt und transportiert und wegen der größeren Strapazierfähigkeit mit PUR-Kleber gebunden.

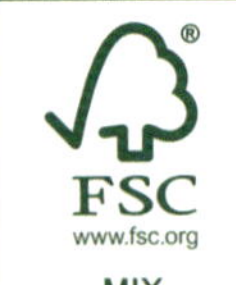

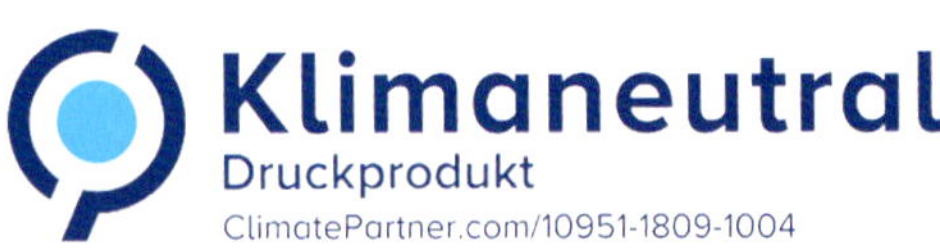

Dieses Buch ist im Buchhandel und in Outdoor-Läden erhältlich und kann im Internet oder direkt beim Verlag bestellt werden.

Corvey – Marburg

OutdoorHandbuch aus der Reihe „Der Weg ist das Ziel", Band 421

ISBN 978-3-86686-573-0 1. Auflage 2018
© Basiswissen für draussen, Der Weg ist das Ziel und FernwehSchmöker sind urheberrechtlich geschützte Reihennamen für Bücher des Conrad Stein Verlags

Text und Fotos: Almut Trenkler
Karten: Heide Schwinn
Lektorat: Kerstin Becker
Layout: Alexandra Sauerland

Gesamtherstellung: gutenberg beuys feindruckerei

Dieses OutdoorHandbuch wurde konzipiert und redaktionell erstellt vom:

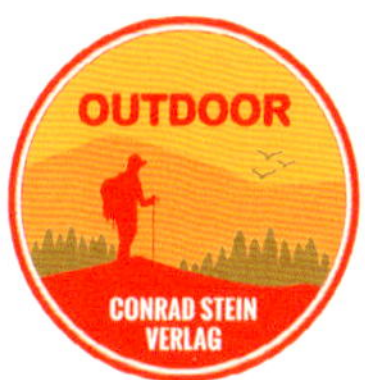

Conrad Stein Verlag GmbH, Kiefernstr. 6, 59514 Welver,
☎ 023 84/96 39 12, FAX 023 84/96 39 13,
info@conrad-stein-verlag.de,
www.conrad-stein-verlag.de

Besuchen Sie uns bei Facebook & Instagram:

 www.facebook.com/outdoorverlag

 www.instagram.com/outdoorverlag

Titelfoto: Abgang aus Derental (Etappe 1)

Inhalt

Werde Fan bei Facebook und Instagram!

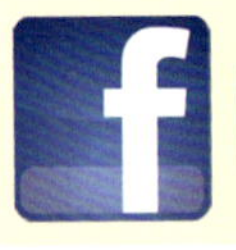

www.facebook.com/outdoorverlag

www.instagram.com/outdoorverlag

Anzeige

Gute Reise
Gute Karten

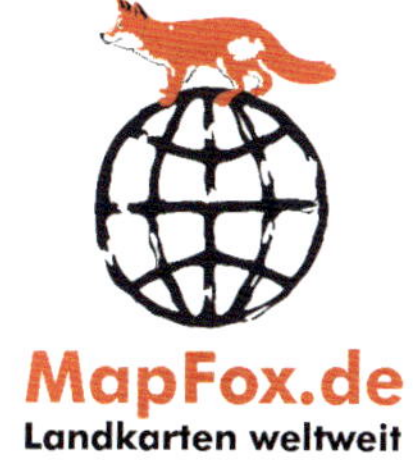

Vorwort

Im Netz der Jakobswege, das sich auch in Deutschland in den letzten Jahren immer mehr verdichtet, fehlt bislang eine direkte Verbindung zwischen Kloster Corvey an der Weser, einem wichtigen geistigen und geistlichen Zentrum des Mittelalters, und der Stadt Marburg an der Lahn, die mit der Grabstätte der Heiligen Elisabeth nach deren Tod im 13. Jh. zu einem bedeutenden Wallfahrtsziel des Abendlandes wurde. Der Hauptstrom der Jakobspilger aus dem norddeutschen Raum wählte zwar die bekannte Strecke über Paderborn und Köln, aber auch die in diesem Buch beschriebene Route, die alten Heer- und Handelsstraßen in acht Etappen nach Süden folgt und bedeutende Kirchen und Klöster des Mittelalters verbindet, werden etliche Pilger beschritten haben.

Das galt jedenfalls bis zur Reformation, die natürlich für das Pilgerwesen einen tiefen Einschnitt bedeutete. Landgraf Philipp von Hessen war nach anfänglicher Ablehnung der Lehren Luthers ein vehementer Vorkämpfer und auch politischer Führer der Reformation, die er schon 1526 in seinem Herrschaftsbereich durchsetzte. In der Folge wurden nicht nur die Gottesdienste umgestaltet, sondern auch die Klöster aufgelöst und ihr Vermögen eingezogen. Diese wichtigen Anlaufstellen standen den Pilgern fortan nicht mehr als Stützpunkte zur Verfügung.

Es ist deshalb nicht verwunderlich, dass für den hessischen Teil des in diesem Buch beschriebenen Weges – und das sind zwei Drittel – kaum noch Hinweise auf frühere Pilger vorhanden sind. Östlich des Rheins sind diese ohnehin spärlich und selten eindeutig, anders als in Frankreich, Spanien und Italien, wo die Jakobswege gut rekonstruiert werden können. Aber wo es früher Klöster und Spitäler gab, kann man auch auf Pilger schließen, zumal, wenn sie an Handelsstraßen lagen, die die Pilger bevorzugt benutzten. Auch ist der Nachname Jakob oder Jacobi entlang der Route oft vertreten.

Dieser Wanderführer erhebt also nicht den Anspruch, einen historisch verbürgten Jakobsweg nachzuweisen. Den einen Weg gibt es schließlich auch nicht, sondern so viele Wege, wie es Pilger gibt. Entscheidend ist, dass man sich überhaupt auf den Weg macht, auf seinen je eigenen Pilger- und Lebensweg.

Buen camino!

Danksagung

Zunächst möchte ich mich bei meinen Mitpilgern bedanken, die mich jahrelang auf dem Jakobsweg begleitet, manche Zumutung hingenommen und mich auf die eine oder andere Weise unterstützt haben, zuletzt besonders Andreas, Annelen, Dietrich, Eckhard, Herta, Jochen, Otto und Uli. Annelen Hölzner-Bautsch gebührt besonderer Dank für etliche Fotos, die sie zu diesem Buch beigesteuert hat. Hermann-Josef Sander aus Beverungen verdanke ich viele Informationen über Herstelle, Jakobsberg und die Klus Eddessen. Vor allem aber: Deo gratias!

Anzeige

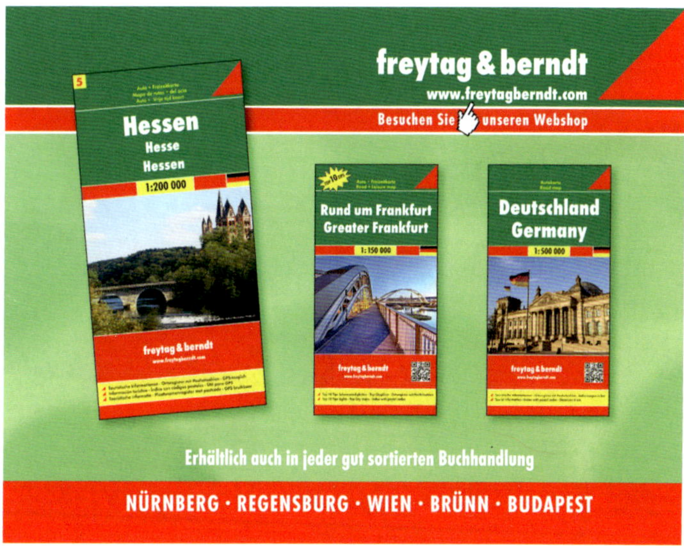

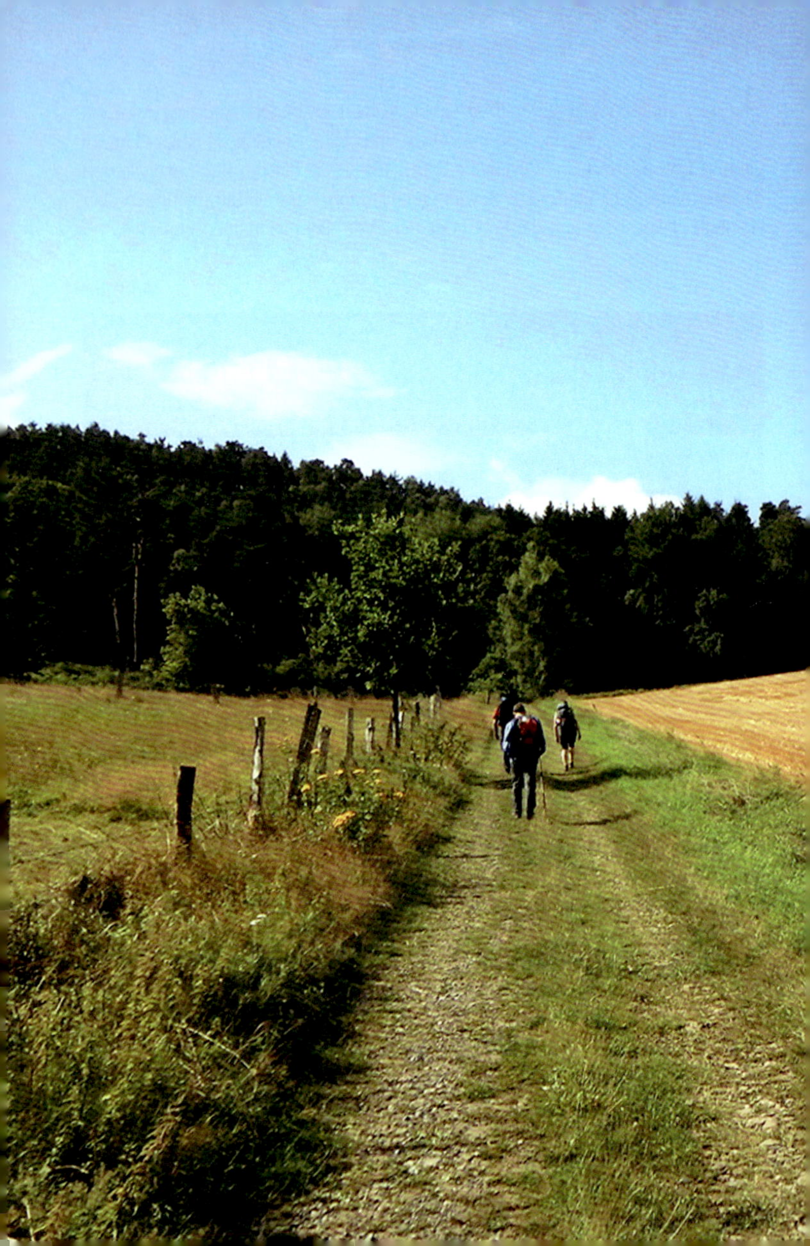

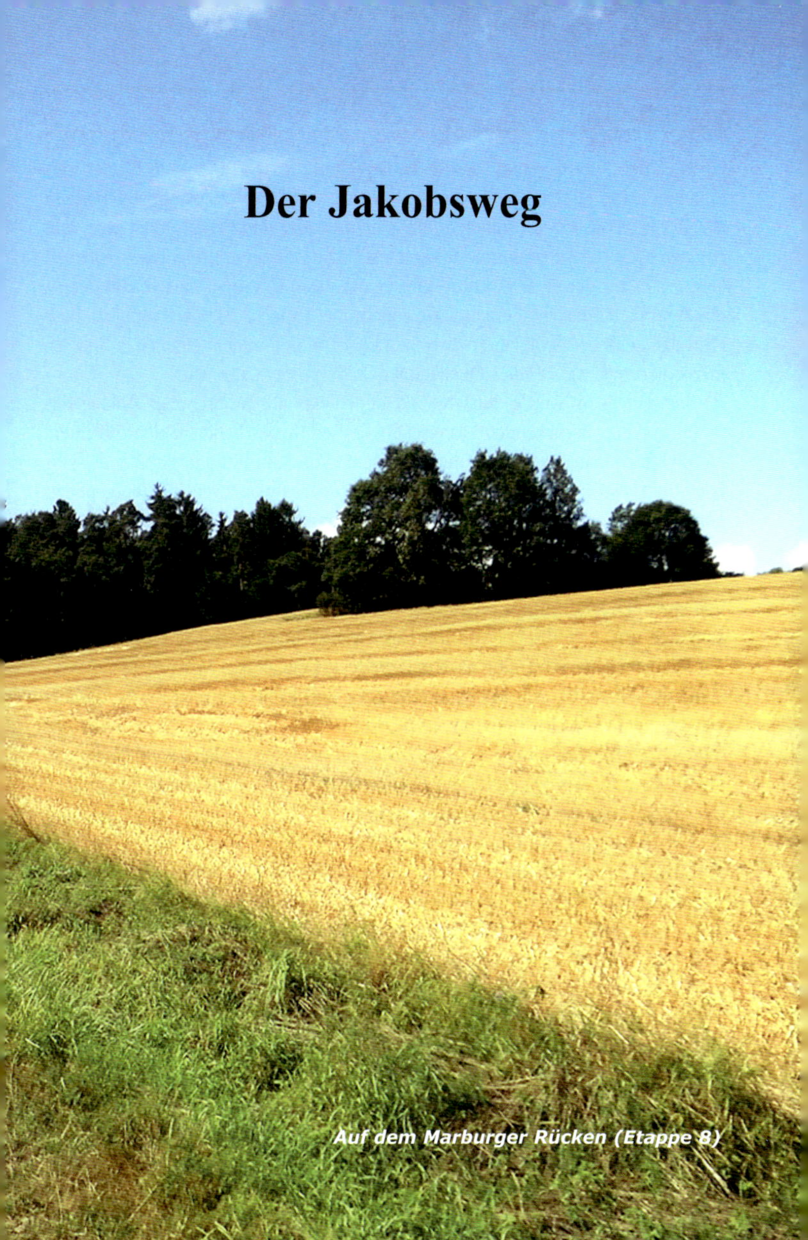
Der Jakobsweg
Auf dem Marburger Rücken (Etappe 8)

Geschichte

Jakobus der Ältere, Sohn des Zebedäus und der Salome und Bruder des Johannes, war Fischer in Galiläa und wurde von Jesus zum Apostel berufen (Mt 4,21; Mk 3,17). Zusammen mit seinem Bruder und Petrus gehörte er zum engsten Kreis der Vertrauten Jesu, die dieser an besonderen Ereignissen teilhaben ließ. Als erster der zwölf Apostel starb er um 44 n. Chr. den Märtyrertod: Herodes Agrippa hatte seine Enthauptung angeordnet (Apg 12,2). Es ist möglich, dass er in den zehn bis zwölf Jahren zwischen Jesu Tod und seinem eigenen in Spanien missioniert hat, wie in einer Quelle aus dem 7. Jh. berichtet wird.

Sein Leichnam wurde zunächst auf dem Sinai aufbewahrt, aber Anfang des 7. Jh. vor den anrückenden islamischen Eroberern per Schiff in den äußersten Nordwesten Spaniens in Sicherheit gebracht. Von Jaffa bestand ein Handelsweg nach Iria Flavia in Galizien. Das Grab wurde zunächst von zwei Christen gepflegt, geriet aber dann während der Christenverfolgungen in Vergessenheit.

Zwischen 788 und 838, als Spanien sich gegen die islamische Eroberung zu wehren versuchte, wurde das Grab wiederentdeckt. Dem Einsiedler Pelagius war von einem Engel die Stelle bezeichnet worden, die durch einen leuchtenden Stern kenntlich war. Der Bischof von Iria Flavia wurde benachrichtigt, ging der übernatürlichen Lichterscheinung nach und entdeckte ein antikes Marmorgrab. Er verständigte Alfons II., den König von Asturien und Leon, der eine Kirche darüber errichten ließ. Die Ortsbezeichnung *Compostela* ist also entweder entstanden aus *campus stellae* (lateinisch: Feld des Sterns) oder aus *compostum* (lateinisch: Friedhof), denn das Marmorgrab wurde tatsächlich auf einem Friedhof gefunden, der zu einer dortigen Römersiedlung gehörte.

Die Auffindung des Grabs gab dem Widerstand der Spanier gegen die Moslems starken Auftrieb, die Verehrung des Heiligen Jakob („Sant-iago") wuchs und überstieg schnell die Grenzen eines lokalen Kultes. 872 wurde die Kirche von Alfons III. abgerissen und durch ein schöneres Bauwerk ersetzt. Dieses musste 1077 einer romanischen Kathedrale weichen, die Alfons VI. errichten ließ. Von ihr ist nur noch das Südportal *Puerta de las Platerías* in seiner ursprünglichen Form erhalten, der Rest wurde durch zahlreiche Erweiterungen anderer Stilrichtungen verändert.

Einer Legende nach soll auch Karl der Große, der zur Zeit der Grabauffindung das Frankenreich regierte, in einem Traumgesicht dazu aufgefordert worden sein, dem Sternenweg zum Grab des Apostels Jakobus zu folgen. Auf dem Aachener Karlsschrein ist diese Szene abgebildet. Das *Rolandslied* schildert Karls Kriegszug gegen die Mauren und die Niederlage seiner Nachhut unter Roland in der Schlacht am Pyrenäen-Pass bei Roncesvalles 778.

Bis nach Santiago ist Karl sicher nicht gekommen, dafür aber 1214 Franz von Assisi, der hier ein Kloster gründete, und 1341 die Hl. Birgitta von Schweden.

844 prallten Christen und Mauren in der Schlacht bei Clavijo erneut aufeinander. Die Christen riefen Santiago um Beistand an. Der Legende nach erschien er in Gestalt eines Ritters und verhalf den Christen zum Sieg. Seither wird er nicht nur in Pilgertracht, sondern in Rittergestalt als *matamoros* („Maurentöter") dargestellt. Seine Verehrung nahm weiter zu und sein Grab wurde zur Wallfahrtsstätte.

Die *Reconquista*, die Rückeroberung Spaniens aus der Hand der Mauren, fand nach vielen Rückschlägen aber erst 1492 mit der Erstürmung der Alhambra in Granada ihren Abschluss.

Pilgern

Ein Pilger (lateinisch: *peregrinus*, Fremder) ist jemand, der sein Heil in der Fremde sucht, z. B. Abraham. Juden und Christen ist die Vorstellung gemein, dass die Menschen eigentlich Fremde sind auf der Erde und das menschliche Leben eine Pilgerreise ist (vgl. Augustinus, Dante, Luther). Irdische Pilgerziele sind die Orte, die mit dem Leben und Wirken Jesu in Verbindung stehen, sowie die Apostel- und Märtyrergräber. Die größte Anziehungskraft besaßen zunächst Jerusalem, wo Jesus gestorben und auferstanden war, und Rom mit den Gräbern der Apostel Petrus und Paulus. Schon bald war Jerusalem aber wegen der islamischen Eroberung kaum noch zugänglich.

Seit dem 4. Jh. setzte, wohl im Zusammenhang mit den Verfolgungen und Märtyrern der Kirche, der Reliquienkult ein. Den Überresten der Heiligen wurden übernatürliche Kräfte zugetraut, sie sollten eine Verbindung zu Gott ermöglichen (vgl. die heilsame Wirkung der Gebeine Elischas: 2 Kön 13,21). Die Reliquienverehrung wuchs im Mittelalter zu unvorstellbaren Ausmaßen an. Die fortschreitende Christianisierung bedeutete auch die Weihe vieler neuer Kirchen und damit einen großen Bedarf an Reliquien für deren Altäre. Daraus entwickelte sich ein regelrechter eigener Handelszweig, aber auch vor Diebstahl schreckte man notfalls nicht zurück, wenn man Reliquien benötigte. Außerdem weckte die große Nachfrage natürlich auch Betrug in großem Stil.

Die Pilgerfahrten wurden auch dadurch gefördert, dass seit dem 11. Jh. den Pilgern ein Ablass gewährt wurde. Dabei machten sie sich nicht nur freiwillig auf den Weg: Es gab verordnete Buß- und Strafwallfahrten, mittels derer die Städte sich derjenigen Mitbürger entledigten, die das friedliche Zusammenleben störten, sprich der Verbrecher. Auch stellvertretend wurde gepilgert. Manche beauftragten z. B. einen Angehörigen in ihrem Testament, mithilfe eines hinterlassenen Geldbetrags nach Santiago zu pilgern und dort für ihr Seelenheil zu beten. Neben frommen Motiven wie Suche nach Rat und Heilung in den verschiedensten Nöten gab es auch rein weltliche Gründe für eine Wallfahrt wie Reise- und Abenteuerlust oder den Wunsch, einer unangenehmen Situation in der Heimat zu entfliehen.

Nach der *Reconquista* entwickelte sich Santiago allmählich neben Jerusalem und Rom zum dritten großen Wallfahrtsort, der die anderen zeitweise sogar überflügelte. Aus allen Gesellschaftsschichten und aus allen Teilen Europas strömten die Pilger herbei, obwohl das Pilgern mühsam und gefährlich war. Es gab viele Räuber unterwegs sowie betrügerische Wirte und Händler. Bettler, Gauner und Diebe benutzten manchmal die Pilgertracht als Tarnung für ihre Machenschaften. Auch den Naturgewalten waren die Wallfahrer oft schutzlos ausgesetzt. Viele blieben deshalb buchstäblich auf der Strecke.

Im 12.-14. Jh. erreichten die Pilgerzahlen ihren Höhepunkt. ½ Million Menschen pilgerten pro Jahr nach Santiago. Nach der Befreiung von den Arabern erlebte der Norden Spaniens unter dem Strom der Pilger aus ganz Europa seine Blütezeit. Bis zum 16. Jh. gehörten pilgernde Menschen zum täglichen Straßenbild auf dem Kontinent. Das Pilgern war eine richtige Massenbewegung. Der Weg nach Santiago entwickelte sich so zu einer der wichtigsten Lebensadern Europas. Handel und Wirtschaft, Kunst und Architektur wurden hier erheblich gefördert.

Die Reformation stoppte im 16. Jh. den Pilgerstrom aus all den Ländern, in denen sie sich durchgesetzt hatte. Dazu hielten die Schrecken der spanischen Inquisition und der Bürgerkrieg in Frankreich zwischen Hugenotten und Katholiken manchen Pilger von der gefährlichen Durchreise ab, sodass mit den Wirren der Französischen Revolution die Pilgerbewegung fast völlig zum Erliegen kam.

Erst gegen Ende des 20. Jh. lebte sie wieder auf, nachdem Papst Johannes Paul II. 1982 das Apostelgrab in Santiago besucht hatte. Fünf Jahre später erklärte der Straßburger Europarat den *Camino de Santiago* zur Kulturstraße Nr. 1 in Europa. 1970 kamen ganze 68 Pilger in Santiago an, 1985 waren es schon 690. 1991 pilgerten bereits 7.274 Menschen zu Fuß nach Santiago. Seitdem wächst der Pilgerstrom stetig an. 2016 waren es 278.041, Tendenz weiter steigend. Dabei sind in diesen Zahlen all die Pilger nicht eingerechnet, die mit Autos oder Bussen anreisen oder Teilstrecken des Jakobsweges irgendwo in Europa gehen. Das ergäbe eine Summe von 10 Millionen!

Auch im Computerzeitalter spüren die Menschen, dass es mehr gibt als technischen Fortschritt und Wirtschaftswachstum. Sie haben Sehnsucht nach Ruhe und Natur, nach Entschleunigung ihres hektischen Alltags. Das Wandern als die ursprüngliche Fortbewegungsart des Menschen bietet diese Möglichkeiten. Pilgern heißt darüber hinaus, auch nach innen zu gehen, um mit sich selbst ins Reine zu kommen und mit dem, der alles geschaffen hat: Gott.

Pilgerausrüstung

Die Jakobsmuschel ist bis heute Symbol und Erkennungszeichen der Jakobspilger. Viele tragen sie hinten auf ihrem Rucksack oder als Kettenanhänger um den Hals. Früher dienten ihre bis zu 14 cm großen Schalen möglicherweise als Nachweis, wirklich das Pilgerziel erreicht zu haben, denn man findet sie an der nur wenige Kilometer entfernten galizischen Atlantik-Küste.

Statt eines Pilgerstabs, mit dem sich der Wallfahrer früher gegen wilde Tiere verteidigen musste und der ihm auch dabei behilflich war, dann und wann einen unwegsamen Bach zu überspringen, benutzen die Pilger unserer Tage meist zwei Teleskop-Stöcke, die für die heutigen Verhältnisse ausreichend sind. Sehr zünftig sieht dagegen eine 2 cm dicke Haselrute aus, die man sich vor Ort oder schon im heimatlichen Garten zurechtschneiden kann. Sie liegt glatt in der Hand und gibt Halt in schwierigem Gelände. Auch gegen aggressive Hunde kann man sie wirkungsvoll einsetzen. Das Ende sollte man aber mit einem Metallteil verstärken, damit es nicht ausfasert. Hierfür eignet sich z. B. die Schraubverbindung eines Schrubbers. (Da Dietrich aber demnächst sein Patent anmelden will, verrate ich lieber nicht noch mehr Einzelheiten.)

Der Pilgerausweis wird von den regionalen Jakobus-Gesellschaften ausgestellt und dient zum Nachweis der gelaufenen Kilometer für den Fall, dass man sich in Santiago eine offizielle Pilgerurkunde ausstellen lassen will. Dafür muss man die letzten 100 km vor Santiago zu Fuß oder die letzten 200 km zu Pferd oder mit dem Fahrrad zurückgelegt haben. Außerdem braucht man ihn zur Legitimation, um in den Pilgerherbergen übernachten zu dürfen. In Deutschland gibt es leider erst sehr wenige Pilgerherbergen (eine ist in Marburg), aber immerhin ab und an eine Vergünstigung.

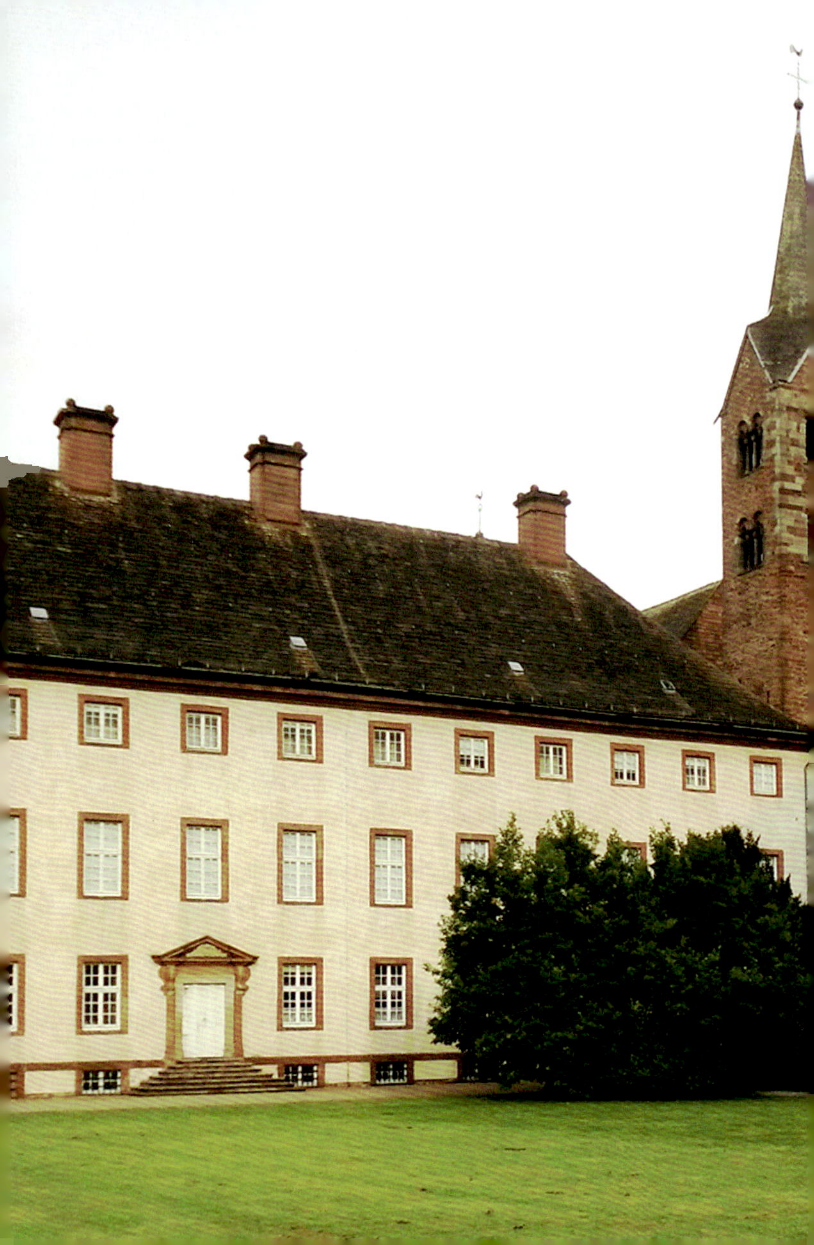

Reise-Infos von A bis Z

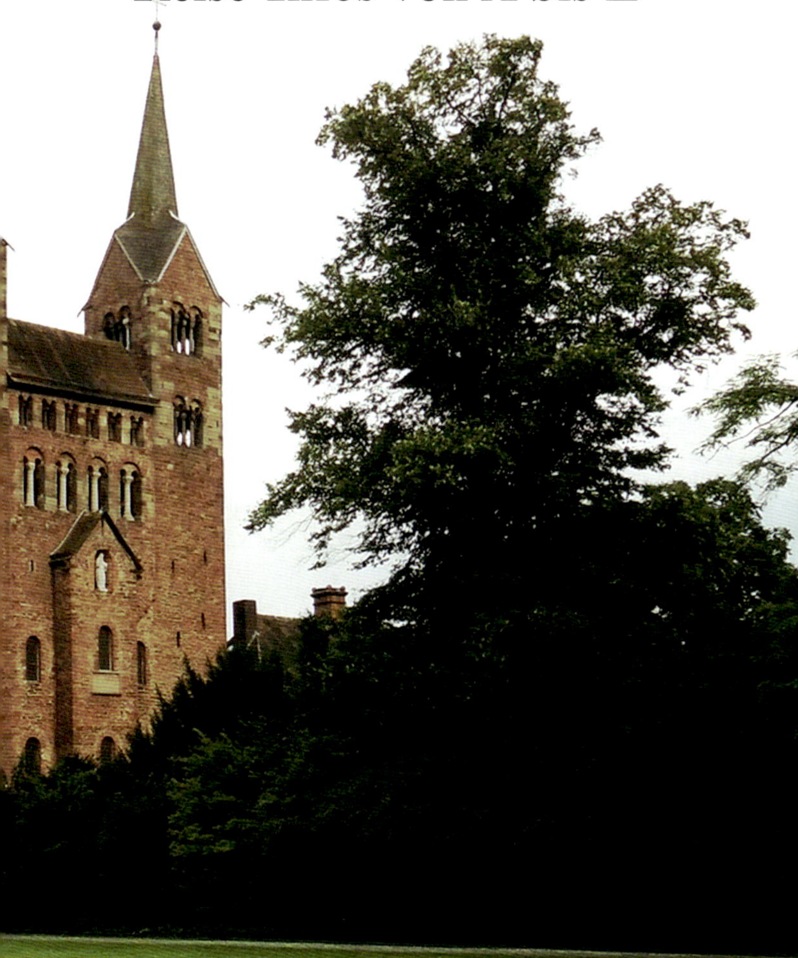

Das Kloster Corvey (Etappe 1)

An- und Abreise

Kloster Corvey erreichen Sie am besten, indem Sie mit der Bahn nach Höxter anreisen. Die Verbindungen von Ihrem Heimatort erfahren Sie auf 💻 www.bahn.de. Der Bahnhof Höxter-Rathaus liegt am Rande der Altstadt direkt an der Weser, an der entlang Sie auf einer schönen Promenade 2 km nach Corvey spazieren können. Oder Sie steigen am Bahnhof in den Bus HX5, der Sie in 7 Min. zum Haupteingang von Kloster Corvey bringt.

Auch die Abreise von Marburg erfolgt am sinnvollsten mit der Bahn. Von der Elisabethkirche erreichen Sie den Bahnhof in 10 Min., indem Sie sich, aus der Kirche tretend, nach rechts wenden, der Elisabethstraße folgen bis zur Bahnhofstraße, in die Sie wieder rechts einbiegen und auf ihr bis zum Bahnhof laufen.

Ausrüstung

In den Rucksack kommt selbstverständlich nur das Nötigste, am besten nicht mehr als 10 % des Körpergewichts. Isomatte und Schlafsack sind in dieser zivilisierten Gegend nicht nötig, es sei denn, Sie planen, auf Campingplätzen zu übernachten. Die wichtigsten Stücke sollten Sie in Plastiktüten einwickeln, da gegen Dauerregen auch der beste Rucksack machtlos ist.

- Rucksack
- Regenhaube für den Rucksack
- Regenjacke und –hose oder langes Regencape
- Anorak
- Wanderschuhe oder –sandalen
- Unterwäsche
- Schlafanzug (der sich bei Kälte auch drunterziehen lässt)
- 2 Paar Wandersocken
- 2 T-Shirts oder Hemden bzw. Blusen
- 1-2 warme Pullover (je nach Jahreszeit)
- Zip-Hosen, die sich schnell in kurze Hosen verwandeln lassen
- ultraleichte Schlappen für abends
- leichtes Handtuch
- leichte Schirmmütze gegen die Sonne
- Stirnlampe/kleine Taschenlampe

- ▷ Blasenpflaster
- ▷ Hirschtalg, Melkfett o. Ä. zur Fußpflege
- ▷ Hygieneartikel in Minipackungen
- ▷ persönliche Medikamente
- ▷ Waschmittel in der Tube
- ▷ Taschenmesser
- ▷ Trinkflasche (1-1,5 l)
- ▷ Papiertaschentücher (sehr wichtig auch für dringende Bedürfnisse im Wald)
- ▷ Notizheft und Stift (für die guten Gedanken unterwegs)
- ▷ Notration Studentenfutter, Trockenfrüchte o. Ä.
- ▷ Wanderstöcke/Pilgerstab
- ▷ Ausweis
- ▷ Krankenversicherungskarte
- ▷ Pilgerpass
- ▷ Bahnkarten
- ▷ Wanderkarte
- ▷ Wanderführer

Wer nicht mehr ohne sein kann oder will, braucht außerdem, und sei es zum Fotografieren:

- ▷ Handy und Ladegerät

Wer allerdings die Betriebsamkeit der modernen Kommunikation bewusst einmal hinter sich lassen möchte, gönne sich einen Ausstieg aus dem worldwideweb und lasse beides getrost zu Hause. Tief im Kellerwald oder in der Einsiedelei der Klus Eddessen hat Ihr Handy sowieso keinen Empfang.

Einkaufen

In Deutschland können Sie problemlos alles kaufen, was Sie unterwegs brauchen, sofern Sie größere Orte passieren. Allerdings ist dies auf der 1., 5., 6. und 8. Etappe nicht der Fall. Wenn Sie morgens gut frühstücken und für unterwegs eine Kleinigkeit im Rucksack haben, kommen Sie gut über den Tag. Im Quartier oder einem Restaurant vor Ort erhalten Sie dann am Abend in der Regel eine reichliche Mahlzeit.

Achten Sie beim Abmarsch unbedingt darauf, dass Ihre Trinkflasche gefüllt ist! Notfalls können Sie an einer Haustür um Wasser bitten. Das hält aber auf, und auf der 8. Etappe erreichen Sie die erste Haustür nach 20 km. Je nach Jahreszeit beschenkt auch Mutter Natur Sie mit ihren Gaben: Himbeeren und Brombeeren im Sommer, Äpfel, Birnen und Walnüsse im Herbst am Wegesrand oder direkt vor den Füßen sind eine stets willkommene Zwischenmahlzeit.

Die 6. Etappe endet im Dorf Bergfreiheit, das zwar sehr idyllisch mitten im Kellerwald liegt und auch gute Gasthäuser bietet, aber keinen Einkaufsladen. Hier müssen Sie also etwas weiträumiger planen, wenn Ihre Notreserven aufgebraucht sind. Proviant für einen Tag sollten Sie immer dabeihaben.

Essen und Trinken

Essen und Trinken hält Leib und Seele zusammen, auch der Pilger kommt nicht ohne aus. Morgens und abends ist in der Unterkunft oder einem anderen Lokal des Ortes dazu die beste Gelegenheit. Unterwegs einzukehren und eine richtige Mahlzeit zu sich zu nehmen ist, sofern überhaupt die Möglichkeit besteht, nach meiner Erfahrung eher ungünstig. Man wird davon müde und träge und rafft sich nur ungern wieder auf. Gegen eine kurze Pause mit einem – entsprechend der Jahreszeit – kalten oder heißen Getränk, einem Eis oder einer Suppe ist nichts zu sagen. Spätestens alle drei Stunden müssen sich (meine) Füße sowieso ein bisschen ausruhen. Für den auf dieser Strecke doch recht häufigen Fall, dass keine Einkehrmöglichkeit zur Stelle ist, wenn Sie eine brauchen, holen Sie Ihre Notreserve heraus und picknicken an einem schönen Platz mit guter Aussicht auf einer Bank, einem Baumstamm oder hingestreckt auf eine Wiese.

Etappen und Distanzen

Der 197 km lange Weg von Corvey nach Marburg ist unterteilt in 8 Tages-Etappen mit einer Länge zwischen 20 und 30 km. Dies ist nur ein Vorschlag, der natürlich auf vielfache Weise nach den individuellen Bedürfnissen und Befindlichkeiten abgewandelt werden kann. Jede der Etappen lässt sich verkürzen, indem Sie in einem anderen Ort übernachten, für den ein Quartier aufgeführt ist. Ein Pilger soll nicht hetzen, sondern zur Ruhe kommen, und er will sich vielleicht auch einmal in einer Kirche niedersetzen. Im Übrigen gibt es für den Kulturbeflissenen so viel zu besichtigen, dass er nicht gleichzeitig Strecke machen kann. Bei der 3. Etappe z. B. ist demjenigen eine Verkürzung zu raten, der die alte Hansestadt Warburg ausführlicher besichtigen möchte. Dasselbe gilt für die 7. Etappe und das Kloster Haina. Wer sich hier eine Führung gönnt, kommt hinterher möglicherweise in Zeitnot und sollte die Etappe lieber hier beenden. Das gilt umso mehr, wenn Sie im Frühjahr oder Spätherbst unterwegs sind und die Sonne früh untergeht. Die letzte Etappe, die mit 30 km die längste ist, scheint schwerer zu sein, als sie ist, denn sie verläuft fast ausschließlich auf weichen Waldwegen durch bezaubernde Landschaft mit herrlichen Ausblicken. Im Übrigen sind Sie am letzten Tag Ihrer Wanderung bereits so gut eingelaufen, dass Sie auch diese Distanz bewältigen können.

Damit keine Missverständnisse entstehen, sei noch darauf hingewiesen, dass die in Klammern gesetzten Kilometer-Angaben innerhalb einer Etappen-Beschreibung fortlaufend zu verstehen sind und die Summe der vom Beginn der Etappe gelaufenen Kilometer anzeigen.

Geld

EC-Karten werden als Zahlungsmittel in kleineren Geschäften und Unterkünften nicht immer akzeptiert. Sollte Ihre mitgeführte Barschaft nicht ausreichen, lässt sich in den meisten Etappenorten und in einigen Städten längs des Weges problemlos Nachschub aus Geldautomaten beziehen, sofern Ihr Konto gefüllt ist.

GPS-Tracks

Die GPS-Tracks zu den beschriebenen Wegen können Sie von der Internetseite des Verlags (💻 www.conrad-stein-verlag.de) herunterladen.

Informationen

Die Kontaktdaten zu den Tourismusbüros der einzelnen Regionen habe ich bei den jeweiligen Orten aufgeführt.

Jakobusgesellschaften, die sich seit dem Mittelalter die Betreuung der Pilger und die Pflege der Jakobswege zur Aufgabe gemacht haben, werden jetzt wieder zunehmend in den verschiedenen Regionen Deutschlands gegründet. In Westfalen gibt es nur die *Jakobusfreunde Paderborn*, die sich aber vor allem um den durch ihre Stadt führenden Jakobsweg kümmern und im östlichsten Zipfel Westfalens noch nicht tätig geworden sind. Die *Hessische St. Jakobusgesellschaft* ist in mehrere Regionalgruppen untergliedert, die aber alle weiter südlich ihren Schwerpunkt haben und in Nordhessen noch nicht aktiv waren. Die von mir beschriebene Strecke ist deshalb noch nicht als Jakobsweg registriert und mit Muscheln markiert. Das ist viel Arbeit und bedarf einer engagierten Gruppe vor Ort, die sich in ihrer Freizeit darum kümmert. Vielleicht kann das vorliegende Buch ein Anstoß dazu sein.

Bei der *Deutschen St. Jakobus-Gesellschaft* erhalten Sie gegen eine Spende von € 10 einen Pilgerpass (und viele Informationen zu den Jakobswegen in ganz Europa). Die Bearbeitungszeit für den Pilgerpass nimmt einige Zeit in Anspruch. Bedenken Sie, dass 21.220 deutsche Pilger im Jahr 2016 Santiago zu Fuß erreicht haben. Auch wenn nicht alle ihren Pass bei der Deutschen St. Jakobus-Gesellschaft besorgt haben, sondern viele sich auch an die regionalen Jakobus-Gesellschaften wenden, bleibt noch ein gewaltiger Stapel übrig, zumal auch die vielen Pilger einen Ausweis benötigen, die nur Teilstrecken gehen und nicht in dieser Statistik erfasst sind. Sie sollten Ihren Antrag daher ein paar Wochen vor Ihrem Aufbruch stellen.

- ▷ Deutsche St. Jakobus-Gesellschaft, Tempelhofer Str. 21, 52068 Aachen, ☏ 02 41/510 00 62, 💻 www.deutsche-jakobus-gesellschaft.de, ✉ info@deutsche-jakobus-gesellschaft.de
- ▷ Hessische St. Jakobusgesellschaft, c/o Dompfarrei St. Bartholomäus, Domplatz 14, 60311 Frankfurt, 💻 www.jakobus-hessen-de, ✉ info@jakobus-hessen.de
- ▷ Jakobusfreunde Paderborn, Pilgerbüro Busdorfmauer 33 d, 33098 Paderborn, ☏ 052 51/506 86 77, 💻 www.jakobusfreunde-paderborn.eu, ✉ info@jakobusfreunde-paderborn.com

Eine Übersicht über die verschiedenen Jakobswege in Deutschland und Europa, eine Liste aller Jakobusgesellschaften und alles Wissenswerte für den Pilger finden Sie unter

- ▷ 💻 www.jakobus-info.de

Klima und Reisezeit

Eigentlich hat beim Wandern jede Jahreszeit ihren Reiz. Da die Einkehrmöglichkeiten auf der Strecke aber sehr übersichtlich sind und eine Rast im Freien bei Wind und Kälte wenig ergötzt, bieten sich für die Tour vor allem die Monate April bis Oktober an. Wer hitzeempfindlich ist oder zumindest nicht gerne mit schwerem Rucksack unter sengender Sonne wandert, sollte natürlich den Hochsommer meiden und eher die gemäßigteren Früh-und Spätsommertage wählen. Meine bevorzugte Pilgerzeit ist wegen seiner prächtigen Farben, die sich auf dieser Strecke besonders in den Laubwäldern von Keller- und Burgwald entwickeln, der Herbst.

Der Beginn des Jaobsweges in Corvey

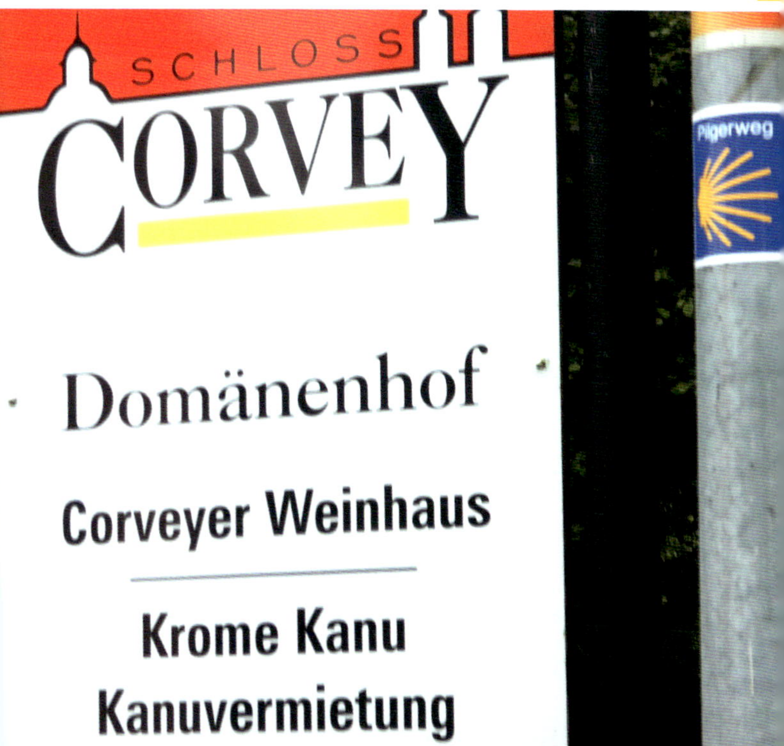

Landkarten und Wegmarkierungen

Die vorgestellte Route ist bis auf die ersten 2 km noch nicht mit Muscheln markiert und folgt durchgängig vorhandenen, meist gut ausgeschilderten Wanderwegen wie z. B. dem Fulda-Diemel-Weg, dem Volkmarser Weg, dem Kellerwaldsteig oder dem Burgwaldpfad. Die Wegführung ist detailliert beschrieben und auf Karten skizziert, aber eine zusätzliche genaue Wanderkarte mitzuführen ist immer nützlich. Um die ganze Strecke abzudecken, brauchen Sie drei Karten. Sie sind im Buchhandel oder über das Internet erhältlich.

▷ Südlicher Teutoburger Wald – Eggegebirge – Oberwälder Land, Maßstab 1:50.000, Kompass 844, 2017, ISBN 978-3-850261920, € 7,95 (1.-3. Etappe)

▷ Nationalpark Kellerwald – Edersee, Maßstab 1:50.000, Kompass 845, 2016, ISBN 976-3-850263566, € 8,99 (3.-6. Etappe)

▷ Marburger Land, Topographische Freizeitkarte, Maßstab 1:50.000, Hessisches Landesamt für Bodenmanagement und Geoinformation, 2009, ISBN 978-3-89446-290-1, € 9,50 (7.-8. Etappe)

Medizinische Versorgung

Die medizinische Versorgung auf der dargestellten Route ist recht gut, da es in allen Etappenorten und in etlichen weiteren Städten einen Arzt bzw. ein Krankenhaus oder eine Apotheke gibt. Ausnahmen sind Körbecke, wo immerhin ein Arzt praktiziert, und Bergfreiheit, das weder mit dem einen noch dem anderen aufwarten kann. Im Notfall bleibt hier wie auch unterwegs nur die Notruf-Nummer ☏ 112 (Feuerwehr, Notarzt, Krankenwagen).

Pilgern mit dem Fahrrad

Die in diesem Buch beschriebene Strecke ist für Fahrräder ungeeignet. Die Waldwege können bei Regen sehr matschig sein, andere Abschnitte sind verwinkelte Klettersteige, wie z. B. der Abstieg zur Weser herunter oder die Pfade über die Höhen des Burgwalds. Pilgern auf Rädern bietet Ihnen im Kreis Höxter die *Klostergarten-Route* mit einer Strecke von 190 km, und längs der Flüsse Weser und Diemel, Eder und Lahn gibt es sehr schöne Radwege über Hunderte von Kilometern.

Pilgern mit Hund

Ob der beste Freund des Menschen ein geeigneter Begleiter auf dieser Tour ist, kommt auf den jeweiligen Hund und seine Ausdauer an. Die Beschaffenheit der meisten Wege macht den Vierbeinern keine Probleme. Lediglich vor dem Kloster Haina gibt es eine wirklich hässliche Schotterpiste von ca. 1 km, die aber durch den Wald führt, sodass sich der Hund nach links oder rechts in die Büsche schlagen und seinen eigenen Weg suchen kann. Auch den gelegentlichen Asphaltstraßen können Mensch und Tier meistens auf angrenzenden Grasstreifen ausweichen. Inwieweit in den angegebenen Unterkünften Hunde erlaubt sind, müsste allerdings eigens geprüft werden.

Unterkunft

Eine Pilgerherberge gibt es leider nur in Marburg und auf dem Jacobi-Hof in Körbecke, wo Sie sogar in Einzelzimmern und gediegenen Bauernbetten untergebracht werden. Die angegebenen Hotels und Pensionen sind kostengünstig, also

Auf der Fähre nach Herstelle (Etappe 1)

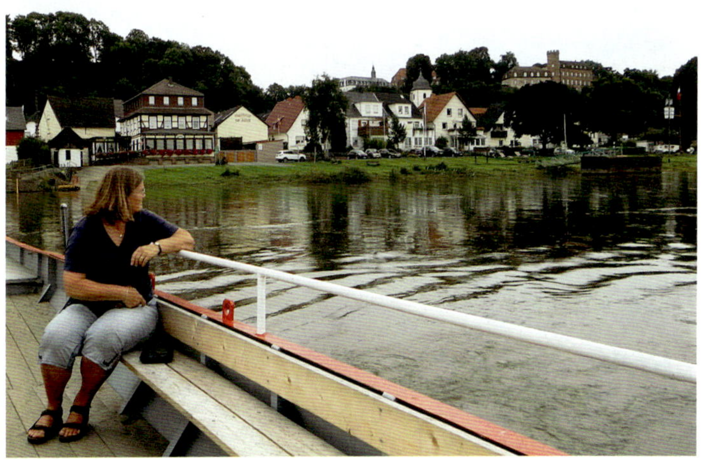

passend zum Pilgern, aber allesamt sehr zufriedenstellend und empfehlenswert. Der angegebene Preis bezieht sich auf Übernachtung und Frühstück für eine Person im Doppelzimmer.

Abgesehen von Naumburg, Fritzlar und Marburg ist die Anzahl der Gästebetten in den Etappenziel-Orten begrenzt. Eine rechtzeitige Anmeldung ist daher besonders im Sommer dringend geboten.

Unterweg nach Derental (Etappe 1)

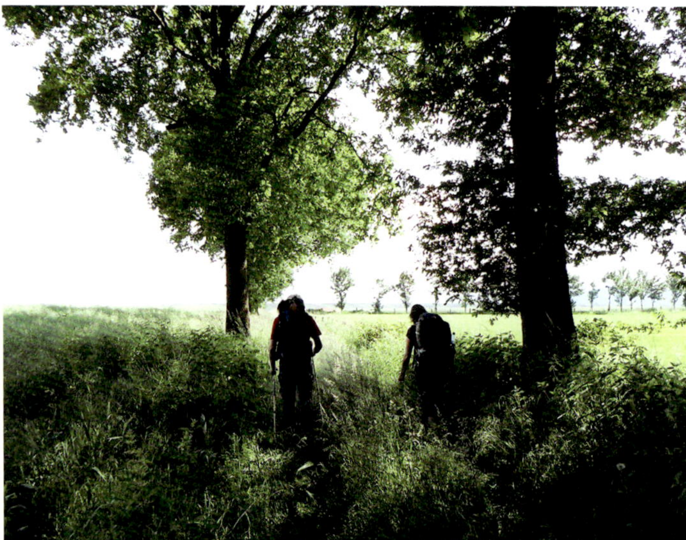

Updates

Der Conrad Stein Verlag veröffentlicht Updates zu diesem Wanderführer, die direkt vom Autor oder von den Lesern des Buches stammen. Sie finden diese auf der Verlagshomepage www.conrad-stein-verlag.de. Der abgebildete QR-Code führt Sie direkt dorthin.

Zum Geleit

10 Ge(h)bote

1. Geh – Es gibt fürs Pilgern kein besseres Fortbewegungsmittel als das Gehen. Gehen! Darum geht es.
2. Geh langsam – Setz Dich nicht unter unnötigen sportlichen Leistungsdruck. Du kommst immer nur bei Dir selbst an.
3. Geh leicht – Reduziere Dein Gepäck auf das Nötigste. Es ist ein gutes Gefühl, mit wenig auszukommen.
4. Geh einfach – Einfachheit begünstigt spirituelle Erfahrungen, ja sie ist sogar Voraussetzung dafür.
5. Geh alleine – Du kannst besser in Dich gehen und offener auf andere(s) zugehen.
6. Geh dankbar – Alles – auch das Mühsame – hat seinen tieferen Sinn. Vielleicht erkennst Du diesen erst später.
7. Geh lange – Auf die Schnelle wirst Du nichts kapieren. Erst wenn Du wochenlang unterwegs bist, wirst Du dem Geheimnis des (Jakobs-)Weges auf die Spur kommen.
8. Geh achtsam – Wenn Du bewusst gehst, lernst Du, den Weg so anzunehmen, wie er ist. Dies zu begreifen ist ein wichtiger Lernprozess und braucht seine Zeit.
9. Geh weiter – Auch wenn Krisen Dich an Deinem wunden Punkt treffen, geh weiter. Vertraue darauf: Es geht, wenn man geht.
10. Geh mit Gott – Es pilgert sich leichter, wenn Du im Namen Gottes gehst. Wenn Gott für Dich weit weg oder inexistent ist, könnten Dir die Ge(h)bote 1 bis 9 helfen, das Göttliche in Dir (wieder) zu entdecken.

(Autor unbekannt)

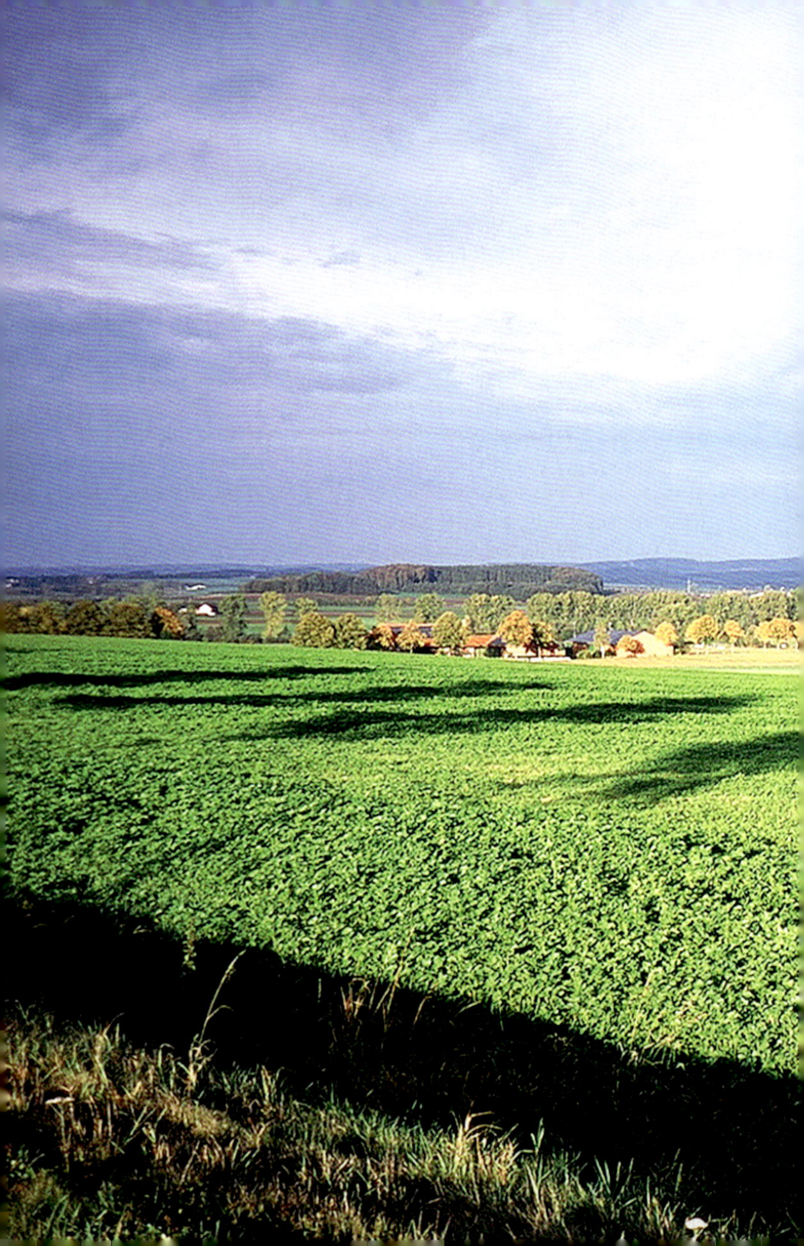

Der Jakobsweg von Corvey nach Marburg

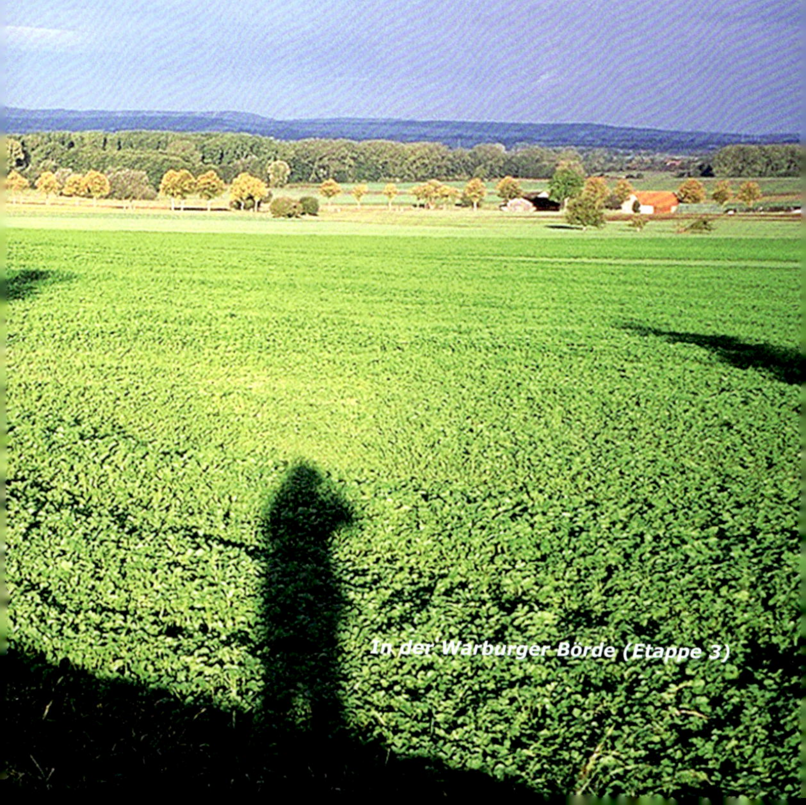

In der Warburger Börde (Etappe 3)

Überblick

Der Weg beginnt im östlichsten Teil Westfalens beim Kloster Corvey an der Weser, die er bei Höxter überquert. Nachdem er den Fluss ein paar Kilometer begleitet hat, biegt er ab in die südlichen Ausläufer des Sollings Richtung Herstelle. Dort überquert er die Weser, die hier eine Schleife macht, ein zweites Mal. Von Herstelle geht es über den Wallfahrtsort Jakobsberg und Haarbrück hinab in die fruchtbare Warburger Börde, wo es zwei Möglichkeiten gibt, zur alten Hansestadt Warburg zu wandern. Die eine Route geht über die Orgelstadt Borgentreich, die andere verläuft am Desenberg vorbei. Hinter Warburg wechselt der Weg von Westfalen nach Hessen und führt über die bunten Fachwerkstädtchen Volkmarsen, Wolfhagen und Naumburg in die alte Bischofsstadt Fritzlar, wo Bonifatius die heidnische Donar-Eiche fällte und die Christianisierung der Chatten vorantrieb. Der Weg folgt für eine Weile der Eder, bevor er in den verwunschenen

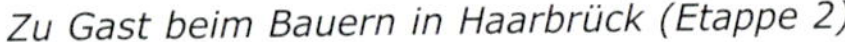

Zu Gast beim Bauern in Haarbrück (Etappe 2)

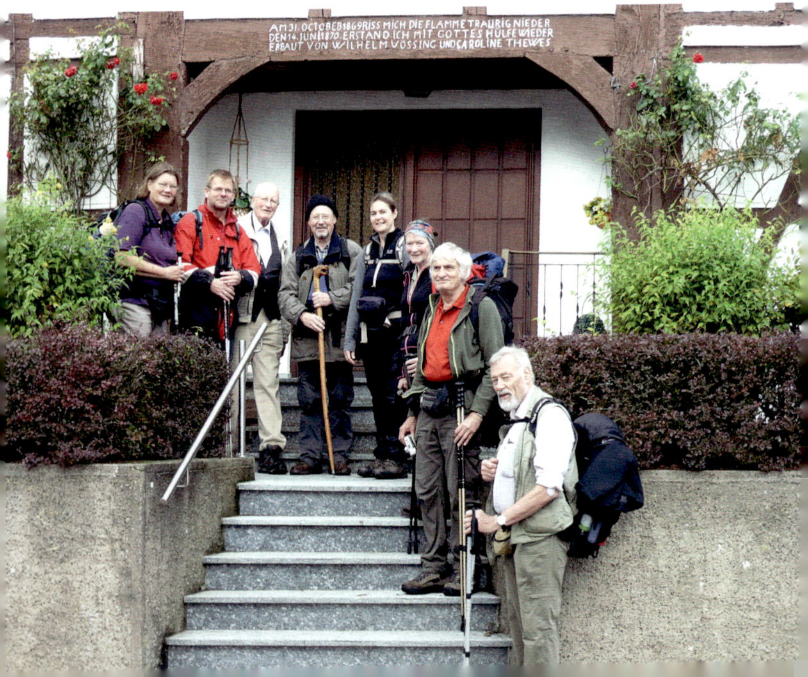

Kellerwald eindringt und zum Bergmannsdorf Bergfreiheit führt, wo sogar die Kirche aus Fachwerk ist. Auch das ehemalige Zisterzienserkloster Haina, dessen wunderschöne frühgotische Hallenkirche von französischen Kathedralen inspiriert ist, liegt tief versteckt im Kellerwald. Fast nahtlos schließt sich der einsame Burgwald an, in dessen Mitte das hübsche Fachwerkstädtchen Rosenthal liegt. Durch die ausgedehnten Buchenwälder dieses sanften Mittelgebirges, das eines der größten zusammenhängenden Waldgebiete Deutschlands umfasst, gelangt man, ohne einem Menschen zu begegnen, schließlich zur Lahn. Marburg ist nun nicht mehr weit: Ein Weg führt über das Cölbe-Dreieck von Norden in die Stadt, ein anderer über den Marburger Rücken bis unmittelbar vor die Elisabethkirche.

Die sanften Mittelgebirge stellen nur leichte bis mittlere Ansprüche an den Wanderer, falls es nicht allzu viel geregnet hat. Dann kann der matschige Untergrund, besonders da, wo vorher Wildschweine den Boden durchgewühlt haben, zum Problem werden. Der überwiegende Teil der Route verläuft auf fußfreundlichen, teilweise geschotterten Feld-, Wald- und Wiesenwegen. Der Anteil der asphaltierten Wege hält sich in Grenzen.

Etappenplan

1. Etappe: Kloster Corvey – Herstelle (25 km)
2. Etappe: Herstelle – Borgentreich (20 km)
   alternativ: Herstelle – Körbecke (24 km)
3. Etappe: Borgentreich – Volkmarsen (28 km)
   alternativ: Körbecke – Volkmarsen (26 km)
4. Etappe: Volkmarsen – Naumburg (24 km)
5. Etappe: Naumburg – Fritzlar (21 km)
6. Etappe: Fritzlar – Bergfreiheit (22 km)
7. Etappe: Bergfreiheit – Rosenthal (27 km)
8. Etappe: Rosenthal – Marburg (30 km/29 km)

Gesamtstrecke 197 km/196 km

1. Etappe: Kloster Corvey – Herstelle (25 km)

Die ersten beiden Kilometer dieser Etappe sind mit den bekannten Muschel-Symbolen als Jakobsweg gekennzeichnet. Ab Höxter folgen Sie dann bis zur Weser vor Karlshafen der mit X 3 markierten Wildbahn. *Die letzten beiden Kilometer legen Sie auf dem Radweg R 4 zurück.*

Corvey ⇧ 96 m 37671

Weser Aktiv Hotel, Corvey 1, ☏ 52 71/694 68 66, mail@krome-kanu.de, www.weser-aktivhotel-corvey.de, € 24, ✕ Schlossrestaurant, Corvey 1, ☏ 052 71/83 23,

♦ Schlossrestaurant, Corvey 1, www.schlossgastronomie-corvey.de , ☏ 052 71/83 23, info@schlossgastronomie-corvey.de, Apr.-Okt. tägl. 11:00-18:00

Flotte Weser nach Karlshafen, Ende April-Anfang Okt. tägl. außer Mo 13:10

Corvey

Nach Beendigung der Sachsenkriege (☞ S. 52) wollte Karl der Große die Christianisierung im neu gewonnenen Herrschaftsbereich durch die Gründung eines Reichsklosters fördern. Sein Tod vereitelte dieses Vorhaben. Ein Vetter setzte 815 diesen Plan um und stiftete Corvey als Tochter des Benediktiner-Klosters Corbie an der Somme. Von Corbie, lat. *Corbeia*, ist auch der Name Corvey abgeleitet: *Corbeia nova*, das neue Corbie. Später ist *nova* weggefallen.

Das Kloster wurde zunächst im Solling errichtet. Aufgrund der schlechten Böden und des rauen Klimas geriet das Kloster bald in wirtschaftliche Schwierigkeiten und verlegte seinen Sitz 822 ins fruchtbare Weser-Tal. Der neue Standort lag in unmittelbarer Nachbarschaft zur sächsischen Siedlung Huxori, dem späteren Höxter. 844 wurde die Klosterkirche St. Stephanus und St. Vitus geweiht und mit den Reliquien der Heiligen ausgestattet. Seitdem ist sie für Jahrhunderte das Ziel zahlreicher Pilger gewesen.

Durch Schenkungen von König und Adel wurde Corvey schnell zu einem der reichsten Klöster im deutschen Raum. Der Aufbau einer weithin berühmten **Bibliothek** und einer bedeutenden **Klosterschule** sorgte dafür, dass Corvey auch zu einem wichtigen geistigen und geistlichen Zentrum wurde. Zu den vielen heiligen Mönchen und Äbten gehört u. a. der *Hl. Ansgar* (801-865), der aus dem Mutterkloster Corbie kommend als Leiter der Corveyer Klosterschule, später als Missionar in Norddeutschland und –europa wirkte und erster Bischof der von ihm

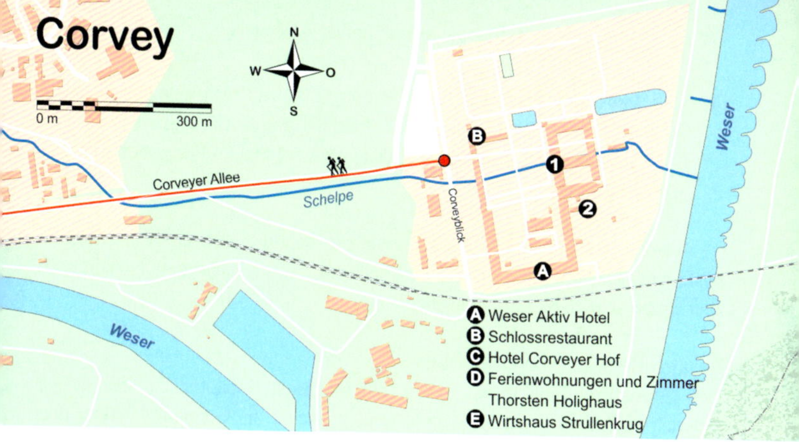

gegründeten Stadt Hamburg wurde. Auch der Geschichtsschreiber **Widukind** (ca. 925-974), der die **Res gestae Saxonicae** verfasste, die Geschichte der Sachsen besonders zur Zeit Heinrich I und Otto I, war ein Corveyer Mönch.

1265 wurden Kloster und Stadt Corvey von den Bürgern Höxters geplündert und zerstört, um den unliebsamen Konkurrenten zu beseitigen. Im 16. Jh. erfolgte eine weitere Schwächung durch die Reformation. Im Dreißigjährigen Krieg wurde die Abtei abermals zerstört, die wertvolle Bibliothek zu großen Teilen vernichtet. Im 17.und 18. Jh. erlaubte eine gewisse Blütezeit die Restaurierung der Kirche und den großzügigen Wiederaufbau der Klosteranlage im barocken Stil. Nur das **Westwerk**, 873-885 erbaut aus heimischem Wesersandstein, ist noch in ursprünglicher Form erhalten. Es ist das älteste und einzige fast vollständig erhaltene karolingische Westwerk der Welt. Über einer niedriggewölbten Halle (Krypta) befindet sich der sich über zwei Geschosse erstreckende Johannischor mit der Kaiserloge. Der Blick von hier in die Kirche ist gegenwärtig nicht mehr möglich, da er durch die Orgelempore verstellt ist. Auf den inneren Wandflächen des Johannischors sind sehr sehenswerte Fresken aus dem 9. Jh. erhalten, u. a. antike Motive aus der Odyssee.

Gegen Ende des 18. Jh. setzte ein allmählicher Niedergang ein. 1794 wurde das Kloster aufgehoben, die Reste der kostbaren Bibliothek in alle Winde zerstreut. Seit 1820 befindet sich Corvey in weltlichem Besitz und wurde zum **Schloss der Herzöge von Ratibor** und Fürsten zu Corvey. Im Innern des Schlosses sind der prächtige Kaisersaal und die herzoglichen Salons aus dem 18. und 19. Jh. zu besichtigen. Die Bibliothek umfasst 15 Säle mit circa 75.000 Büchern. Westwerk der Abtei und Civitas Corvey sind seit 2014 **Unesco-Weltkulturerbe.**

8. April-1. Nov. 10:00-18:00, letzter Einlass 17:00, mit Eintrittskarte (€ 6, Gruppe ab 10 P. € 5) freier Eintritt in Schloss und Kirche während der Öffnungszeiten; öffentliche Führung (sehr empfehlenswert!) 15:00 (€ 3-6, ca. 1 Std). ⊙ Hier gibt es auch einen Pilgerstempel.

Auf dem Friedhof neben der Klosterkirche befinden sich Grab und Bronzebüste eines Dichters, den jeder Deutsche kennt, zwar weniger dem Namen nach, aber durch sein „Lied der Deutschen“:

Heinrich Hoffmann von Fallersleben

Der bekannteste Bibliothekar der berühmten Klosterbibliothek in Corvey war Heinrich Hoffmann von Fallersleben, der nachhaltig als Germanist wirkte, aber auch ein großes Herz für die lateinischen und griechischen Autoren der Antike hatte. Nachdem er aus politischen Gründen pensionslos seines Lehrstuhls in Breslau enthoben und aus Preußen ausgewiesen worden war, konnte er den Rest seines Lebens durch Vermittlung von Franz Liszt in Corvey verbringen. Hoffmann ist Dichter der deutschen Nationalhymne („Das Lied der Deutsch') und vieler Kinderlieder, u. a. „Alle Vögel sind schon da“, „Der Kuckuck und der Esel“, „Ein Männlein steht im Walde“, „Wer hat die schönsten Schäfchen“, „Summ, summ, summ“ oder „Kuckuck, Kuckuck, ruft 's aus dem Wald“.

Der Arbeitsplatz Heinrich-Hoffmann von Fallerslebens in Schloss Corvey

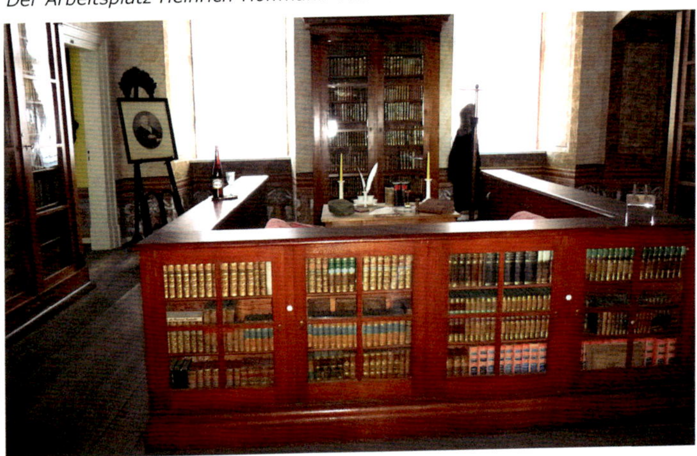

Der Jakobsweg beginnt vor dem Eingang zur Schlossanlage Corvey. Er ist gut mit Muschelzeichen markiert und verläuft auf einer 500 m langen Eichenallee, der *Corveyer Allee*, durch die Corvey mit Höxter verbunden ist. Die mittlerweile 200 Jahre alten Allee-Bäume dienten früher zum Windschutz des dahinter befindlichen Klosterobstgartens. Etwas lästig ist der rege Autoverkehr auf dieser Verbindungsstraße. Immerhin gibt es neben dem parallel verlaufenden, asphaltierten Fußweg auch einen Grasstreifen, auf dem Sie fußfreundlich nach Höxter laufen können. In der Stadt geleiten die Muschelzeichen den Jakobspilger zur Weserbrücke: Sie biegen links ab in die Minoritenstraße, die bis zur Weser führt. Hier könnten Sie einen ☞ **Stadtrundgang durch Höxter** beginnen. Wenn Sie Ihren Wanderweg fortsetzen wollen, folgen Sie weiter den Muschelzeichen und biegen vorher von der *Minoritenstraße* nach rechts in die *Rodewiekstraße*, dann links in die *Martin-Luther-Straße* und von dieser rechts in die *Judengasse*. Dann wenden Sie sich nach links in die Straße Am Rathaus und biegen wieder links in die *Weserstraße*, die Sie zur Brücke über den Fluss führt. Wenn Sie der *Weserstraße* nach rechts folgen, gelangen Sie in die Altstadt von Höxter (2 km).

Höxter

⇧ 96 m 30.000 Ew. BANK 37671

Tourist-Information im Historischen Rathaus, Weserstraße 11, ☏ 052 71/194 33, info@hoexter-tourismus.de, www.hoexter-tourismus.de, Okt-Apr: Mo-Fr 9:00-12:30, Mo-Do 14:00-17:00, Mai-Sept: Mo-Fr 9:00-18:00, Sa 11:00-16:00

Hotel Corveyer Hof, Westerbachstr. 29, ☏ 052 71/977 10, hotelcorveyerhof@t-online.de, www.hotelcorveyerhof.de, ab 30 €, 11:30-22:00

♦ Ferienwohnungen und Zimmer in der Altstadt: Thorsten Holighaus, Knochenbachstraße 9, 01 73/290 28 92, ab € 20, www.ferienwohnung-höxter.de, www.zimmer-in-hoexter.de, 37671@web.de

✕ Wirtshaus Strullenkrug, Hennekenstraße 10, ☏ 052 71/77 75, www.wirtshaus-strullenkrug.de, Mo, Mi-So ab 11:30

Flotte Weser nach Corvey (12:45) und Karlshafen (14:00), Ende April-Anfang Okt. tägl. außer Mo

Höxter

Als das Kloster Corvey 822 vom Solling an seinen heutigen Standort verlegt wurde, gab es bereits das Dorf Huxori, das spätere Höxter. Es war begünstigt durch seine strategisch vorteilhafte Lage an der Weser-Furt im Schnittpunkt zweier alter Handelswege: des Hellwegs zwischen Rhein und Elbe und des Handelsweges längs der Weser zwischen Kassel und Bremen. Später ersetzte eine Holzbrücke die Furt, ab 1249 eine Steinbrücke. Die gewachsene wirtschaftliche Bedeutung des Marktortes ist ersichtlich an dem Befestigungsring, der im 10. Jh. um ihn herum gelegt wurde.

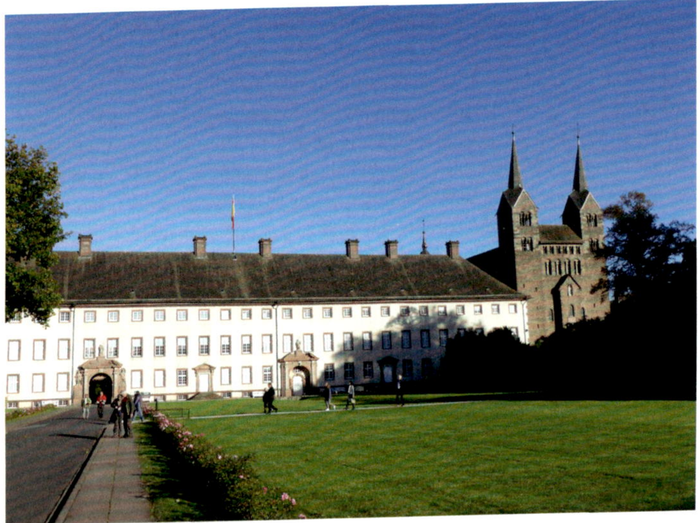

Das Kloster Corvey

Höxter und Corvey

Die Geschichte Höxters ist eng mit der des Klosters Corvey verknüpft. Kaiser Ludwig der Fromme, Sohn Karls des Großen, teilte 823 dem neu gegründeten Kloster Corvey die Siedlung mit allen Ländereien und Einkünften zu, um es wirtschaftlich abzusichern. Höxter profitierte von der Gründung des Klosters Corvey und dessen Entwicklung zum geistigen und kulturellen Zentrum Nordwesteuropas. Dennoch entstand im 11./12. Jh. immer mehr Streit um die Macht zwischen der Kirche (in Gestalt von Äbten und Bischöfen) und weltlichen Herrschern (Herzögen und Landgrafen). Das 12. und 13. Jh. war die Blütezeit Höxters, das seit 1250 Stadtrechte besaß und seit 1295 Mitglied der Hanse war. Konkurrenz erwuchs Höxter durch die vor den Toren des **Klosters Corvey** von dessen Äbten

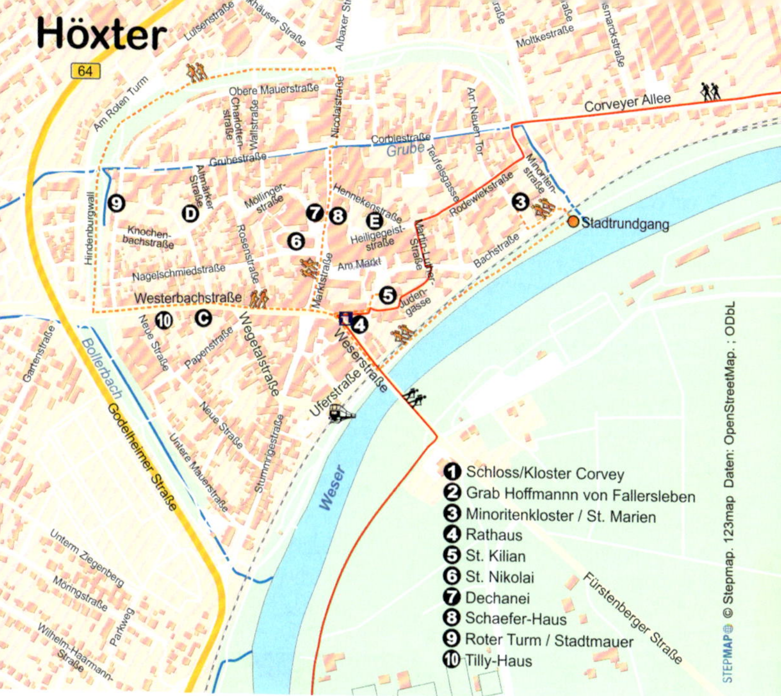

gegründete **Stadt Corvey**. Diese Stadt entwickelte sich zu einem florierenden Marktort, der sogar größer wurde als das ältere Höxter und sich den Bau einer eigenen Brücke über die Weser leisten konnte. Die neidischen Bürger von Höxter verbündeten sich 1265 mit dem Bischof von Paderborn, überfielen eines Nachts Kloster und Stadt Corvey, plünderten sie und steckten sie in Brand. Zwar wurde das Kloster wieder aufgebaut, aber der intendierte wirtschaftliche Niedergang konnte nicht verhindert werden.

In den Wirren des Dreißigjährigen Krieges wurden sowohl Corvey als auch Höxter vielfach zerstört und die Bevölkerung in schrecklichen Gemetzeln niedergemacht. Als trauriger Höhepunkt ging 1634 das „Blutbad von Höxter" in die Geschichte ein. Im 17./18. Jh. nahm Corvey dann wieder einen wirtschaftlichen Aufschwung, Höxter dagegen nicht. Ab 1945 entstanden neue Siedlungen außerhalb des mittelalterlichen Stadtgebiets für zahlreiche Flüchtlinge aus den deutschen Ostgebieten. Neue Niederlassungen von Industrie und allmähliches Wachstum des Tourismus bewirkten seitdem einen gewissen Wohlstand.

📖 Wilhelm Raabe: „Höxter und Corvey“ (historische Erzählung, 1879)

Gegenstand dieser Geschichte ist das Geschehen in einer einzigen Nacht vom 1. auf den 2. 12.1673, als sich die Konflikte innerhalb der gemischtkonfessionellen Bevölkerung in Höxter gewaltsam entluden. In dieser Erzählung wie auch in anderen Werken zeigt sich das große Interesse des Erzählers Wilhelm Raabe (1831-1910) an geschichtlichen Stoffen und an den Orten seiner Kindheit (☞ Boffzen).

Stadtrundgang durch Höxter

Beginnen Sie Ihren Rundgang im Osten der Stadt an der Weserpromenade in Höhe der Minoritenstraße, wo ein Bach, die sogenannte Grube, den Weg quert und in die Weser mündet. Daneben befindet sich eine Unterführung des Bahndamms, durch den Sie zum ehemaligen **Minoritenkloster** mit der Kirche St. Marien (1283) gelangen. Die Franziskaner unterhielten auch ein Spital und waren sicher eine wichtige Anlaufstelle für die Pilger. Sie verließen mit dem Einzug der Reformation die Stadt, kehrten aber im Dreißigjährigen Krieg zurück. Im Verlauf des Krieges wurden sie mehrfach erneut vertrieben, konnten dann aber bis zur

Der Jakobsweg durch Höxter

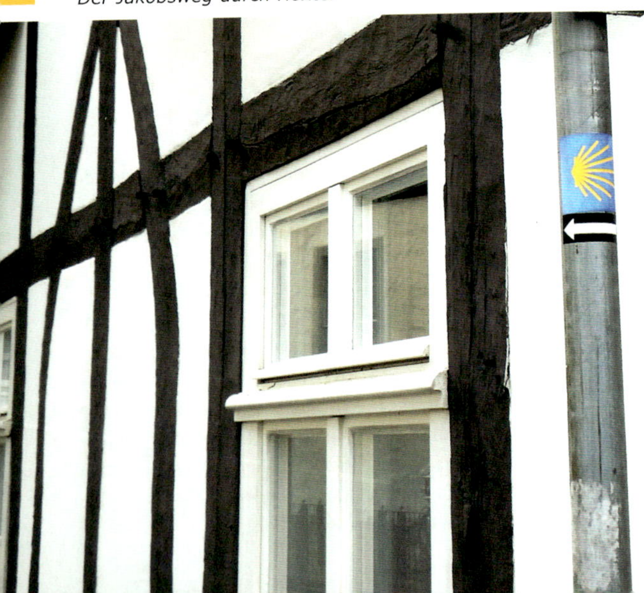

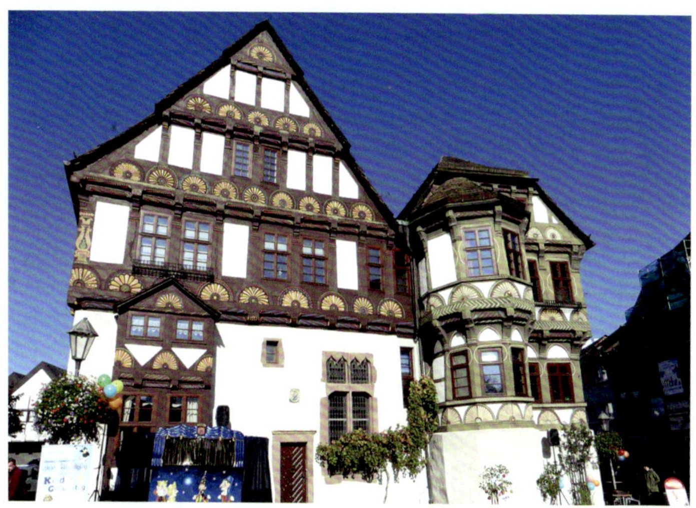

Die prachtvolle Dechanei in Höxter

Säkularisation 1804 ihr Klosterleben weiterführen. Seitdem ist die Kirche Eigentum der evangelischen Gemeinde und das Kloster eine Ruine.

Zurück auf der Weserpromenade gehen Sie weiter bis zur Brücke und biegen dort rechts in die Weserstraße ein, in der sich nach wenigen Metern das historische **Rathaus** aus dem 13. Jh. befindet, das später durch einen Fachwerkaufbau modernisiert wurde. Heute ist hier auch die Tourist-Information untergebracht. Fünfmal am Tag erklingt ein Glockenspiel mit Melodien von Liedern des Dichters Hoffmann von Fallersleben (jeweils 5 Minuten vor 9:00, 12:00, 15:00, 18:00 und 21:00). Dicht beim Rathaus steht die romanische Kirche **St. Kilian**, im 11. Jh. aus dem Material der Umgebung, dem Wesersandstein, erbaut. Sie ist das älteste Bauwerk Höxters. Ihr Namenspatron ist der Hl. Kilian, der als irischer Missionar im östlichen Frankenreich 689 den Märtyrertod erlitt. Markenzeichen dieser Kirche und Wahrzeichen der Stadt sind die beiden Türme von unterschiedlicher Höhe: Den höheren krönt ein Hahn als Symbol der kirchlichen Macht, den niedrigeren der Reichsadler als Symbol der weltlichen Macht. Seit der Reformation ist St. Kilian evangelisch. (⊙ Einen Pilgerstempel gibt es hier trotzdem.)

Sie gehen zurück zum Rathaus, biegen nach rechts in die Weserstraße und noch einmal nach rechts in die Marktstraße, eine Fußgängerzone. Die **Nikolai-Kirche** auf der linken Seite geht auf das 13. Jh. zurück, präsentiert sich heute aber in der Form des 17. Jh. Sie ist immer katholisch geblieben. Im Zentrum der Altstadt ist sie ein Ort der Stille und inneren Einkehr nicht nur für Pilger, täglich 8:00-18:00. Gegenüber von St. Nikolai befindet sich die heutige **Dechanei**, das ehemalige Stadthaus einer adligen Familie von 1561. Es ist ein zweigiebliger Fachwerkbau auf einem massiven Untergeschoss mit einer sogenannten Utlucht, einem vom Boden aufsteigenden, zweistöckigen Erker. Dies ist ein typisches Merkmal der Weserrenaisssance. Normalerweise werden Erker durch Auskragungen oder von Konsolen gestützt. Prachtvolle Fächerrosetten und darunter befindliche Schnürrollen schmücken das Gebäude in einzigartiger Weise. Gegenüber in der Marktstraße befindet sich das nur zehn Jahre jüngere, ebenfalls mit herrlichen Schnitzereien im Stil der Weserrenaissance verzierte **Schaefer-Haus**. Nach massivem Befall durch den Gescheckten Nagekäfer musste Familie Schaefer eine aufwendige Sanierung durchführen. Seit 2017 erstrahlt das Schaefer-Haus in altem Glanz und über 60 verschiedenen Fächerrosetten.

Wo die Marktstraße nach 250 m in die Nicolaistraße mündet, endet die Fußgängerzone. Sie folgen der Nicolaistraße 100 m bis zur ehemaligen **Wallanlage** der mittelalterlichen Stadt, die heute als Grünanlage die Altstadt umschließt. Zwei Säulen beidseits der Straße erinnern an das ehemalige Stadttor. Hinter den Säulen biegen Sie links ein und spazieren durch die Grünanlage in westlicher Richtung: Linker Hand liegen Reste der alten **Stadtmauer** aus dem 12. Jh., natürlich aus Wesersandstein, die den weiteren Rundgang begleitet. Die halbrunden Vorsprünge markieren die ehemaligen Türme. Nach 500 m quert wieder die Grube. Der Bach war im Mittelalter sehr wichtig für die Wasserversorgung, was die vielen Straßennamen Höxters belegen, in denen er enthalten ist, z. B. Grubestraße, Bachstraße, Westerbachstraße oder Knochenbachstraße. Nach ca. 100 m sehen Sie linker Hand den **Roten Turm**, den besterhaltenen von allen Türmen der Stadtbefestigung. 200 m dahinter biegen Sie beim Petri-Tor nach links in die **Westerbachstraße** ein, in der besonders viele reich verzierte, alte Fachwerkhäuser erhalten sind, z. B. das **Tilly-Haus** (1578). Hier soll der kaiserliche Feldmarschall während des Dreißigjährigen Krieges sein Quartier aufgeschlagen haben. Durch die malerische Westerbachstraße gelangen Sie zurück in das Zentrum der Altstadt.

Sie verlassen Höxter über die Weserbrücke und biegen direkt dahinter nach rechts auf die *Wildbahn* (X 3) ab, die am Ostufer der Weser entlangläuft und hier mit dem Weser-Radweg und Raabe-Wanderweg identisch ist. Sie passieren ein Sportzentrum mit Freibad sowie einen Campingplatz. Einen Kilometer später können Sie bei zwei historischen Grenzsteinen am Wegesrand im Geäst einer großen Platane diverse Schuhe baumeln sehen, die den Wanderer ins Grübeln oder ins Schmunzeln bringen. Sind hier Vorgänger an ihren ehrgeizigen Plänen gescheitert oder wollten sie Gleichgesinnte zum Durchhalten animieren? Werfen Sie hier aber nicht nur einen Blick in die Baumkrone über sich, sondern auch einen zurück über die Schulter, wo am Horizont die Turmspitzen von Corvey gerade noch zu sehen sind und Ihnen zeigen, wie viel Sie schon geschafft haben.

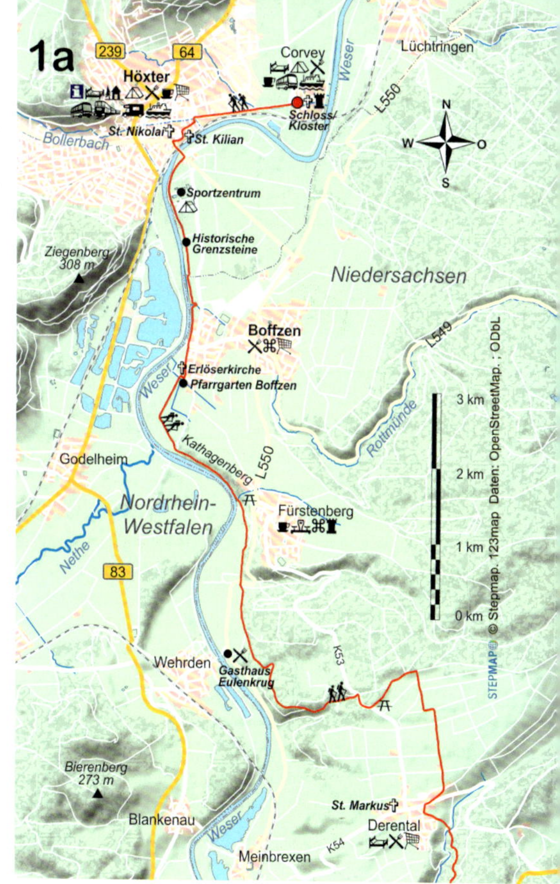

Nachdem Sie kurz vor Boffzen unbemerkt Niedersachsen betreten haben – die Grenze zwischen Nordrhein-Westfalen und Niedersachsen verläuft nun in der Mitte der Weser –, gehen Sie mit *Wildbahn* (X 3) und Weser-Radweg rechts über eine kleine Holzbrücke über die Rottmünde und weiter auf der Weser-Uferpromenade bis Boffzen (knapp 6 km).

Sie durchqueren das alte Dorf am westlichen Rand, vorbei an Kirche und Gefallenen-Denkmal.

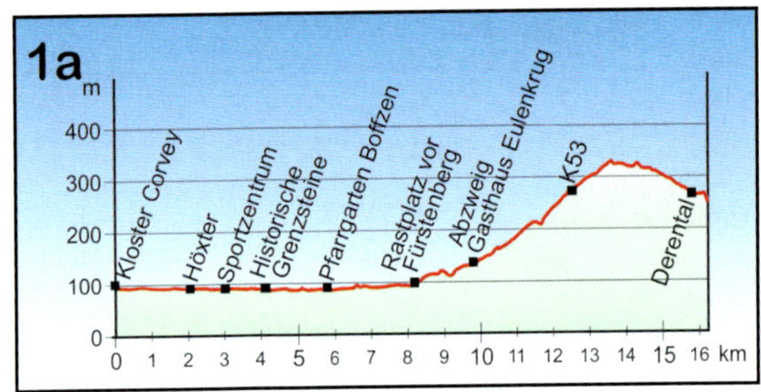

Boffzen

⇧ 121 m 2.756 Ew. ✕ 🛒 ✞ ⌘ ✉ 37691

✕ Wirtshaus zum Weserkrug, Bachstraße 6, tgl. ab 16:00, Mo Ruhetag

✞ Erlöserkirche (evangelisch, 1737)

⌘ Glasmuseum, Bahnhofstraße 9c, ☎ 052 71/499 09 oder 052 71/95 60 – 41, www.glasmuseum-boffzen.de, glasmuseum@boffzen.de, Apr.-Okt. Mi 14:00-17:00, Sa u. So 11:00-17:00, € 3,50, Führungen nach Vereinbarung

♦ Raabetisch und Raabebuche

Wenn Sie am richtigen Tag unterwegs sind, können Sie im Pfarrhaus oder noch besser in dessen malerischem Garten an dem runden Sandstein-Tisch, an dem Wilhelm Raabe einige seiner Werke verfasst hat, unter einer Magnolie Kaffee trinken und Pflaumenkuchen essen. Die örtliche Kirchengemeinde bietet sonn- und feiertags ab 14:00 Selbstgebackenes an. Im hinteren Teil des Gartens beeindruckt eine uralte Buche mit gewaltigen Ausmaßen.

Wilhelm Raabe gilt als einer der bedeutendsten Erzähler des Realismus, wird freilich kaum noch gelesen. In seinen Werken schildert er das Leben der Kleinstädter. Er wurde 1831 im Weserbergland (Eschershausen) geboren und siedelte später etliche seiner literarischen Stoffe in seiner Heimat an. Den Boffzener Pfarrgarten hat Raabe in seinen Roman „Das Odfeld" eingebaut, der 1761 während des Siebenjährigen Krieges spielt. Die Hauptschauplätze seines Romans „Hastenbeck" sind ebenfalls Boffzen, das benachbarte Fürstenberg und der Solling.

📖 Wilhelm Raabe: „Hastenbeck" (Roman, 1898) und „Das Odfeld" (Roman, 1888)

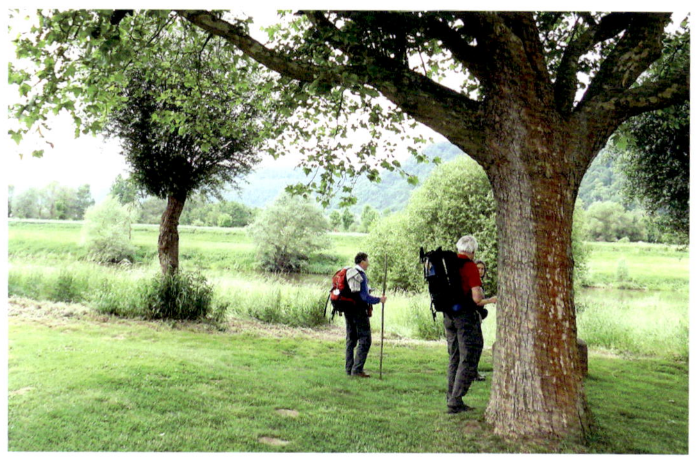

Längs der Weser hinter Höxter

Die *Wildbahn* biegt vor dem Pfarrhaus nach rechts ab, dann nach ca. 40 m links und führt durch Wiesen parallel zur Weser. Sie unterqueren eine stillgelegte Eisenbahnbrücke. Bald darauf liegt links am Wege ein aufgelassener Steinbruch, in dessen feucht-schattigen Winkeln Hirschzungenfarn und Tüpfelfarn gedeihen. Aus den großen Steinbrüchen des Kathagenbergs stammen die Sollingplatten, mit denen im Weserbergland vielfach die Dächer gedeckt wurden.

Rechts am Weg gibt es einen überdachten Rastplatz. Links oben auf dem Kathagenberg sehen Sie Schloss **Fürstenberg** liegen, zu dem ein schmaler Fußweg (Raabe-Wanderweg) hinaufführt, während der X 3-Wanderweg geradeaus weitergeht und das Dorf Fürstenberg links liegen lässt (8 km).

Fürstenberg ⇧ 201 m 1.100 Ew. 37699

Schlosscafé und Restaurant, Febr.-Dez. Di-So 10:00-18:00

Dorfladen, Von Langen Reihe 1, ☎ 052 71/951 98 02, ab 15:00

⌘ Museum Schloss Fürstenberg, Meinbrexener Str. 2, museum@fuerstenberg-schloss.com, www.fuerstenberg-schloss.com, ☎ 052 71/40 11 78, Nebensaison (Nov.-Febr.) Fr-So 10:00-17:00 und auf Anfrage, Besucherwerkstatt 10:30-16:30, Werksverkauf Di-Sa Di-So 10:00-18:00, Hauptsaison (Mrz.-Okt.) Di-So und Feiertage 10:00-17:00, Besucherwerkstatt 10:30-16:30, Werksverkauf und Gastronomie 10:00-18:00

Der X 3-Wanderweg geht geradeaus weiter, überquert die Landstraße L 550 (9 km) und führt als Schotterweg stetig bergauf durch herrlichen Laubwald. Rechts gibt es einen Abzweig zum Gasthaus Eulenkrug am Weserufer (ca. 500 m).

Gasthaus Eulenkrug, ehemaliges Zollhaus an der Grenze zwischen Braunschweig und Niedersachsen, www.eulenkrug.de, Di-Sa 11:30-22:00, So ab 10:00, Mo Ruhetag

Im ehemaligen Jagdschloss der Herzöge von Braunschweig, um 1600 erbaut, befindet sich ein Porzellanmuseum, das eine reiche Sammlung vielfältigster Exponate präsentiert und umfassend über „das weiße Gold der Weser" und seine Herstellung informiert. Bis 1972 befand sich auch die Fürstenberger Porzellanmanufaktur im Schloss, die 1747 vom braunschweigischen Herzog Carl gegründet worden war und heute die drittälteste Deutschlands ist. Ihr Markenzeichen ist ein

Wiesenweg

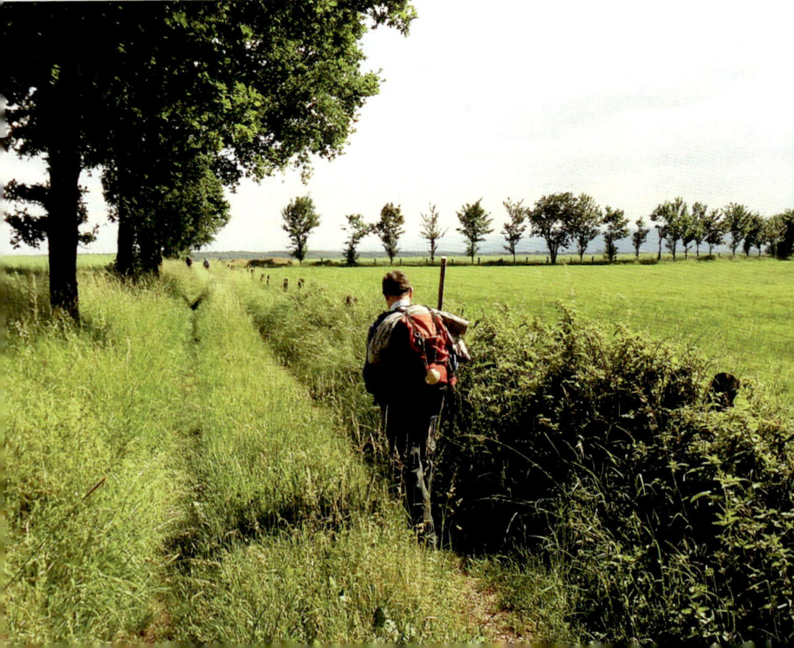

F mit einer Herzogskrone. Inzwischen wurde sie in ein benachbartes modernes Gebäude ausgelagert.

Die X-3-Zeichen führen Sie nicht nach links, sondern immer geradeaus bergauf. Ein weiteres Mal haben Sie die Möglichkeit, zum Wirtshaus *Eulenkrug* einen Abstecher nach rechts zu machen. Andernfalls folgen Sie der *Wildbahn* weiter durch den Wald, bis sie nach ca. 2 km auf eine Teerstraße stößt (K 53). In diese biegen Sie nach rechts ein und folgen ihr in einer langen Linkskurve, bis sowohl rechts am Baum als auch links an einem Pfosten das X 3 nach links weist, in einen Schotterweg am Waldrand entlang. Hier gibt es einen Rastplatz am Wege. Den Abzweig nach links ignorieren Sie und folgen dem X 3 nach schräg rechts. Kurz danach schwenkt die Route in einen stark überwachsenen, schmalen Wiesenpfad Richtung Derental nach rechts ab. ☝ Die Markierung ist verblichen! Sie wandern nun durch die Felder bis zu einem Pfosten mit Verweis nach links und nach 100 m an einer Bank nach rechts. Schließlich geht der Feldweg in einen Teerweg über und führt geradeaus nach Derental (knapp 16 km).

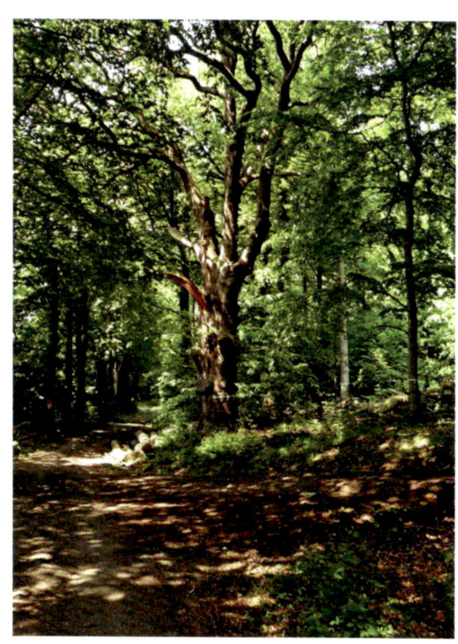

Solling, zwischen Fürstenberg und Derental

Derental

⇧ 260 m 583 Ew. ✕ 🛒 ✝ ✉ 37691

🛏 ✕ „Derentaler Hof“, Sollingstraße. 7, € 39, ☎ 052 73/365 35 46,
✉ derentaler-hof@directbox.com, 💻 www.derentaler-hof.de,
🚪 Mo, Di, Fr, Sa 15:00-22:00, So u. Feiertage 12:00-14:30, 17:30-22:00

✝ evang. Kirche St. Markus (1575)

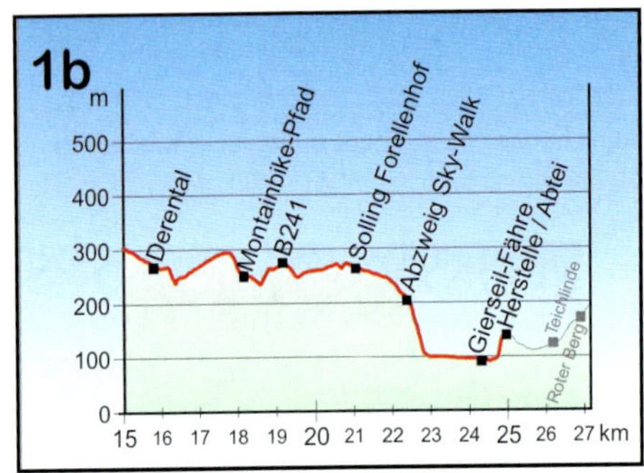

Im Ort lässt die X 3-Markierung Sie leider im Stich. Biegen Sie an der T-Kreuzung nach rechts in die *Sollingstraße*. Sie stoßen auf die *Lange Straße*, der Sie kurz nach rechts folgen, bevor Sie nach links einbiegen in die Straße *Zum Sohl*. Dieser Straße folgen Sie und gelangen zu einer Grünanlage mit Bänken und Brunnen rechter Hand. Am Ortsende taucht das X 3 wieder auf: Der Weg führt durch Wiesen ins Tal hinab und hinter dem Bach nach rechts steil hinauf in den Wald.

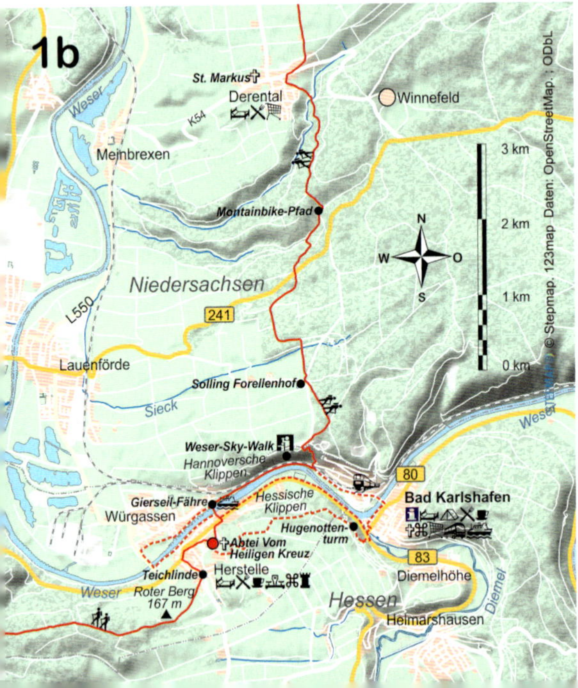

Bei der Wegkreuzung wenden Sie sich nach rechts und beim nächsten Abzweig geradeaus hinauf in den Wald, wo Sie dem schmalen Waldweg folgen. Nun gehen Sie erst nach links, dann gleich nach rechts auf einen abschüssigen Mountainbike-Pfad. ✋ Wurzeln! Biegen Sie an der T-Kreuzung für ca. 10 Min. nach rechts in den Schotterweg ein. Dann geht der Weg nach links hinauf, an der folgenden

Gabelung nach rechts hinauf. Kurz vor der laut hörbaren B 241 wenden Sie sich nach links auf die Straße zu, überqueren diese nach ca. 50 m und folgen dem geschotterten Waldweg.

 Das nächste Hinweisschild ist schwer lesbar!

Die *Wildbahn* biegt nach rechts und führt steil nach unten in den Wald. Folgen Sie dem Pfad bis zu einer Straße; dort liegt rechts das Restaurant *Solling Forellenhof* (ab Ende 2017 geschlossen, Wiedereröffnung fraglich).

Vom Parkplatz vor dem Restaurant gehen Sie quer über die Straße in den Wald nach rechts auf einen Trampelpfad Richtung Sky-Walk. (Lassen Sie sich nicht dadurch verwirren, dass es hier mehrere Möglichkeiten des Einstiegs gibt. Am kürzesten geht es wie oben beschrieben.)

Auf dem Waldpfad, der anfangs parallel zur Straße verläuft, gehen Sie bis zu einem Schottersträßchen, dort nach rechts Richtung Sky-Walk. Gehen Sie nicht nach links auf den Mountainbike-Pfad in den Wald, sondern folgen Sie der Schotterstraße. So gelangen Sie zum Parkplatz Sky-Walk 2, biegen links in den Wald, folgen dem Pfad, überqueren die Straße und treffen auf den Abzweig zum 300 m entfernten „Weser-Sky-Walk" (22,5 km). Dieser Abstecher kostet Sie mindestens 20 Min. (Hin- und Rückweg, Rundblick und Foto-Shooting), bietet bei schönem Wetter aber auch ein herrliches Panorama.

Weser-Sky-Walk

Der „Weser-Sky-Walk" ist eine Aussichtsplattform, die 2011 in 80 m Höhe in die sogenannten Hannoverschen Klippen hoch über der Weser gesetzt wurde. Eine der beiden Ebenen ragt fünf Meter nach vorn über die Klippe, so dass man freien Ausblick hat über das Flusstal, die gegenüberliegenden Hessischen Klippen, Herstelle und Bad Karlshafen. Nichts für Schwindelanfällige!

Dem Schild „Richtung Karlshafen" folgen Sie hinunter auf dem „Klippenweg", der Sie zur Weser hinab und dem Etappenziel nahe bringt. Der naturbelassene Waldpfad ist malerisch, aber nicht ohne tückische Wurzeln. Seien Sie also vorsichtig, damit Sie nicht über Stock und Stein purzeln. Bei Regen nehmen Sie vielleicht besser die Straße, die Ihnen sogar die Aussicht auf die Weser verschafft.

Unten gehen Sie im Zickzack über die Bahngleise (23 km). Ab hier haben Sie drei Möglichkeiten, das Etappenziel Herstelle zu erreichen:

▷ Am schnellsten geht es mit der Fähre über die Weser. Sie wenden sich rechts hinab zum Weserufer, laufen auf dem Radweg R 4 nach rechts 1,5 km bis zum Fähranleger gegenüber von Herstelle und lassen sich ans andere Ufer übersetzen. (☞ weitere Wegbeschreibung S. 52)

Gierseil-Fähre zwischen Würgassen und Herstelle

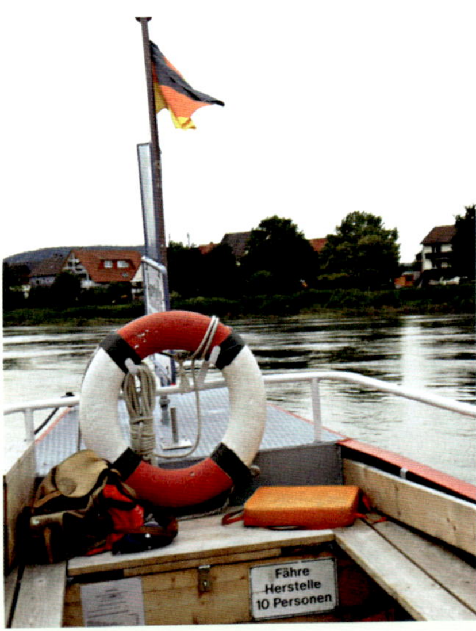

Mit der Fähre nach Herstelle

Die Fähre ist im 15. Jahrhundert als Übersetzmöglichkeit für Treidelmannschaften eingerichtet worden und hat sicher auch so manchen Pilger übergesetzt, der im Hersteller Kloster eine Übernachtungsmöglichkeit erhoffen durfte. In unserem digitalen Zeitalter ist die Fähre, die ohne Motorkraft auskommt und nur geschickt die starke Wasserkraft der Weser ausnutzt, eine reizvolle Rarität. Erst 2017 wurde sie gründlich überholt und vom TÜV zertifiziert. Bei Wind und Wetter sitzt von Mai bis September täglich zwischen 8:00 und 18:00 einer der drei Fährleute am Fenster im Fährhaus und hält Ausschau, ob jemand am anderen Ufer den Ruf „Fährmann, hol über" erschallen lässt. Für sage und schreibe 1 Euro setzt er dann in wenigen Minuten bis zu zehn Wanderer ans andere Ufer. Auch Fahrräder haben Platz an Bord.

▷ Falls Sie aber im Winterhalbjahr unterwegs sind oder der Fährmann schon Feierabend hat, müssen Sie in den sauren Apfel beißen, notgedrungen den Fähranleger links liegen lassen und weiter auf dem R 4 bis zur Brücke bei Würgassen laufen. Nachdem Sie diese überquert haben, laufen Sie auf der anderen Seite der Weser wieder zurück bis nach Herstelle. Ab dem

Fähranleger ist das eine zusätzliche Strecke von gut 3 km auf Asphalt, wenn auch immer am Fluss entlang und mit sehr schöner Aussicht auf Herstelle.

▷ Falls Sie die Stadt Karlshafen besichtigen möchten, folgen Sie weiter dem X 3, und zwar nach links. Auf der *Wildbahn* überschreiten Sie unbemerkt die Grenze nach Hessen und wandern nach 2 km über die Weser-Brücke nach Karlshafen hinein.

Bad Karlshafen

⇧ 101 m 3.718 Ew.

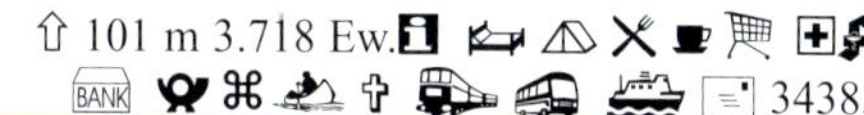

34385

- Kur- und Touristik-Information, Hafenplatz 8, ☏ 056 72/99 99 22, touristinfo@badkarlshafengmbh.de, www.bad-karlshafen-tourismus.de
- Hotel-Restaurant Landgraf Carl, Hafenplatz 2, ☏ 056 72/373, € 35, www.hotel-landgraf-carl.de, info@hotel-landgraf-carl.de
- ♦ Pension Bauermeister, Vor den Klippen 5, ☏ 056 72/24 95, www.pension-bauermeister.de, pension-baumeister@web.de, ab € 26
- Eissalon Cortina, Weserstraße 33
- ♦ Eissalon Paul, Hafenplatz 1, in schönster Lage, wechselte 2017 gerade den Besitzer und es ist unklar, wann er wieder öffnet.
- ⌘ Deutsches Hugenotten-Museum, Hafenplatz 9a, ☏ 056 72/14 10, www.hugenottenmuseum.de, hugenottenmuseum@t-online.de, Nov.-14.3. Mo-Fr 9:00-12:00, 15.3.-Okt. Di-Fr 10:00-17:00, Sa, So, Feiertage 11:00-18:00, € 4

  In einer ehemaligen Tabakfabrik wurde 1980 ein Museum eingerichtet, das die Geschichte der Hugenotten im Allgemeinen und in Deutschland im Besonderen anhand zahlreicher Exponate veranschaulicht.

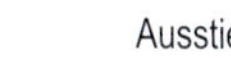

Bus 220 nach Herstelle (Haltestellen in Karlshafen: Bahnhof, Weserbrücke, Hafen; Ausstieg: Herstelle/Kirche)

Bad Karlshafen

Das hessische Kur- und Heilbad Karlshafen liegt im Dreiländereck Niedersachsen, Nordrhein-Westfalen und Hessen zwischen den Hängen von Solling und Reinhardswald. Die Diemel mündet hier in die Weser. Die Stadt wurde 1699 von Landgraf Carl von Hessen direkt an der Weser errichtet, um Hugenotten-Flüchtlinge aus Frankreich anzusiedeln. Sein Motiv war nicht nur reine Nächstenliebe, sondern das Bestreben, Gewerbe und Handel in seinem Land anzukurbeln und verlassene Ortschaften wieder zu besiedeln, was tatsächlich gelang. Aufgrund der planvollen Gründung hat die Stadt ein rechtwinkliges Straßennetz und eine symmetrische Aufteilung der Quartiere. Die barocke Stadtanlage und einige hübsche Bauten aus den Anfangstagen rund um das künstliche Hafenbecken herum sind gut erhalten, z. B. das Rathaus und das Invalidenhaus. Da Wirtschaft und Tourismus in den letzten Jahren deutlich nachgelassen haben, hat man zur Belebung Karlshafens 2017 mit dem Bau einer Schleuse begonnen, um den historischen Binnenhafen wieder zur Weser hin zu öffnen und kleinen Booten die Hafeneinfahrt zu ermöglichen.

Sie durchqueren die kleine Altstadt mit historischem Hafenbecken, Rathaus (1718) und Invalidenhaus (1710) und gelangen zur Diemel, die Sie auf einer Brücke überqueren. Von hier gibt es zwei Möglichkeiten, nach Herstelle zu gelangen:

- ▷ Am bequemsten ist ein asphaltierter, ebenerdiger Fuß- und Radweg von ca. 2,5 km neben der B 83, entlang der Weser und mit Blick auf die Hannoverschen Klippen.

Weser und Burg Herstelle im Abendlicht

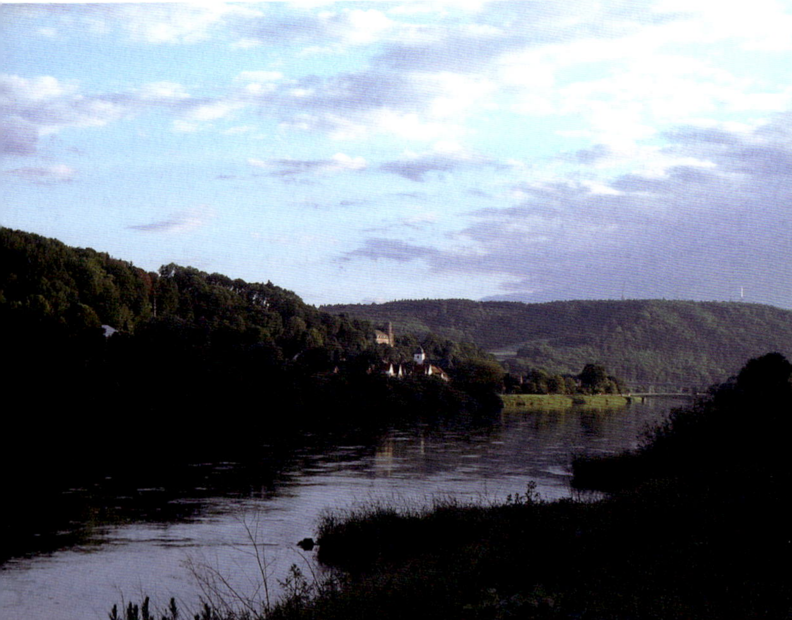

▷ Der abwechslungsreichere *Fulda-Diemel-Weg* (Markierung: weißes F auf schwarzem Grund) führt über die Hessischen Klippen (Sie sind in Hessen!) und ist etwa ebenso lang wie der Radweg. Hinter der Diemel-Brücke führen Treppen im Zick-Zack auf die Höhe, vorbei am Platz der Heimatvertriebenen 1946-1966, am Ludwig-Stein (zur Erinnerung an einen Förderer des Fremdenverkehrs) und weiter bergauf zum **Hugenottenturm** (⇧ 205 m). Dieser Aussichtsturm wurde 1913 von dem Bremer Kaufmann Johann Josef Davin zur Erinnerung an seine hugenottischen Vorfahren gestiftet und aus Dankbarkeit der Stadt Karlshafen geschenkt. Er wurde in der damals beliebten Ruinenarchitektur in einer Höhe von 170 m erbaut. Der Weg führt von dort zum Sängertempel, von wo aus man einen letzten Blick auf Karlshafen werfen kann. Auf schmalen Pfaden gehen Sie weiter zum so genannten Dreiländereck, das inzwischen keines mehr ist, da die niedersächsische Landesgrenze auf die andere Weserseite nördlich von Karlshafen verlegt wurde.

Dreiländereck

Nordrhein-Westfalen, Niedersachsen und Hessen stoßen oberhalb von Karlshafen aneinander. Das Tal der Weser ist hier eng (es weitet sich erst Richtung Beverungen), und die Felsen von Solling und Reinhardswald fallen nördlich und südlich des Flusses steil zur Weser hinab. Nach ihrem jeweiligen Standort in Niedersachsen und Hessen werden sie Hannoversche Klippen und Hessische Klippen genannt.

Der Weg führt Sie nun von Hessen zurück nach Nordrhein-Westfalen, wo Sie am Morgen gestartet sind, um dann den größten Teil der Etappe durch Niedersachsen zu laufen. Sie steigen eine kleine Treppe hoch, gehen dann in den Wald und wieder heraus und schließlich am Rande des bewaldeten Höhenzugs entlang. Bei einer Sitzbank verlassen Sie den Waldrand und wandern über die Wiesen auf den Strauchberg hinauf und im Zick-Zack wieder hinunter nach Herstelle, wo Sie in die Straße *Auf der Worth* einbiegen und nach wenigen Metern (und dem Übergang in die Carolus-Magnus-Straße) zur Abtei *Vom Heiligen Kreuz* gelangen. Hinunter in das ehemalige Schifferdorf gelangen Sie von dort am besten über die 185 Stufen der Klostertreppe neben der Kirche. An deren Anfang erinnert über der früheren Klosterpforte eine alte, in Hexametern abgefasste Inschrift an Karl den Großen und seinen Aufenthalt in Herstelle:

Quae quondam Caroli illustrat praesentia Magni,
nunc Benedictus habet summi palatia Regis.
Virgineosque choros praeit cui semper adhaerent
Agnus cui sit laus, honor, imperiumque per aevum.

Auf Deutsch: *Der Palast, dem einst die Gegenwart Karls des Großen Glanz verlieh, gehört nun Benedikt als Palast des höchsten Königs. Und Jungfrauenchören voran geht das Lamm, dem sie immer folgen; ihm sei Lob und Ehre und Herrschaft in Ewigkeit.*

Die Sachsenkriege Karls des Großen

Karl der Große führte in den Jahren 772 – 804 mehrere Feldzüge gegen die Sachsen, um sie zu christianisieren und das Sachsenland ins Frankenreich einzugliedern. Hauptwidersacher Karls des Großen war der sächsische Herzog Widukind. Nach jahrelangem verbissenem Widerstand legte er 785 die Waffen nieder und trat durch seine Taufe zum Christentum über. Die Sachsenkriege waren damit aber noch nicht beendet. Im Rahmen späterer Feldzüge verweilte Karl noch mehrmals an der Oberweser. 794 schlug er sein **Winterlager bei Herstelle** an der Weserfurt auf.

Wenn Sie mit der Fähre nach Herstelle übersetzen, führt der Weg zur Abtei an der Pfarrkirche St. Bartholomäus vorbei dann über viele Stufen die Klostertreppe hinauf (25 km).

Herstelle

⇧ 100 m 1.000 Ew. 37688

Gästehaus St. Scholastika, € 32, Abtei vom Heiligen Kreuz, ☏ 052 73/80 41 14, gaestehaus@abtei-herstelle.de, www.abtei-herstelle.de. Zwischen Gästehaus und Kirche liegt ein kleiner „Garten des Wandels", der durch seine Wegführung das Leben symbolisiert.

Klosterladen, ☏ 052 73/80 41 36, 10:00-12:30, 14:30-17:30, So. geschlossen, klosterladen@abtei-herstelle.de

Gasthaus „Zur Fähre", Fährstraße 5, direkt an der Weser, ☏ 052 73/74 84, Mai – Okt. 9:00-22:00, www.gasthaus-zur-faehre.de, info@gasthaus-zur-faehre.de, 35 €, Erlaubnisscheine für das Angeln in der Weser erhältlich

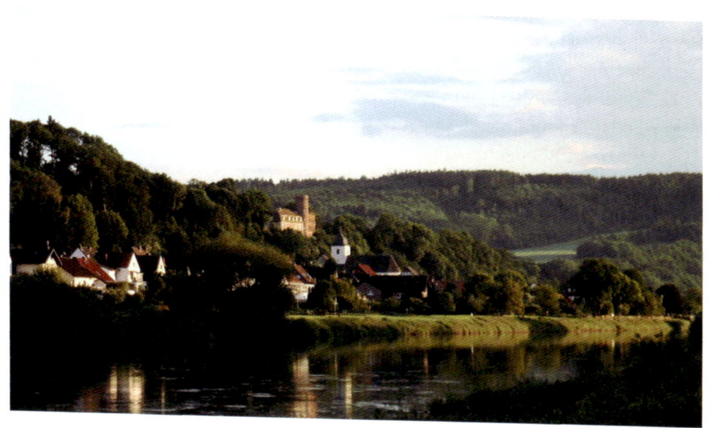

Blick auf Herstelle an der Weser

✕ Erlenhof, Erlenhof 2, Bauernlädchen und Café mit selbstgemachtem Kuchen, Mi-Sa 14:00-18:00, So u. Feiertage 13:00-18:00, Juli und August auch Di 14:00-18:00, ☏ 052 73/74 61, www.erlenhof-cafe.de

Bäckerei Kayser, Heristalstraße 15, ☏ 052 73/73 37, Mo-Fr 7:30-12:30, 14:30-18:00, Sa 7:30-12:30 (DHL Paketshop)

⌘ Bauernhofmuseum im ☞ Erlenhof (Besuch für Café-Gäste kostenlos)

✞ Abtei vom Heiligen Kreuz, Carolus-Magnus-Str. 9, ☏ 052 73/804-0, www.abtei-herstelle.de, benediktinerinnen@abtei-herstelle.de, Gebetszeiten: 6:20 Laudes/7:45 Hl. Messe/12:15 Sext/18:00 Vesper/20:05 Vigilien und Komplet. Die Gebetszeiten variieren mitunter!

✞ St. Bartholomäus

Schon seit dem 11. Jh. gab es neben dem ☞ Franziskanerkloster eine Pfarrkirche in Herstelle. Wegen Baufälligkeit musste sie 1711 durch eine neue Kirche, diesmal unten im Dorf, ersetzt werden. Neben anderen Kunstwerken sind die sechs großen, bunt bemalten Glasfenster des Hauptschiffs bemerkenswert. Unter den dargestellten Heiligen befindet sich ganz links auch Karl der Große, womit auf dessen Aufenthalt in *heristalli* hingewiesen und seine Rolle bei der Verbreitung des Christentums gewürdigt werden soll. Ein Schlüssel zur Besichtigung ist erhältlich bei Herrn Jansen ☏ 052 73/72 72 oder 052 73/38 95 52 oder 01 72/524 30 52.

Herstelle und sein Kloster

Der Name des Ortes stammt von **Karl den Großen:** Er überwinterte 797/798 im Zuge seiner Feldzüge gegen die Sachsen mit einem Teil seines Heeres an der Weser-Furt. Den strategisch bedeutsamen Ort nannte er Heristalli, was *Lagerplatz des Heeres* bedeuten könnte oder eine Erinnerung ist an den Stammsitz seiner Ahnen, das Schloss der Karolinger a. d. Maas, das heutige Herstal/Héristal bei Lüttich. Bald danach wurde für die wachsende Siedlung die Pfarrkirche St. Bartholomäus erbaut sowie ein Bischofssitz, der aber wenig später nach Paderborn verlegt wurde. Einziges greifbares Erinnerungsstück an Karl des Großen ist der ☞ **„Karlstein"**.

Die Reformation konnte in Herstelle niemals Fuß fassen, es blieb ununterbrochen katholisch. Schwere Verwüstungen erfuhr es wie die ganze Gegend im Dreißigjährigen Krieg. 1657 wurden Seelsorge und Schuldienst in Herstelle den **Franziskanern** übertragen, die aus Höxter vertrieben worden waren und vorübergehend in Jakobsberg eine Bleibe gefunden hatten (☞ Stadtrundgang durch Höxter). Als das Hersteller Pfarrhaus für den wachsenden Konvent zu klein wurde, entstand 1724-1726 durch Erweiterung des Pfarrhauses allmählich das heutige Klostergebäude auf dem Burgberg hoch über der Weser. Nach über 150 Jahren wurde das **Franziskanerkloster** 1812 im Zuge der Säkularisation von der westfälischen Regierung aufgehoben und das Inventar versteigert. Die Klostergebäude gerieten nach dem Auszug der Minoriten mehr und mehr in Verfall und wurden für den Ort eine Belastung, weshalb sie per Zeitungsinserat zum Kauf angeboten wurden. Dies lasen die **Benediktinerinnen** aus Peppingen in Luxemburg, die infolge des Kulturkampfs ihr Kloster in Trier

Die Teichlinde in Herstelle

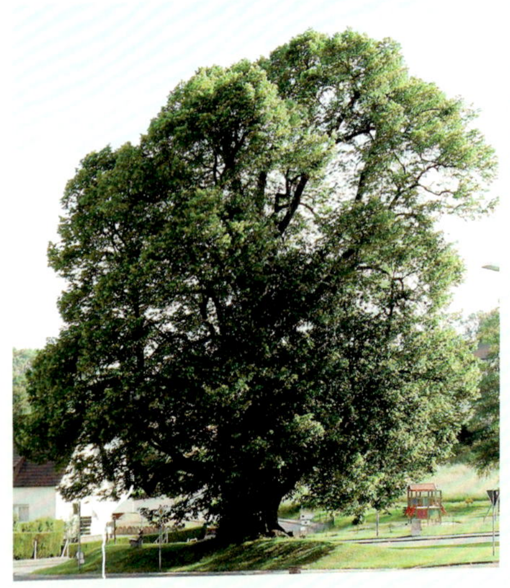

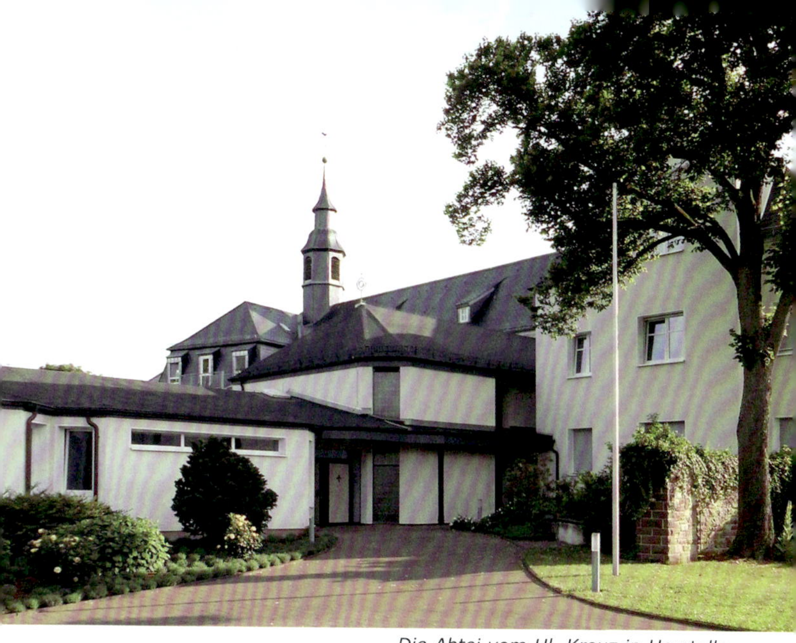

Die Abtei vom Hl. Kreuz in Herstelle

hatten verlassen müssen und an einer neuen Heimat auf deutschem Boden interessiert waren. 1899 zogen sieben Schwestern in das verlassene Kloster in Herstelle, um einen benediktinischen Neuanfang an der Weser zu wagen. Die vielen einst blühenden Benediktinerklöster im Weserbergland waren inzwischen alle der Reformation oder der Säkularisation zum Opfer gefallen, allein in unmittelbarer Nachbarschaft von Herstelle die Klöster Corvey, Helmarshausen, Marienmünster, Bursfelde, Gehrden, Lippoldsberg und Kemnade.

1950 platzte das Kloster mit 140 Schwestern aus allen Nähten, es erfolgte eine Tochtergründung in der ehemaligen Zisterzienserinnen-Abtei Engelthal der Diözese Mainz. Zurzeit gehören 38 Schwestern zwischen 28 und 95 Jahren dem Konvent an.

Herstelle ist heute der östlichste Ort Nordrhein-Westfalens. Auf den Fundamenten mehrerer Vorgängerburgen, die bis in die fränkische Zeit zurückreichen, steht heute eine **Burg** von 1832, die literarischer Treffpunkt für berühmte Romantiker war, z. B. die Brüder Grimm aus Kassel und Annette von Droste-Hülshoff.

2. Etappe: Herstelle – Borgentreich (20 km)

Auf dieser Etappe sind mehrere Wege maßgeblich: Fulda-Diemel-Weg *(weißes F auf schwarzem Grund),* Kreiswanderweg Höxter Nord, Eiserweg *und* Weser-Bever-Höhenweg.

Vom Klostervorplatz folgen Sie dem Hinweisschild zum **Karlsstein**, links vorbei an der Burg Herstelle. Auf einer natürlichen Aussichtskanzel mit schönem Blick auf Herstelle, Würgassen und das Wesertal liegt ein mächtiger Buntsandsteinblock, auf dem ein sehr altes Steinkreuz frühchristlichen Typs emporragt. Das Kreuz ist aus karolingischer Zeit, kann aber nicht mit Sicherheit Karl des Großen zugeordnet werden. Vom Karlstein folgen Sie dem Klippenweg entlang der Hanglehne.

Bis zum Ortsende ist der Weg nicht ausgeschildert. Sie stoßen spitzwinklig auf einen steilen Teerweg, dem Sie nach rechts hinunter folgen. Auf der *Heristalstraße* gehen Sie geradeaus bis zur nächsten Querstraße *Am Kemperborn,* in die Sie links einbiegen. (Der Straßenname spiegelt wie andere alte Flurnamen im Ort – Kemperfeld, Totengrund – die blutige Zeit der Sachsenkriege wider.)
Nach 250 m erreichen Sie ein Kreuzungsrondell, in dessen Mitte eine stattliche Linde von ca. 370 Jahren steht, die sogenannte **Teichlinde**. Sie biegen vor der Linde rechts ab und folgen bergauf dem *Fulda-Diemel-Weg* aus dem Ort hinaus. Dann wandern Sie 400 m hinauf auf den Roten Berg in den Hersteller Wald. Ohne abzubiegen, gehen Sie immer weiter geradeaus, schließlich auf einem Grasweg durch den Wald. Wenn der *Fulda-Diemel-Weg* nach links bzw. nach Süden schwenkt, wandern Sie auf dem *Kreiswanderweg Höxter Nord* geradeaus Richtung Jakobsberg.

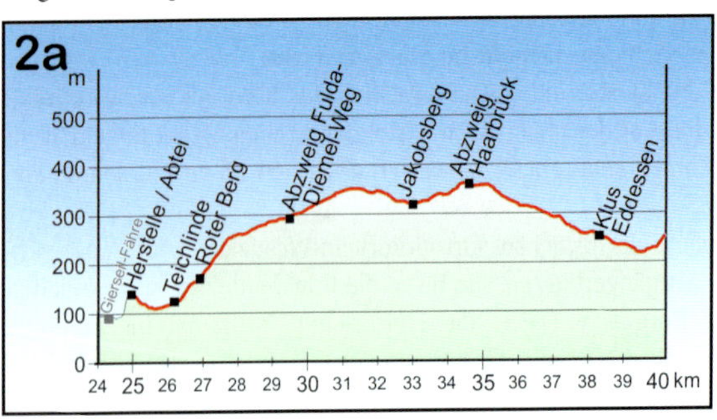

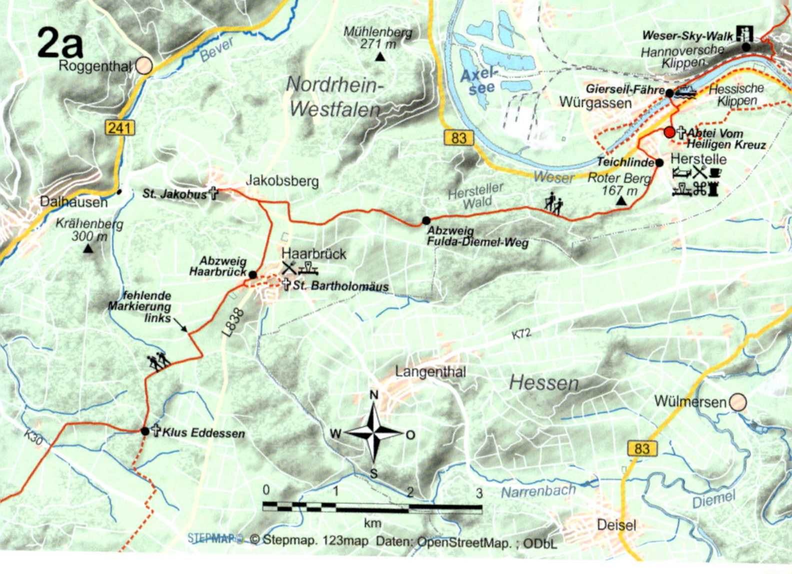

An einer Schranke verlassen Sie den Wald und gelangen an den Feldrain mit Blick auf zahlreiche Windräder. Sie biegen nach rechts, gehen kurz am Waldrand entlang bis zu einer Schotterstraße, der Sie nach links auf die Höhe folgen. Links voraus sehen Sie Haarbrück liegen. Bei einem Wegkreuz mit Bank stößt der Schotterweg spitz auf eine Asphaltstraße, der Sie nach rechts folgen. Kurz vor der Einmündung auf die L 838 biegen Sie rechts in einen Feldweg ein. An der nächsten Kreuzung wenden Sie sich nach links und gehen über die Kreisstraße hinweg auf dem *Hartweg* hinein nach Jakobsberg und zur Kirche (8 km).

Jakobsberg

⇧ 340 m 300 Ew. ✞ ⊙

✞ St. Jakobus, romanisch-gotisch, wurde 1150 erbaut bzw. 1490 erweitert.

tägl. 9-18:00 ☝ Die Tür klemmt! Wenn Sie denken, es sei abgeschlossen, probieren Sie es noch einmal mit Schmackes! ⊙ Pilgerstempel gibt es links neben dem Eingang.

☺ Auf dem Friedhof gibt es Trinkwasser.

Jakobsberg

Das Bergdorf Jakobsberg wird erstmals erwähnt im Jahre 978 mit dem Ortsnamen Haddenberg. Es liegt 340 m.ü.M. auf einem mächtigen Muschelkalkmassiv,

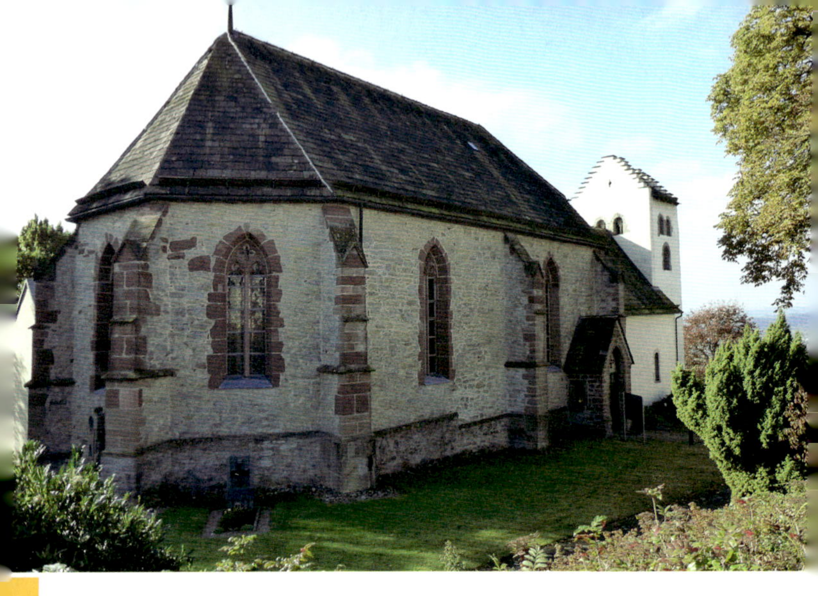

Die Jakobus-Kirche in Jakobsberg

dessen Hänge steil zur Weser und zur Bever abfallen. Hier hatte sich eine germanische Kultstätte samt Quelle befunden, die dann in ein christliches Heiligtum umgewandelt worden war. Diese Kirche war dem Erzengel Michael geweiht. Um 1150 wurde eine neue Kirche errichtet: Oben auf dem Kammberg, direkt am Steilabfall zum Bevertal ist sie bis heute von Weitem sichtbar. Der Neubau wurde dem damaligen Zeitgeist folgend dem Apostel Jakobus geweiht und war im Mittelalter eine bedeutende Wallfahrtskirche. Wegen des wachsenden Pilgerstroms musste die romanische Kirche um 1490 durch einen hochgewölbten gotischen Erweiterungsbau vergrößert werden. Der Ort war für Jakobspilger das wichtigste Ziel in Norddeutschland geworden und wurde deshalb in Jakobsberg umbenannt. Eine St. Jakobus-Bruderschaft kümmerte sich um die Unterbringung der Pilger. (Aus der Jakobus-Bruderschaft hat sich in Jakobsberg im Laufe der Zeit die St. Jakobus-Schützenbruderschaft entwickelt, die 1973 ihr 400-jähriges Bestehen feierte.) Mit der Reformation verlor Jakobsberg als Wallfahrtsort allmählich seine Bedeutung. Erst seit einigen Jahren nimmt das Interesse wieder zu, inzwischen kommen jährlich einige Busse mit Pilgern. Die Jakobsberger Bevölkerung hat die Verehrung nie abreißen lassen; sie zieht alljährlich am Sonntag nach dem 25. Juli, dem Fest des Hl. Jakobus, in einer Prozession zur Kapelle am Jakobusbrunnen.

Die Idee, hier einen Kreuzweg anzulegen (knapp 3 km auf Graswegen, viele Ruhebänke, einzigartige Ausblicke), stammt von den Firmlingen des Jahres 1981. Die Tonbilder der 14 Stationen wurden in der Abtei in Herstelle angefertigt.

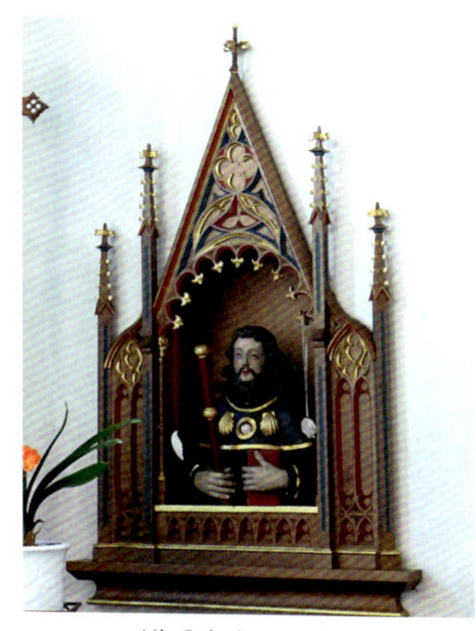

Hl. Jakobus, Jakobus-Kirche

Nach der Besichtigung von Jakobsberg gehen Sie zurück zum Ortseingang bis zur L 838, auf die Sie für ca. 150 m einbiegen, bevor Sie nach rechts in einen abschüssigen Feldweg abschwenken und immer geradeaus wandern bis zu einer T-Kreuzung (*Höhenweg*). Wenn Sie dem Höhenweg nach rechts folgen, gelangen Sie zur Klus Eddessen. Wenn Sie links abbiegen, gelangen Sie hinein nach Haarbrück (9,5 km).

Haarbrück

⇧ 365 m 500 Ew. ✕ BANK ✝ ✉ 37688

✝ Die Pfarrkirche in Haarbrück stammt aus dem Jahr 1883 und ist St. Bartholomäus geweiht. Das Kirchenschiff ist meistens verschlossen, aber durch eine Glaswand im geöffneten Vorraum gut einsehbar. Eine Besichtigung kann vereinbart werden. Kontakt: Kath. Pfarramt Beverungen ☏ 052 73/13 32

✕ Altes Kornhaus, Klingelburgstraße 24, Di–Sa ab 14:30, So ab 9:30, www.alteskornhaus.de, info@alteskornhaus.de

Bäckerei Pollmann, Rennestraße 6, ☏ 052 73/69 79, Lebensmittel, Mittagspause 12:30-14:30

✕ Metzgerei Bobbert, Bühner Straße 11, Kaffee und Imbiss, Mittagspause 13:00-15:00

Die Bauernsiedlung Haarbrück ist der höchstgelegene Ort im Kreis Höxter. Die trockene Lage auf einem Hochplateau war seit jeher ideal für Handels- und Verkehrswege, und so ist es nicht verwunderlich, dass der uralte *Eiserweg* durch Haarbrück zur Weser hin verlief.

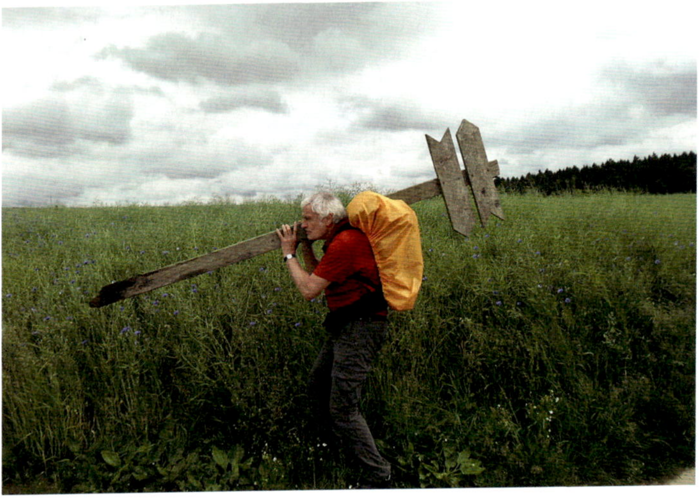

Dieser Wegweiser wurde wohl umgepflügt!

Eiserweg

Der *Eiserweg* oder *Eisenweg* ist eine uralte Transportstraße zwischen dem Sauerland und Beverungen. Funde aus der römischen Kaiserzeit und dem Frühmittelalter belegen, dass auf dieser Route Metalle wie Eisen, Kupfer, Silber und Blei von ihren Fund- oder Verarbeitungsorten nach Beverungen transportiert wurden, wo sie auf der Weser verschifft wurden. Besonders im 16./17. Jh. gab es in dieser Gegend einen blühenden Eisenhandel. Ähnlich dem Jakobsweg gab es auch nicht nur einen *Eisenweg*, sondern Haupt- und Nebenstrecken.

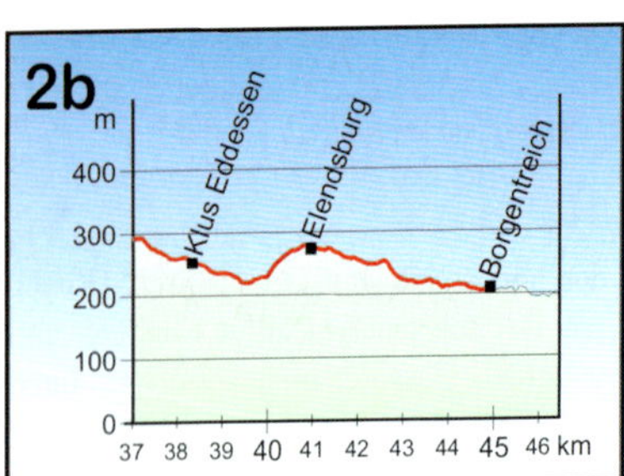

Der Weg von Haarbrück zur Klus Eddessen folgt dem alten *Eiserweg*. Von der Kirche St. Bartholomäus gehen Sie wieder zur Hauptstraße (Bühner Straße) und von dort rechts hinauf in die Holzbrunnenstraße. An dieser Kreuzung befindet sich ein altes Kruzifix mit Jakobsmuschel. An der nächsten T-Kreuzung stoßen Sie auf den *Weser-Bever-Höhenweg* und ein stark verwittertes Hinweisschild zur Klus Eddessen, dem Sie nach links folgen. Am weißen Kreuz mit dem Rat „Vertrau auf Gott" biegen Sie wieder links auf einen Asphaltweg ab (Hinweisschild: *zur Klus 4 km*). Beim ersten asphaltierten Abzweig biegen Sie nach links.

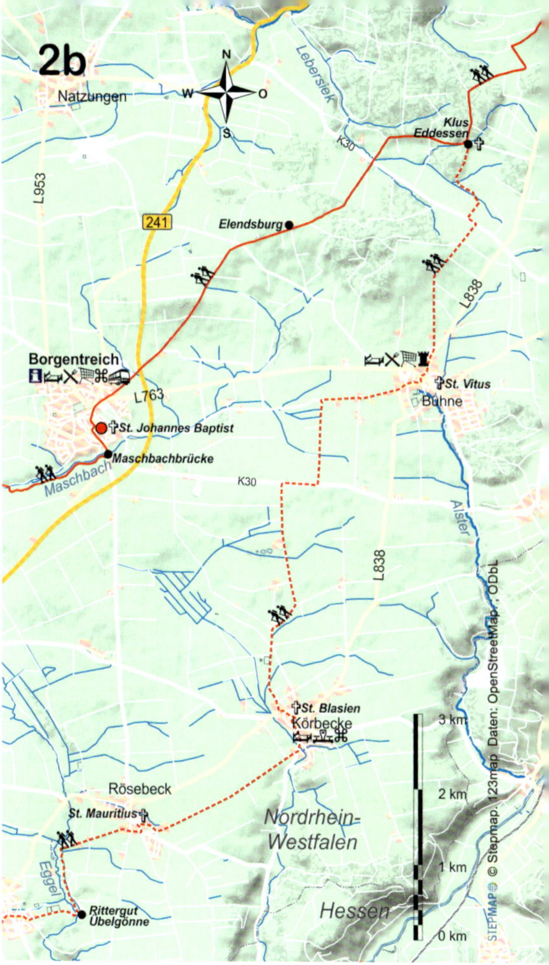

Hier fehlt die Markierung! Der herausgerissene Pfosten mit dem Wegweiser liegt im Dickicht der Böschung.

Nach 200 m biegt der *Weser-Bever-Höhenweg* am Waldrand scharf nach rechts und führt geradeaus in den Wald. (Die Beschilderung ist leider nur aus der Gegenrichtung sichtbar.) Wenn die tiefen Waldwege zu matschig sind, können Sie nebenher trockenen Fußes durch die lichten Bäume gehen. An der T-Kreuzung folgen Sie dem Wegweiser „zur Klus 0,7 km" nach links und immer geradeaus bis zur **Klus Eddessen** (13 km).

Die Klus Eddessen

Die Kapelle der Klus Eddessen wurde Ende 15./Anf. 16 Jh. in Erinnerung an das bei der **Soester Fehde** von den Hussiten 1447 zerstörte Dorf Eddessen errichtet. Die Soester Fehde (1444-1449) war ein Konflikt des Kölner Erzbischofs mit der Stadt Soest, in dem diese siegte. Es war aber ein Pyrrhus-Sieg: Die Stadt Soest hatte zwar die alten Rechte und Freiheiten behaupten können, verlor aber durch das dadurch bedingte Ausscheiden aus dem Herzogtum Westfalen das bisherige wirtschaftliche Hinterland und büßte dadurch langfristig ihre wirtschaftliche Stärke ein.

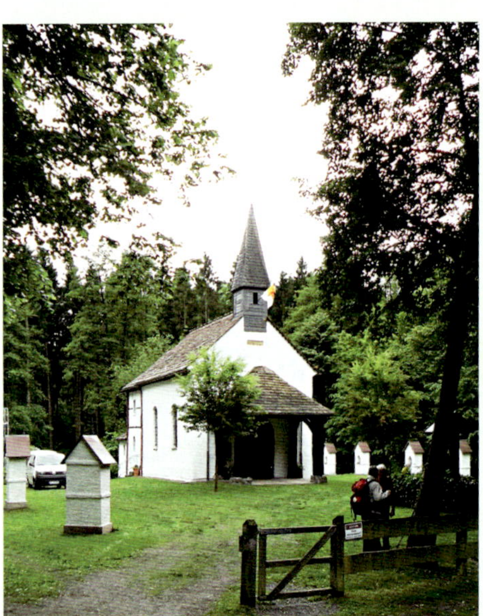

Die Klus Eddessen

Die heutige Klause stammt von 1856. Von 1860 bis zum Anfang des Ersten Weltkriegs war Bruder Ubaldus Klausner. Sein Grab liegt vor der Kapelle. Schon zu Lebzeiten hatte er statt eines Bettes seinen selbstgezimmerten Sarg als Bett benutzt. 1969-1981 wohnte der über Europas Grenzen hinaus bekannte Bruder Hermann Aufenanger unweit der Klus in einer kleinen Holzhütte. Derzeit lebt Sr. Mechthild aus dem Eremitenorden im Wohntrakt der Klause, die hinten an der Kirche angebaut ist. Eine Toilette für Besucher ist im Gartenhäuschen. Aus den umliegenden Dörfern gibt es an bestimmten Tagen des Jahres Prozessionen zur Klus.

Für den Weg von der Klus Eddessen nach Warburg gibt es zwei Möglichkeiten: Die eine führt über Borgentreich, die andere über Bühne, Körbecke und Rösebeck (☞ S. 69).

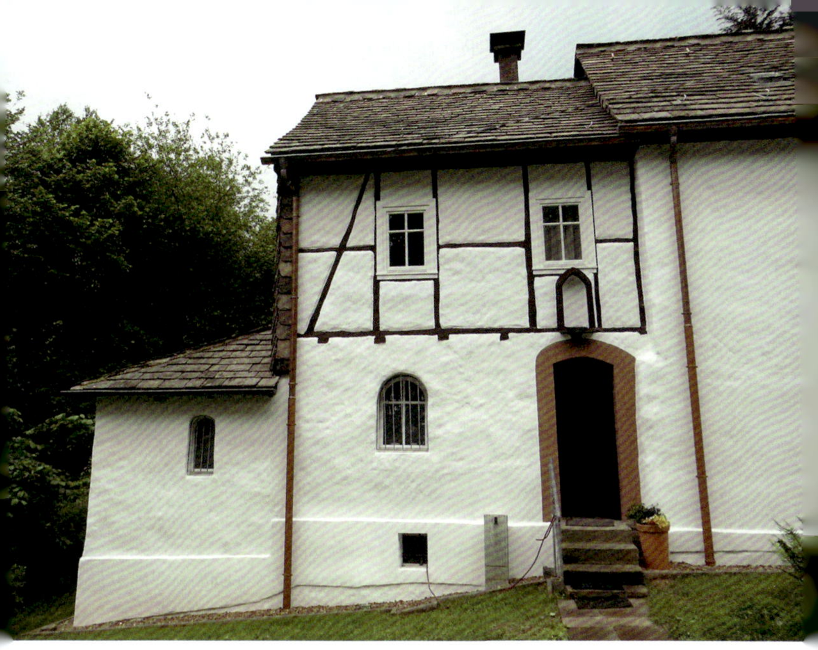

Die Eremiten-Klause

Die Strecke nach Borgentreich verläuft auf dem alten *Eiserweg* und ist landschaftlich sehr reizvoll. Zwar bleibt Ihren Füßen vielfach der Asphalt nicht erspart, aber die kleinen Sträßchen sind so wenig bis gar nicht befahren, dass wenigstens kaum ein Auto den Wanderer stört. Außerdem werden Sie entschädigt durch Aussichten wie aus dem Bilderbuch.

Sie wenden sich, die Klus verlassend, nach links bzw. Westen und wandern immer geradeaus, zunächst auf einem schönen, geschotterten Waldweg. Hinter einer Schranke wird der Schotterweg zum Wiesenweg. Sie befinden sich auf dem *Eiserweg*.

Der *Eiserweg* stößt schließlich auf die querende K 30. Sie gehen geradeaus weiter. Bei der folgenden Y-Gabelung nehmen Sie den rechten Zinken. Der Weg taucht in den Wald ein und führt stetig bergauf. Hinter dem Wald geht der Wiesenweg in einen geteerten Wirtschaftsweg über. An der nächsten Weggabelung halten Sie sich wieder rechts bzw. geradeaus. Rechter Hand liegt das Einzelgehöft Elendsburg. Sie überqueren die Straße und gehen 3 Kilometer immer geradeaus bis hinein nach **Borgentreich**. Zum Schluss geht es steil bergab und unter der

B 241 hindurch. Im Ort halten Sie sich zweimal links und gelangen zum Kirchplatz (20 km).

Borgentreich

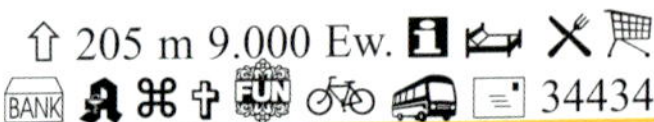

Stadt Borgentreich, Am Rathaus 13, 056 43/809-0, info@borgentreich.de, tourismus@borgentreich.de, www.borgentreich.de

Gasthaus Dohmann, Mühlenstraße 12, 056 43/81 75, ab € 35, mariadohmann@aol.com, Familie Dohmann betreibt ganze drei Kinos und trägt so zur Unterhaltung nicht nur der Borgentreicher, sondern auch vieler Menschen aus dem Umland bei.

Ristorante „Bella Italia", Marktstraße 6 (im Orgelmuseum), 056 43/86 68, Di-Sa 17:00-22:30, So 17:00-21.30, Mo Ruhetag

Orgelmuseum, Marktstraße 6, April-Oktober Do, Fr 14:00-17:00, Sa 10:00-12:00, 14:00-17:00, So 14:00-17:00, Nov.-März nur Sa u. So., Erw. € 4, Kinder/Studenten € 2, Familienkarte € 10, Führung nach Vereinbarung, € 40, www.orgelmuseum.eu, www.orgelmuseum-borgentreich.de. Das Orgelmuseum befindet sich im klassizistischen alten **Rathaus** von 1850, direkt gegenüber der St. Johannes-Kirche.

Kath. Pfarrkirche St. Johannes Baptist (1836)

Hier befindet sich die größte Barockorgel Westfalens bzw. die größte doppelte Springladenorgel weltweit, ein Instrument aus dem 17./18. Jh. Die Springladentechnik ist sehr selten bei Orgeln anzutreffen. Diese Besonderheit war auch der Anlass für die Einrichtung des Orgelmuseums. Die Orgel kann nur bei einem Besuch des Museums besichtigt werden. Der Vorraum der Kirche ist aber tagsüber geöffnet und ermöglicht den Blick ins Innere der Kirche.

Die beschauliche Kleinstadt Borgentreich wurde um 1275 in der Osthälfte der Warburger Börde gegründet und entwickelte sich alsbald zu einer bedeutenden Handelsstadt. Vom 14.-16. Jh. gehörte sie auch dem Bund der Hanse an. Der Dreißigjährige und der Siebenjährige Krieg richteten auch hier große Zerstörungen an, von denen sich die Stadt jahrhundertelang nicht erholte. Erst im 20. Jh. konnte sie, begünstigt von der fruchtbaren Lage, als landwirtschaftliches Zentrum wieder Fuß fassen. Seit 1980 führt sie den Beinamen „Orgelstadt", da sie stolz auf das erste ☞ Orgelmuseum Deutschlands in ihren Mauern ist.

3. Etappe: Borgentreich – Volkmarsen (28 km)

Auf dieser Etappe folgen Sie dem regionalen Wanderweg B 2 bis kurz vor Lütgeneder, wo Sie auf den R 4 wechseln. Von Lütgeneder bis Warburg gibt es leider noch keinen markierten Wanderweg, aber eine sehr schöne, im Folgenden genau beschriebene Strecke über Feldwege und kleine Sträßchen. In Warburg treffen Sie wieder auf den Löwenweg *(X 2), der nach Volkmarsen führt.*

Die Asphaltsträßchen der Etappe sind so gut wie gar nicht befahren und werden meistens flankiert von breiten Grasstreifen, auf die Wanderer mit empfindlichen Fußsohlen ausweichen können.

Sie verlassen Borgentreich, indem Sie der Kirche St. Johannes Baptist den Rücken kehren, sich nach links in die Marktstraße wenden und wieder links in die Mühlenstraße, die Sie aus der Stadt herausbringt. Unten rauscht der Maschbach. Direkt hinter der Brücke rechts steigen Sie in einen kleinen Fußpfad ein, der nach 50 m steil bergab führt. Der Weg verläuft nach links, immer am Bach entlang. Genießen Sie das wildromantische Bachtal, aber mit Vorsicht! Der schmale Pfad verläuft am abschüssigen Hang. Schließlich zweigen Sie, der B 2-Markierung folgend, nach links ab (zusammen mit dem Rentnerweg). An einer quer laufenden Baumreihe biegt der Pfad nach rechts über die Wiese und einen Bach und mündet auf einen Asphaltweg, dem Sie nach links bis zur **Heidemühle** folgen (2,5 km).

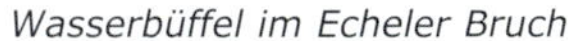

Wasserbüffel im Echeler Bruch

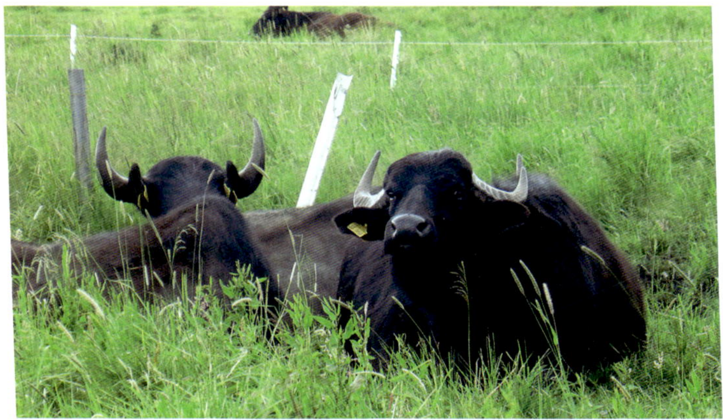

Hinter der Heidemühle biegt der Weg nach links über den Mühlenbach. Der Radweg R 4 verläuft hier parallel zur B 2. An der ersten T-Kreuzung geht der Weg nach rechts, an der nächsten nach links. Beim nächsten Abzweig folgen Sie dem R 4 nach rechts, er leitet nach Lütgeneder hinein. Zunächst kommen Sie aber am **Echeler Bruch** vorbei. Vielleicht wird es Sie überraschen, hier Wasserbüffel auf der Weide anzutreffen, aber diese genügsamen Tiere haben sich auch anderswo bei der Pflege von Feuchtgebieten sehr bewährt.

Links am Horizont erheben sich die Berge des Habichtswalds, schräg links voraus der ☞ **Desenberg**, das weithin sichtbare Wahrzeichen der Warburger Börde. Den nächsten Abzweig nach links ignorieren Sie. Es folgen nun vier T-Kreuzungen: An der ersten gehen Sie nach rechts, an der zweiten und dritten jeweils links, immer dem R 4 nach. An der vierten gabelt sich der R 4: Beide Wege führen nach Lütgeneder. Sie gehen links und kommen zu einer Vielfach-Kreuzung mit Bildstock, Bank und Abfalleimer. Hier gehen Sie erst links und dann rechts unter der Unterführung der B 241 hindurch nach Lütgeneder (7,5 km) hinein.

Desenberg

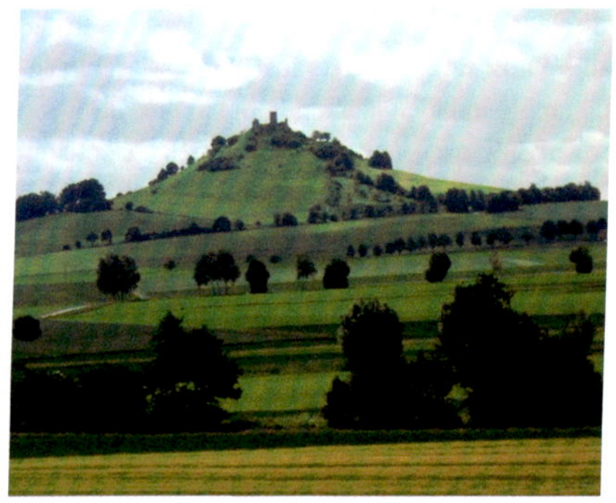

Lütgeneder ⇧ 182 m 441 Ew. ✞ 🚌 ✉ 34434

Lütgeneder ist ein altes Bauerndorf, das seine Geschichte bis ins 9. Jh. nachweisen kann. Ein Bauerndorf ist es bis heute geblieben, auch wenn es längst in die Stadt Borgentreich eingemeindet ist. Der Börde-Boden ist hier nämlich ganz besonders fruchtbar, und so ist es – die letzten Kilometer haben es bereits gezeigt – umgeben von schönsten Wiesen und Getreidefeldern.

✞ Die katholische Kirche St. Michael wurde 1850 aus rotem Sandstein neu aufgebaut und wirkt etwas überdimensioniert für das kleine Dorf. Vielleicht wollten die Bewohner ein wuchtiges Glaubenszeugnis ablegen: Als 1627 der Pfarrer der Reformation beitrat, blieb die Gemeinde katholisch. Die Kirche steht unter Denkmalschutz, ist aber leider nur sonntags geöffnet.

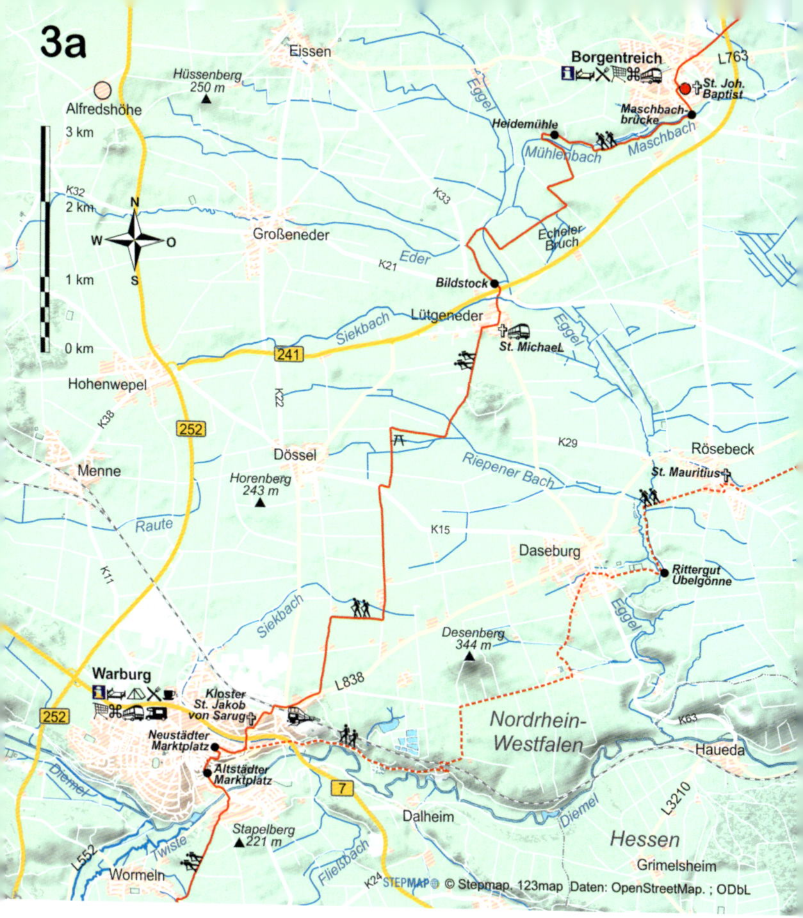

3a

Eissen
Borgentreich
L763
Hüssenberg 250 m
St. Joh. Baptist
Alfredshöhe
Maschbach-brücke
Heidemühle
Eggel
3 km
Mühlenbach
Maschbach
K32
K33
2 km
N
W
O
S
Großeneder
Echeler Bruch
Eder
K21
1 km
Bildstock
Lütgeneder
Siekbach
Eggel
St. Michael
0 km
241
Hohenwepel
K22
K38
252
K29
Dössel
Rösebeck
Menne
Riepener Bach
Horenberg 243 m
St. Mauritius
Raute
K15
Daseburg
Rittergut Übelgönne
K11
Siekbach
Eggel
Desenberg 344 m
Warburg
L838
Kloster St. Jakob von Sarug
Nordrhein-Westfalen
252
K63
Neustädter Marktplatz
Haueda
Altstädter Marktplatz
Diemel
7
Diemel
L3210
Dalheim
Stapelberg 221 m
Hessen
Twiste
L552
Wormeln
Fließbach
Grimelsheim
K24
STEPMAP © Stepmap. 123map Daten: OpenStreetMap. ; ODbL

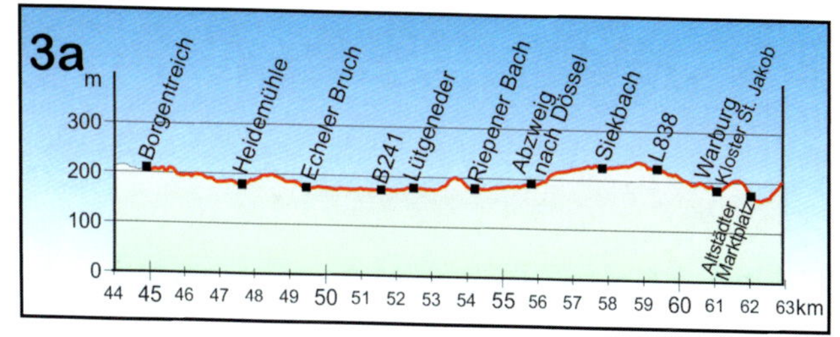

Neben der Kirche befindet sich eine Bushaltestelle mit überdachtem Wartehäuschen, wo auch der Wanderer vor einem Schauer Schutz finden kann.

Weiter geht es rechts an der Kirche vorbei zur *Weißholzhalle* mit großem Rastplatz, vor dem Sie links in die Straße *Am Weißholz* einbiegen. Am Ortsausgangsschild vorbei gehen Sie immer geradeaus auf den Wald zu. Sie wandern am Waldrand entlang, bis Sie an der Kurve leicht rechts in den geschotterten Grasweg einbiegen und zum Riepener Bach hinunterlaufen. Die ganze Zeit haben Sie einen schönen Blick auf den Desenberg zur Linken. Ganz links sehen Sie den hohen Kirchturm von Rösebeck über die Felder ragen.

Bei einem Eisenkreuz überqueren Sie auf einem schmalen, hölzernen Steg den Bach. An grünem Feldrain entlang gehen Sie auf die Ecke der quer stehenden Baumreihe zu bis zu einem kleinen Wassergraben. Davor biegen Sie nach rechts ab. Gehen Sie aber nicht am Wassergraben entlang, sondern zwischen Wiese und Kornfeld auf dem rechten Wiesenrain, der dann erkennbar zum Weg wird (unter der kreuzenden Stromleitung) und schließlich asphaltiert ist. An der folgenden Kreuzung halten Sie sich links und kommen zu einem Rastplatz in einem Gehölz.

Im Wald hinter Borgentreich

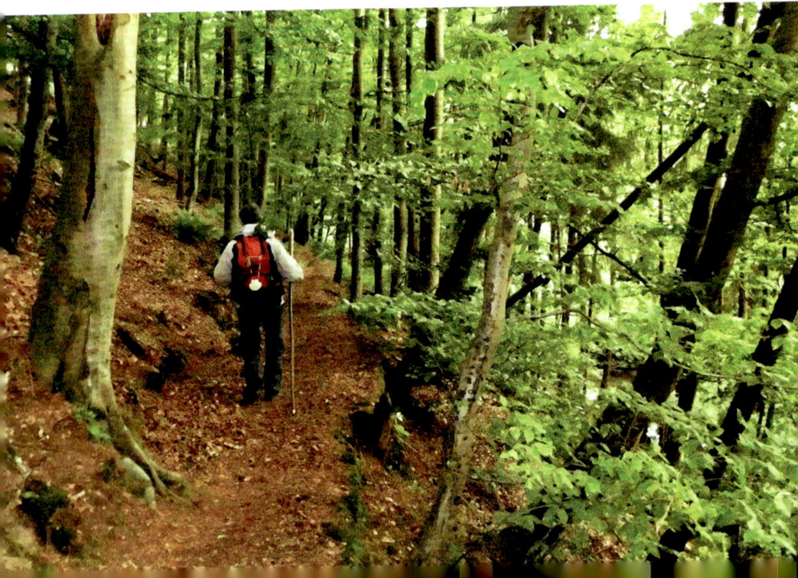

An der nächsten Kreuzung (11 km) geht es rechts nach Dössel, aber eine Einkehrmöglichkeit finden Sie dort nicht. Sie gehen also weiter geradeaus, biegen kurz nach rechts ab und überqueren die Landstraße (K 15). Sie wandern weiter geradeaus bis auf die Höhe und immer weiter, stets im Windschutz hoher Hecken. Sie überqueren den verrohrten Siekbach und biegen nach 150 m rechts in einen breiten Feldrain ein. Dieser Weg stößt auf eine querende Asphaltstraße, in die Sie links einbiegen, den Sielheimer Weg. Dieser trifft dann auf die Desenbergstraße (L 838). Sie gehen nach rechts nach **Warburg** hinein, unterqueren die Bahngleise und folgen ab hier dem *Löwenweg* (X 2) in die Innenstadt. Sie gehen die Bahnhofstraße entlang bis zur Klosterstraße, in die Sie rechts einbiegen. Sie ist benannt nach dem alten Dominikanerkloster, in dem sich heute das orthodoxe Kloster des Heiligen Jakob von Saruq befindet. Dessen große Basilika können Sie an der nächsten Ecke bewundern, bevor Sie nach links in das Dominikanergässchen einbiegen, das Sie wieder zur Bahnhofstraße führt. Sie gehen auf der Brücke über die B 7 und biegen dann nach rechts in die Hauptstraße ein. Auf ihr gelangen Sie ins Zentrum der Warburger Oberstadt, auf den Neustädter Marktplatz mit der Kirche St. Johannes Baptist. Den Altstädter Marktplatz erreichen Sie nach ca. 600 m (17 km).

Alternativroute Klus Eddessen – Warburg (☞ S. 62)

Für die Alternativroute gibt es leider keinen markierten Wanderweg, dafür können Sie aber asphaltfrei auf schönen Feldwegen bis nach Bühne wandern. Die folgende Route von Bühne über Körbecke nach Rösebeck folgt einer Nebenstrecke des ☞ Eiserwegs, *der im Mittelalter nicht nur Transportweg, sondern sicher auch Pilgerweg war. Hinter Rösebeck schwenkt der Eiserweg dann vor dem Desenberg und Warburg nach Westen Richtung Sauerland ab. Von Rösebeck bis Warburg verläuft der Kreiswanderweg Höxter Süd (sein Zeichen gleicht einem umgedrehten schwarzen Anker). Er ist allerdings dürftig markiert.*

Wenden Sie sich, die Klus verlassend, zunächst nach rechts bzw. Osten und gehen Sie dann ca. 700 m in südlicher Richtung an der Waldkante entlang, Wiesen und Felder zu Ihrer Linken. Kurz vor dem Ende des Waldes biegen Sie scharf nach links und folgen dem Weg, der nach 700 m rechts abknickt und nach 400 m auf die Landstraße stößt. Sie biegen nach links auf die Straße und verlassen Sie nach ca. 200 m wieder, indem Sie nach rechts auf einen Feldweg abschwenken. Auf diesem Weg bleiben Sie, bis Sie Bühne erreichen (17 km).

Bühne ⇧ 235 m 1.258 Ew. 34434

Gasthof Dewender, Vitusstraße 6, ☏ 056 43/252, ab € 25, tgl. außer Mi 10:00-12:00 und ab 16:30

Die Anfänge Bühnes reichen bis in das Jahr 850 zurück. Inzwischen ist das Dorf in die Stadt Borgentreich eingemeindet. Eine mittelalterliche Ritterburg ist noch in Resten erhalten, die aber schon Nachfolgebauten aus späteren Jahrhunderten zugehören. Die katholische Kirche St. Vitus wurde 1826 neu gebaut, nachdem die alte wegen Baufälligkeit hatte abgerissen werden müssen. Nur der Turm blieb erhalten.

Im Ort gibt es zwei Metzger und einen kleinen Supermarkt mit Café-Sitzecke.

Im Ort stoßen Sie auf die Vitusstraße und den parallel laufenden Radweg R 6, auf den Sie rechts abbiegen, um den Ort zu verlassen. Nach ca. 1,5 km biegen Sie bei einem Wegkreuz links ab und gelangen nach ca. 1,3 km auf die K 30. In diese biegen Sie für ca. 400 m nach rechts ab, bevor Sie nach links einschwenken. Am Horizont sehen Sie schon den markanten Kegel des ☞ Desenbergs in der Ferne aufragen. Sie wandern vorbei an Neu-Marienburg und Alt-Marienburg und stoßen nach 1,5 km auf eine T-Kreuzung. Sie folgen dem Weg nach rechts und treffen nach ca. 500 m auf den R 4. Auf diesen biegen Sie links ein und wandern auf ihm noch ca. 1,3 km nach Körbecke (24 km).

Körbecke ⇧ 201 m 670 Ew. 34434

✞ St. Blasien (kath., 1901), außer Montag tagsüber offen

⌘ Biohof Jacobi, Mühlenhof 28, ☏ 056 43/227 oder – 16 69, www.biohof-jacobi.de, hofladen-jacobi@freenet.de, Übernachtungsmöglichkeit für Jakobspilger

Die Hauptattraktion von Körbecke ist zweifellos der Biohof Jacobi. Der Bauer Josef Jacobi ist ein Pionier des nachhaltigen Landbaus und setzt sich seit Jahren für ökologische Landwirtschaft ein, sei es auf dem eigenen Hof, sei es bei der Gründung von *Alnatura* oder bei der Bauern-Demo mit dem Traktor vor dem Brandenburger Tor. Frau Heike Schäfer-Jacobi hat sich ganz auf die Käseherstellung spezialisiert. Sie verarbeitet einen Teil der hofeigenen Kuhmilch in liebevoller Handarbeit zu Frisch- und Weichkäse, jungem bis lang gereiftem, von Hand gebürstetem Schnittkäse aus Rohmilch in verschiedenen Varianten und vielen Geschmacksrichtungen. Im Hofladen (Do u. Fr 15:00-18:00) gibt es verschiedene Milchprodukte und Brotsorten, Fleisch, Eier, Obst und Gemüse aus der Region sowie Nudeln, Reis, Gewürze, Drogerie-Artikel, Bier und Wein zu kaufen.

Da es um Übernachtungsmöglichkeiten auf diesem Teil der Strecke schlecht bestellt ist, dürfen Jakobspilger freundlicherweise auf dem Jacobi-Hof preiswert übernachten und werden abends mit Lebensmitteln zur Selbstversorgung und morgens mit einem traumhaften Frühstück in der Bauernküche versorgt, obwohl das Ehepaar Jacobi sonst keine Gästezimmer anbietet. Natürlich, der Name verpflichtet! Und er ist – zusammen mit etlichen anderen Jacobis dieser Gegend – ein möglicher Hinweis auf Jakobspilger in Körbecke vor langer Zeit.

Folgen Sie weiter dem R 4 bzw. dem alten *Eiserweg* immer geradeaus durch die Warburger Börde. Der Desenberg am Horizont wird allmählich immer größer. Bald ist Rösebeck erreicht (3,5 km).

Rösebeck

191 m 537 Ew. 34434

Rosbacher Stuben, Rosbachallee 26, 056 43/203, ab € 35, Fr-So 18:00-24:00, www.rosbacher-stuben.de

Rösebeck ist eines der ältesten Dörfer der Warburger Börde und bereits für die Zeit um 650 nachgewiesen. Die kath. Kirche ist dem hl. Mauritius geweiht. Ihr Vorraum ist tagsüber geöffnet und ermöglicht den Blick ins Innere der Kirche.

Von der St. Mauritius-Kirche gehen Sie in südlicher Richtung erst auf dem Kirchweg, dann auf der Straße *Zur Höte*, biegen rechts in den Bördeblick und nach 120 m links in einen Schotterweg, auf dem Sie Rösebeck verlassen. Zwischen den Feldern wandern Sie zum ehemaligen Rittergut **Übelgönne** (7 km), rechts daran vorbei und biegen hinter ihm nach links. Eine kleine Straße führt nun geradeaus nach Westen, und der Desenberg rückt immer näher.

Der Abstecher auf den Desenberg ist ein Umweg von 3,5 km (beim Gut Klingenburg rechts abbiegen).

Fast 1 km braucht es, bis Sie den Desenberg passiert haben (9,5 km). Dann biegen Sie nach links auf einen Schotterweg, der zur Diemel führt. Vor dem Fluss überqueren Sie die Bahngleise (10,5 km). Entlang der Diemel geht es nun nach Westen auf dem Kühlenmühler Weg immer geradeaus, schließlich über die B 7 und weiter, nun auf der Kasseler Straße, nach Warburg hinein und dann auf der

Hauptstraße bis ins Zentrum der Warburger Oberstadt, zum Kirchplatz mit der Kirche St. Johannes Baptist. Den Altstädter Marktplatz erreichen Sie nach ca. 600 m (15 km).

In Warburg sind beide Strecken-Varianten nun wieder vereinigt

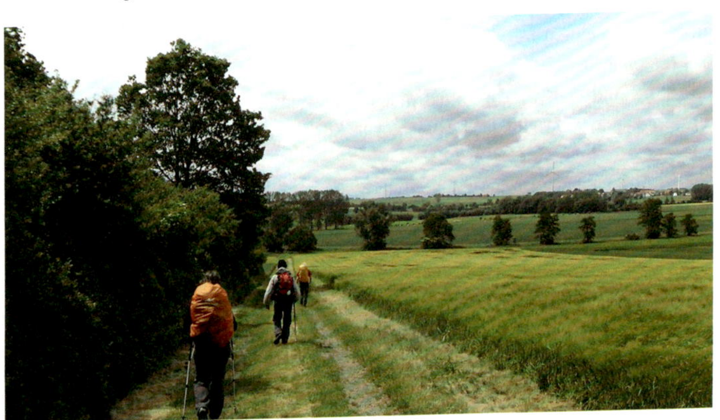

Weg über die Warburger Börde

Die Warburger Börde

Die Warburger Börde ist eine äußerst fruchtbare, waldarme Landschaft, weshalb die landwirtschaftliche Nutzung hier zu 85 % als Ackerbau erfolgt. Vorwiegend werden Zuckerrüben und Getreide angebaut. Während der letzten Eiszeit (vor 70.000-100.000 Jahren) wurde Löß angeweht, welcher der Börde außer Fruchtbarkeit auch ihre typische gelbe Bodenfarbe verleiht. Westliche Begrenzung der Warburger Börde ist das nord-südlich verlaufende Eggegebirge, ein vor 100 Mio. Jahren entstandenes Sandstein-Gebirge, das den Teutoburger Wald mit dem Sauerland verbindet. Es ist die Wasserscheide zwischen Rhein und Weser. Im Süden wird die Warburger Börde durch das Westhessische Bergland begrenzt, im Norden vom Oberländer Land, das sich auch noch östlich und westlich der Ebene erstreckt. Die höchste Erhebung ist der **Desenberg** (⇧ 344 m), der nördlichste Vulkan Deutschlands. 4 km nordöstlich von Warburg überragt der weithin sichtbare Basaltkegel als einziger Berg das flache Umland. Ein spiralförmiger Weg führt hinauf zum Gipfel, auf dem eine ehemalige Raubritterburg von 1300 thront. Vom Turm bietet sich den Augen eine großartige Aussicht über die Warburger Börde und die sie umgrenzenden Höhenzüge.

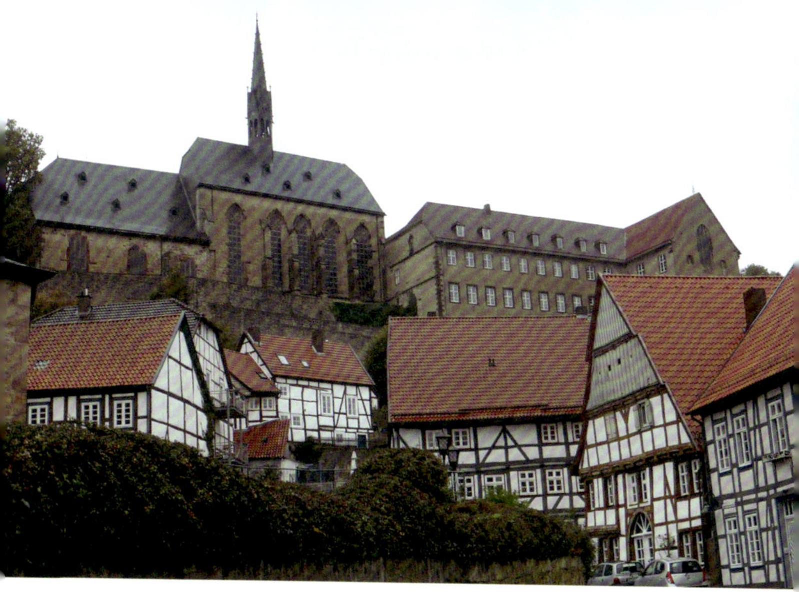

Das Marianum Gymnasium in Warburg

Warburg

⇧ 230 m 24.000 Ew. 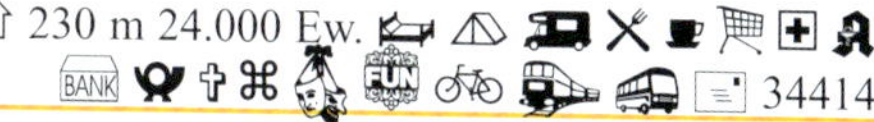 34414

Tourist-Information, Neustadt-Marktplatz, Hauptstraße 55, 056 41/90 88 00, info@warburg-touristik.de, www.warburg-touristik.de, Mo-Fr 9:00-13:00, 13:30-18:00, Sa 9:00-13:00, Apr.-Okt. (zusätzlich) 11:00-13:00

⌘ Stadtmuseum „Museum im Stern", Sternstraße 35, in einem ehemaligen mittelalterlichen Adelshof in der Warburger Neustadt

Das Backsteinhaus, Lange Straße 6, 056 41/745 46 73, 0152/04 18 73 35, ab € 30, www.warburger-pension.de

♦ Pension Franzbäcker, Bahnhofstraße 35, 056 41/85 95, € 30, pension.franzbaecker@gmx.de, www.pension-franzbaecker.de

✕ Restaurant El Greco, Hauptstraße 29, 056 41/64 30, www.elgreco-warburg.de, tägl. außer Di 11:45-14:00 u. 17:45-22:00

Altstadt-Café Becker, Am Markt 9a, 056 41/74 73 09, Mo-Fr 6:00-18:00, Sa 6:00-13:00, So 7:30-18:00

Markt auf dem Altstädter Marktplatz, Mi 14:00-18:00. Auch Frau Schäfer-Jacobi vom Bio-Hof in Körbecke ist hier mit ihrem reichen Sortiment von selbstgemachtem Käse vertreten.

Die 1.000-jährige Hansestadt Warburg liegt an der Diemel, an der Kreuzung alter Fernhandelsstraßen im südöstlichsten Zipfel Nordrhein-Westfalens, dicht an der Grenze zu Hessen. Das Stadtbild wird geprägt von der fast komplett erhaltenen mittelalterlichen **Stadtmauer** mit fünf **Befestigungstürmen** und zwei **Stadttoren** sowie zahlreichen alten Stein- und Fachwerkhäusern, die Warburg den Beinamen **„Rothenburg Westfalens"** einbrachten. Im Laufe der Jahre bildete sich über der Altstadt im Tal der Diemel eine selbstständige Neustadt mit eigenem Rathaus und eigener Stadtmauer auf dem Wartberg heraus. 1436 beschlossen Unter- und Oberstadt, sich zu vereinigen. 1568 wurde deshalb ein gemeinsames Rathaus errichtet, das halb auf Altstädter, halb auf Neustädter Boden stand. Das offene, vierbogige Erdgeschoss fungierte als Durchgang zwischen Alt- und Neustadt. Der schon 1364 erfolgte **Beitritt zur Hanse** bewirkte einen erheblichen wirtschaftlichen Aufschwung, der durch den Zusammenschluss von Alt- und Neustadt noch weiter befördert wurde. Nach langer Blütezeit wurde er durch den Dreißigjährigen Krieg ins Gegenteil verkehrt.

Die topographische Lage macht Warburg bis heute als Doppelstadt kenntlich, und geblieben sind bei den Bewohnern von Altstadt und Neustadt noch immer ein je eigener Lokalpatriotismus und eine gewisse Rivalität.

Das älteste Baudenkmal Warburgs ist eine **romanische Krypta** des 11. Jh. auf dem Burgberg. Burg und Basilika sind nicht mehr erhalten, die Krypta wurde 1681 durch die **Erasmuskapelle** überbaut. Die frühgotische Kirche **St. Maria in vinea** (Maria im Weinberg) war erst Pfarrkirche und wurde dann dem 1281 gegründeten und 1803 säkularisierten **Dominikanerkloster** überlassen. Aus dessen Klosterschule wurde 1628 eine höhere Schule und später ein bis heute bestehendes Gymnasium, in Anlehnung an das Patrozinium der Klosterkirche **Marianum** genannt. Marianum und St. Maria in vinea (heute die evangelische Pfarrkirche) sowie das **Rathaus zwischen den Städten** (1568) sind die prägenden Bauten der Silhouette Warburgs. In der Neustadt überragt die frühgotische Kirche **St. Johannes Baptist** (1264) die Umgebung mit ihrem weithin sichtbaren, 88 m hohen Turm. Sehenswert sind in der Altstadt die gotische Kirche **Mariä Heimsuchung** (1299) und das wuchtige **Rathaus** (ca. 1337). Ende des 19. Jh. kehrten die Dominikaner nach Warburg zurück und gründeten im Nordosten der Stadt erneut ein Kloster mit einer großen, neugotischen Basilika **Mariä Himmelfahrt** (1915), das sie 1995 allerdings wieder aufgeben mussten. Seitdem bewohnen syrisch-orthodoxe Mönche das Kloster unter dem Patronat des syrischen spätantiken Heiligen Jakob von Sarug. Es ist Sitz des Erzbischofs der syrisch-orthodoxen Kirche in Deutschland.

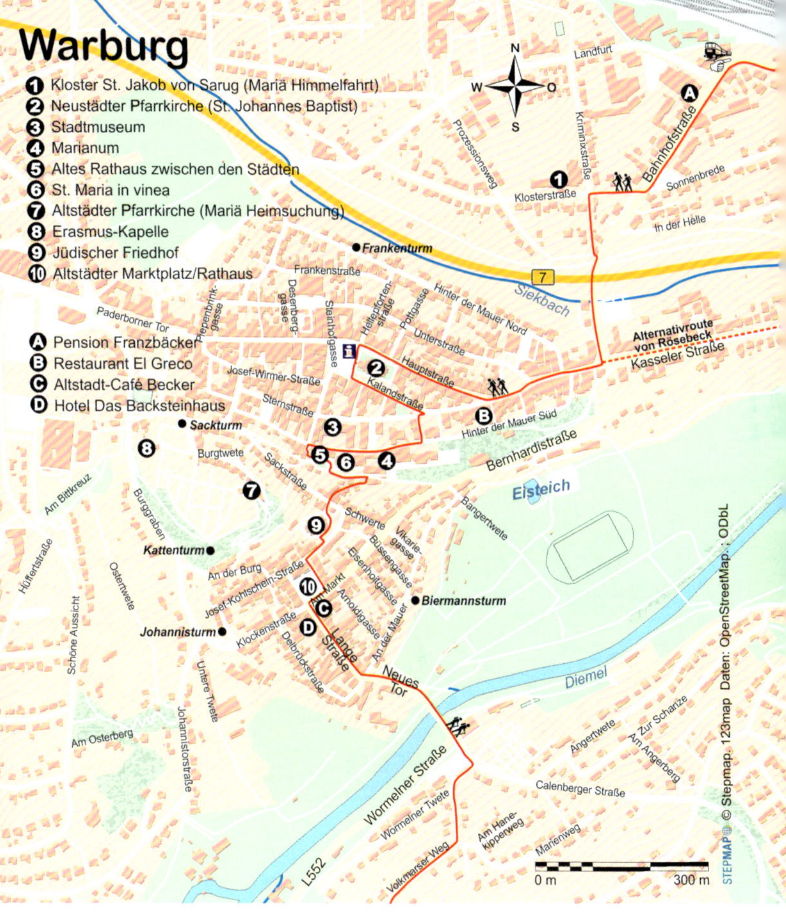

Auf etwas andere Art als die Kirchen und Klöster hat das **Warburger Bier**, das seit dem Mittelalter in der Stadt gebraut wird, zur Bekanntheit der Stadt beigetragen.

Von Warburg bis Volkmarsen folgen Sie dem *Löwenweg* (X 2). Er ist landschaftlich sehr schön und verläuft vielfach auf Feldwegen, und wenn er asphaltiert ist, dann begleitet von Grasrändern, auf welche brennende Füße ausweichen können. Er ist durchgängig gut ausgeschildert.

Vom Marktplatz der Altstadt nehmen Sie die Lange Straße bis zur Diemel-Brücke, die mit einer Statue des Brückenheiligen Nepomuk ausgestattet ist.

Nepomuk, der Brückenheilige

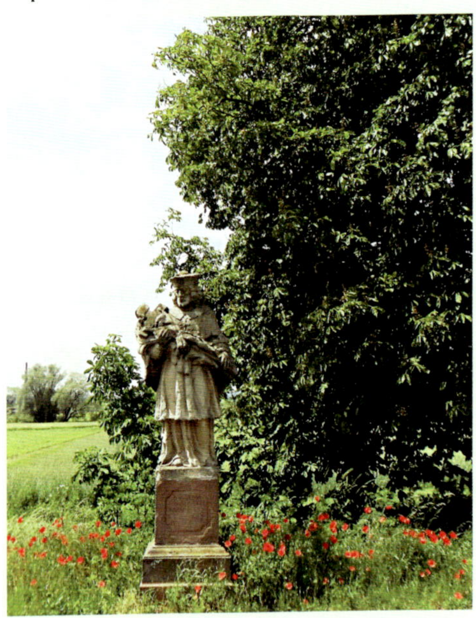

Hl. Nepomuk vor Volkmarsen

Nepomuk war ein böhmischer Priester und Generalvikar des Bischofs von Prag. Am 20.3.1393 wurde er auf Befehl des böhmischen Königs Wenzel IV. nach Haft und Folter von der Karlsbrücke in Prag in die Moldau gestürzt. Der Legende nach waren für diesen Mord nicht nur kirchenrechtliche Streitereien ursächlich, sondern Nepomuks standhafte Weigerung, dem misstrauischen König zu verraten, was dessen Frau ihm in der Beichte anvertraut hatte. Seitdem wird Nepomuk für seine tapfere Wahrung des Beichtgeheimnisses verehrt und ziert als „Brückenheiliger" Hunderte von Brücken im christlichen Abendland. Im Prager Veitsdom ist er beigesetzt.

Hinter dem Fluss biegen Sie rechts ab, aber nicht sofort (das ist der Radweg), sondern erst in den zweiten Abzweig, den *Volkmarser Weg*, immer dem X 2 nach, hinauf durch Vorort-Villen und aus Warburg hinaus. Hinter dem Ortsausgangsschild gehen Sie weiter geradeaus über eine Hochfläche.

An der T-Kreuzung biegen Sie erst kurz rechts, dann nach links in die Straße *Obere Wiese*. Rechts gibt es einen Abzweig nach **Wormeln** (19 km). Den Rastplatz unter zwei altehrwürdigen Linden lassen Sie links liegen und folgen der gewundenen Straße. Bei zwei großen Ahornbäumen mit einem Wegekreuz nehmen Sie den rechten Weg und wandern geradeaus ins Witzinger Holz.

Am Waldrand lohnt es sich, ins Tal zurückzuschauen und einen letzten Blick auf den Desenberg zu werfen. Auch von den vielen Wegkreuzen und Bildstöcken entlang der bisherigen Strecke durch das katholische Westfalen heißt es Abschied nehmen, denn bald haben Sie das evangelische Hessen erreicht, wo solche bildhafte Frömmigkeit fehlt.

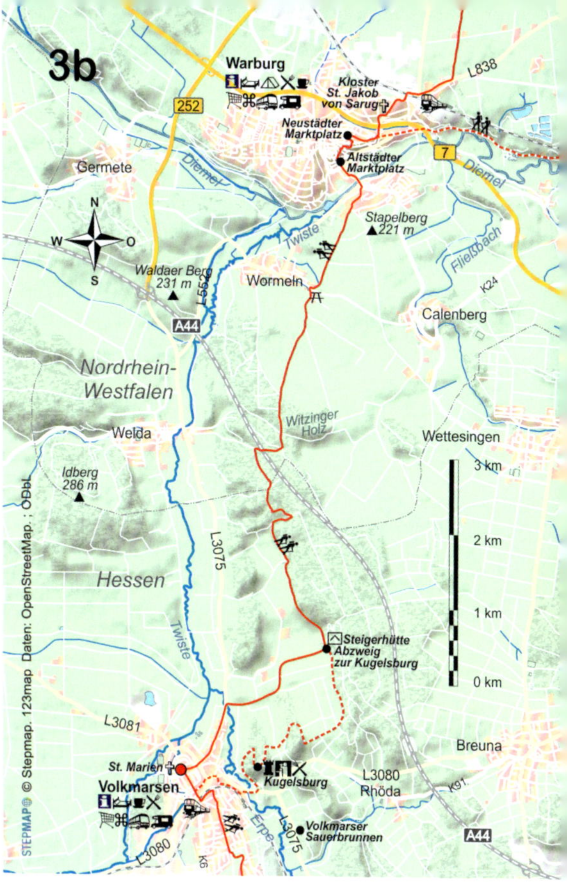

STEPMAP © Stepmap. 123map Daten: OpenStreetMap ; ODbL

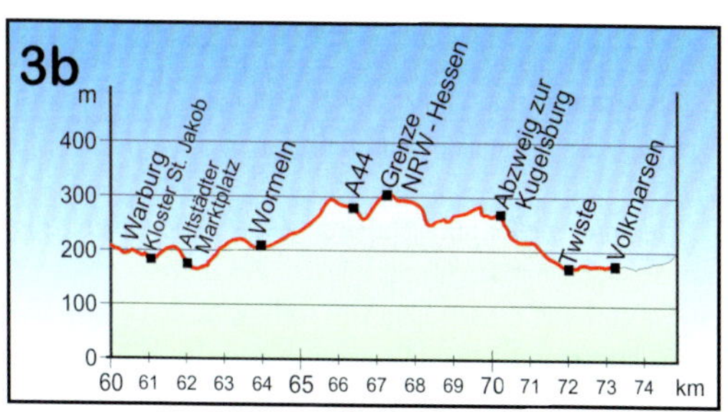

Sie folgen nun dem asphaltierten Weg, bis der *Löwenweg* nach rechts hinab- und unter der A 44 hindurchführt. Kurz dahinter – rechts voraus sehen Sie eine Hütte – gehen Sie nach links auf einem Grasweg steil bergauf. Oben, an einer T-Kreuzung von zwei Waldwegen, geht der *Löwenweg* nach rechts. Unbemerkt haben Sie die Grenze zwischen Nordrhein-Westfalen und Hessen überquert. Sie wandern weiter auf einem weichen, ebenen Waldweg. An einer weiteren T-Kreuzung folgen Sie den Schildern „Burg" und X 2 rechts hinunter. Der Weg führt nach links und etwa 2 km am inneren Waldrand entlang, von wo sich dem Wanderer schöne Ausblicke bieten.

Der nächste Abzweig des *Löwenwegs* (X 2) nach links ist leicht zu übersehen (25 km).

Wenn Sie auf direktem Weg nach Volkmarsen gehen wollen, ignorieren Sie diesen Abzweig und treten kurz danach aus dem Wald heraus, wo Sie Volkmarsen im Tal liegen sehen. Sie schwenken nach rechts in ein Asphalt-Sträßchen, das Sie durch die Felder hinab zur L 3075 führt, auf der Sie nach Volkmarsen gelangen (28 km).

Wenn Sie noch Kraft für eine Extratour von 3 km haben oder Lust auf Apfelstrudel mit Sahne auf einer Aussichts-Terrasse, sollten Sie der **Kugelsburg** einen Besuch abstatten. Achten Sie auf das oben bereits erwähnte X 2-Zeichen und folgen Sie dem Trampelpfad hinauf durch den lichten Wald auf einen Parallelweg. Dort befindet sich linker Hand eine Schutzhütte mit großem Rastplatz. Der Weg geht nach rechts weiter und führt nach wenigen Schritten als schmaler Pfad links in den Wald.

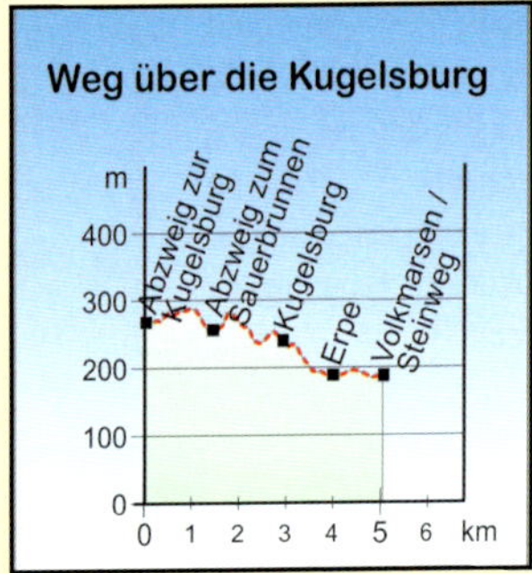

Den nun wieder gut sichtbaren X 2-Zeichen folgen Sie bis zu einem Rastplatz am Waldrand mit Tisch und Bänken. Als besonderer Luxus findet sich hier sogar ein Fußabtreter, dessen Sinn sich nicht ganz erschließt, da der Rastplatz nicht mit Teppichboden ausgelegt ist.

Zur Kugelsburg gehen Sie nun etwa 500 m geradeaus durch die Wiesen und hinauf auf einen bewaldeten Berg. Am Waldrand schwenken Sie mit X 3 und V 2 nach rechts auf einen stark verkrauteten Pfad um den Berg herum und aus dem Wald heraus. Das Hinweisschild nach links zum Sauerbrunnen (V 3) ignorieren Sie, wenn Sie nicht eine weitere Extratour machen wollen, und gehen auf einem Wiesenweg auf den nächsten Berg zu. Hier bringt Sie eine Teerstraße geradewegs zur Kugelsburg, dem Wahrzeichen Volkmarsens.

Volkmarser **Sauerbrunnen**: Dieser Quell sprudelt an der Landstraße nach Ehringen (L 3075), 1 km entfernt vom Fuß (d. h. nach dem Abstieg) der Kugelsburg. (Der Weg ist ausgeschildert.) Es ist eine Mineralwasserquelle mit staatlicher Anerkennung als Heilquelle. Sie können vor Ort das quellfrische Mineralwasser gratis genießen oder flaschenweise günstig erwerben.

täglich Jan.-Mrz, Nov., Dez. 12:00-16:00, Apr.-Okt. 12:00-18:00, Sa ab 10:00

Die Kugelsburg wurde um 1200 im Auftrag des Abtes Widukind von Corvey über dem Erpetal erbaut, um an der alten Heerstraße Fritzlar-Paderborn den Übergang über die Twiste zu sichern. Seit 1758 ist sie eine Ruine, nachdem sie im Siebenjährigen Krieg zerstört wurde. Erhalten sind Palas, dicke Umfassungsmauern, ein quadratischer Bergfried sowie ein Rundturm, den man besteigen kann. Von oben bietet sich eine schöne Aussicht auf Volkmarsen und über das weite Land.

Restaurant *Zur Kugelsburg* mit herrlicher Aussicht von der Burgterrasse,
Mo und Di Ruhetag, Sa und So ab 11:00, Mi-Fr ab 17:00

Nach Volkmarsen nehmen Sie links von der Terrasse unterhalb der Kugelsburg den steilen Weg ins Tal (V 2 und V 3). Unten wenden Sie sich **nicht** nach rechts, wie der Wegweiser suggeriert, sondern nach links bis zur L 3075, auf der Sie die Erpe überqueren. (Sonst droht Ihnen nämlich ein langer Umweg, da die nächste Brücke über das Flüsschen erst 1 km oberhalb ist und Sie diese ganze Strecke auf der anderen Seite der Erpe auf der hässlichen Landstraße wieder zurücklaufen müssten.) Bei der zweiten Möglichkeit biegen Sie links in eine Asphaltstraße, rechts kurz in die Benfelder Straße, dann links in den Erpeweg und über den Kreisverkehr hinaus. Weiter gehen Sie erst rechts, dann links auf dem Erpeweg bis zum Steinweg, der nach rechts in die Altstadt und zur Marienkirche führt (31 km).

Volkmarsen

⇧ 259 m 6.867 Ew. 34471

Pension und Pizzeria Il Giardino, Warburger Str. 25, ☏ 056 93/374 97 09, www.pensionilgiardino.com, info@ristorantepizzeria-il-giardino.de, Di, Mi 12:00-14:00, 17:00-21.30, Do, Fr 12:00-14:00, 14:30-21:30, Sa, So 12:00-21:00

Wirtshaus Phönix, Mühlenweg 5a, ☏ 056 93/91 84 14, www.wirtshaus-phoenix.de, wurst-udo@t-online.de, Mo-Mi 9:30-14:00, 17:00-22:00; Do u. Fr 9:30-14:00, 17:00-24:00, Sa 11:30-24:00; So 9:30-22:00

kath. Pfarrkirche St. Marien, erbaut um 1260. Narthex 10:00-18:00. Testen Sie den schönen Nachhall mit einem dankbaren Pilgerlied!

Die 1155 erstmals erwähnte Kleinstadt Volkmarsen liegt im Mündungsdreieck von Erpe und Twiste. Südlich der Stadt befindet sich eine geologisch und botanisch interessante Hochfläche, ☞ der **Scheid**, der eingerahmt ist von den tief eingeschnittenen Wasserläufen Erpe und Watter. Besonders die Watter hat bizarre Gebilde aus dem Felsrand des Muschelkalk-Plateaus geformt.

Blumenpracht auf dem Scheid

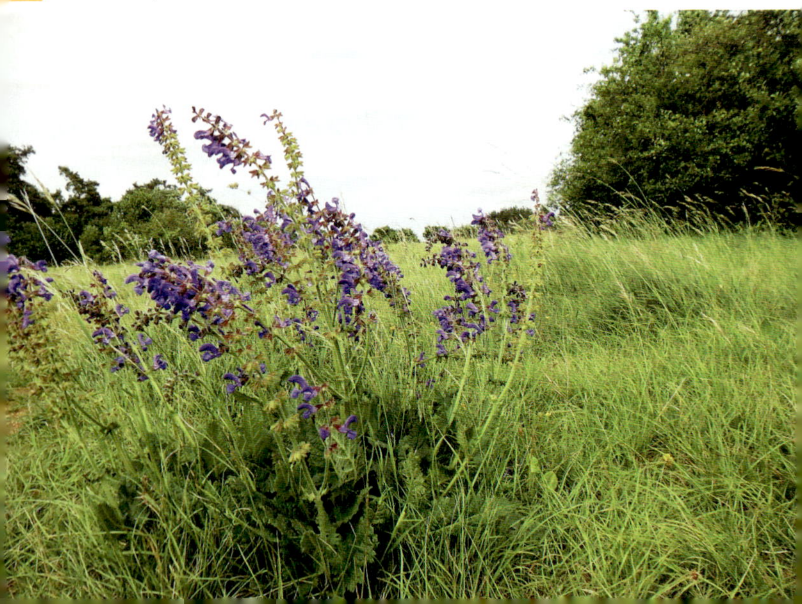

4. Etappe: Volkmarsen – Naumburg (24 km)

Von Volkmarsen bis Fritzlar verläuft entlang der alten Heerstraße Paderborn – Fritzlar der größtenteils gut ausgeschilderte Volkmarser Weg. Sein Zeichen ist ein weißes V auf schwarzem Grund. Da die Pilger sich der alten Heer- und Handelsstraßen bedient haben, werden auch hier Pilger auf dem Weg nach Santiago de Compostela langgezogen sein.

Vom Rathaus wandern Sie auf dem *Steinweg* aus der Altstadt hinaus, überqueren die L 3080 und die Bahngleise, folgen dahinter den V-Zeichen erst kurz nach rechts in die *Lütersheimer Straße*, dann gleich links hinauf in den *Ehringer Weg* und bald darauf rechts in die *Scheidwartstraße*, der Sie bis zum Ende folgen. Dann steigen Sie im Zickzack links-rechts-links durch das Neubaugebiet hinauf, halten sich an der T-Kreuzung rechts und beim nächsten Abzweig wieder rechts. Sie haben nun den Stadtrand von Volkmarsen erreicht, wo auch gleich das Naturschutzgebiet Scheid mit einer Informationstafel beginnt.

Der Scheid

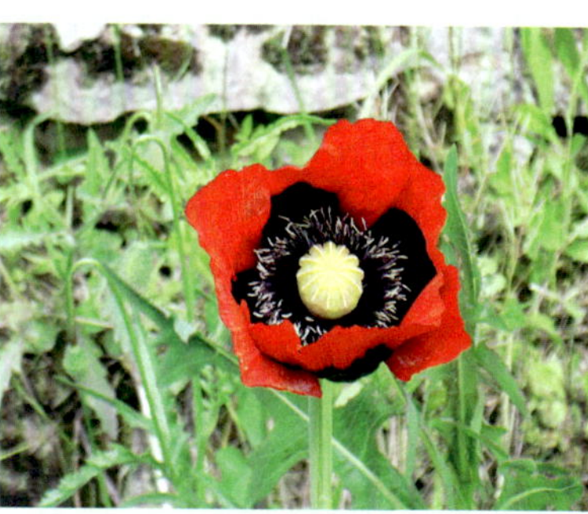

Schöne Pflanzen auf dem Scheid

Der Muschelkalkrücken Scheid ist ein Naturparadies: Einzigartige Kalkmagerrasen prägen das Landschaftsbild. Sie sind entstanden durch die trockene Lage im Regenschatten des Sauerlandes, den kalkreichen Gesteinsuntergrund sowie die historisch andauernde Schafbeweidung und bieten einer Vielzahl geschützter Pflanzen- und Tierarten ideale Lebensbedingungen: Viele Orchideen-Arten sind hier heimisch, auch gefährdete Arten wie z. B. das Dreizähnige Knabenkraut oder Bienen- und Fliegen-Ragwurz. Großflächig verbreitet ist hier auch das in Hessen vom Aussterben bedrohte Nadelröschen. Als Paradies für Insekten und Schmetterlinge ist der Scheid auch ein idealer Lebensraum für Insekten fressende Vögel wie z. B. den Neuntöter. Die Pflanzengesellschaften der Magerrasen gehören zu den artenreichsten in Mitteleuropa. Um sie zu erhalten, ist auch weiterhin eine schonende Beweidung nötig sowie eine regelmäßige Reduzierung der Gehölze.

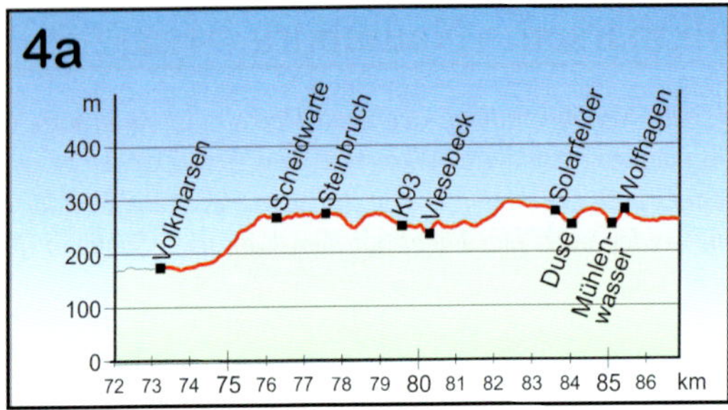

Auf den Scheid hinauf nehmen Sie den linken Pfad, am nächsten Abzweig den rechten und wandern geradeaus bis zur **Scheidwarte** (3 km). Das ist ein alter, steinerner Beobachtungsturm am vormaligen Dreiländereck Kurhessen – Waldeck – Kurköln. Hier sind aus der Zeit, als über den Scheidrücken die alte Heerstraße Fritzlar-Paderborn verlief, noch Wälle einer alten Landwehr zu sehen.

An der Scheidwarte gehen Sie nicht geradeaus in die Tiefe, sondern bleiben links auf der Höhe. Der *Volkmarser Weg* verläuft zunächst auf Wiesenwegen, später auf geschotterten Forstwegen auf der Route der alten Heerstraße immer geradeaus über den Höhenzug zwischen Lütersheim (rechts) und Ehringen (links). Ein alter Grenzstein am Wege zeugt von vergangenen Zeiten. Schließlich führt der Weg durch das Gelände eines Steinbruchs, dessen Betriebsabläufe die Idylle mitunter empfindlich stören. Wenn Sie Lärm und Staub hinter sich gelassen haben, haben Sie auch wieder Augen für die weitere Umgebung: Im Südosten sind imposante Berge des Habichtswalds zu sehen, geradezu grüßt schon der Wolfhagener Kirchturm aus der Ferne, und rechts voraus ist ganz hinten bereits die markante Burgruine der Weidelsburg sichtbar.

Immer den V-Zeichen folgend gelangen Sie bergab und bergauf und wieder bergab zur Kreisstraße 93. Auf dieser gehen Sie 200 m nach links und biegen dann rechts in einen Feldweg ein.

➪ Wenn Sie allerdings Lust auf eine Pause oder Jause verspüren, bleiben Sie besser auf der Kreisstraße bzw. *Lütersheimerstraße*, bis diese 100 m weiter am Ortseingang von **Viesebeck** (7 km) auf die Wolfhager Straße (K 92) stößt. Hier befindet sich eine gute Metzgerei mit dem passenden Namen *Kuhaupt*. Im zugehörigen Bauerncafé finden aber auch Vegetarier passende Stärkung.

Viesebeck

⇧ 233 m 300 Ew. 34466

Hofladen und Café Kuhaupt, Wolfhager Str. 36, Mi, Do, Sa, So ab 14:00, ☏ 056 92/54 93, selbstgebackener Kuchen und Wurstspezialitäten aus der hofeigenen Metzgerei, Biergarten

Viesebeck ist ein altes Haufendorf, erstmals erwähnt Anfang des 12. Jh., dessen Name *Fischbach* bedeutet, wofür gleich zwei Bäche infrage kommen. Heute ist es ein Stadtteil von Wolfhagen.

Wenn Sie aber keine Einkehr nötig hatten und auf den Feldweg eingebogen sind, folgen Sie nach ca. 200 m den V-Zeichen nach links, am Friedhof vorbei, dann nach rechts und gleich wieder nach links zur Wolfhager Straße. Hier gibt es eine weitere Fleischerei (Do, Fr, Sa 8:00-15:00).

Sie überqueren die Wolfhager Straße und gelangen über die *Elmershäuserstraße* zum Dorfplatz mit einer mittelalterlichen

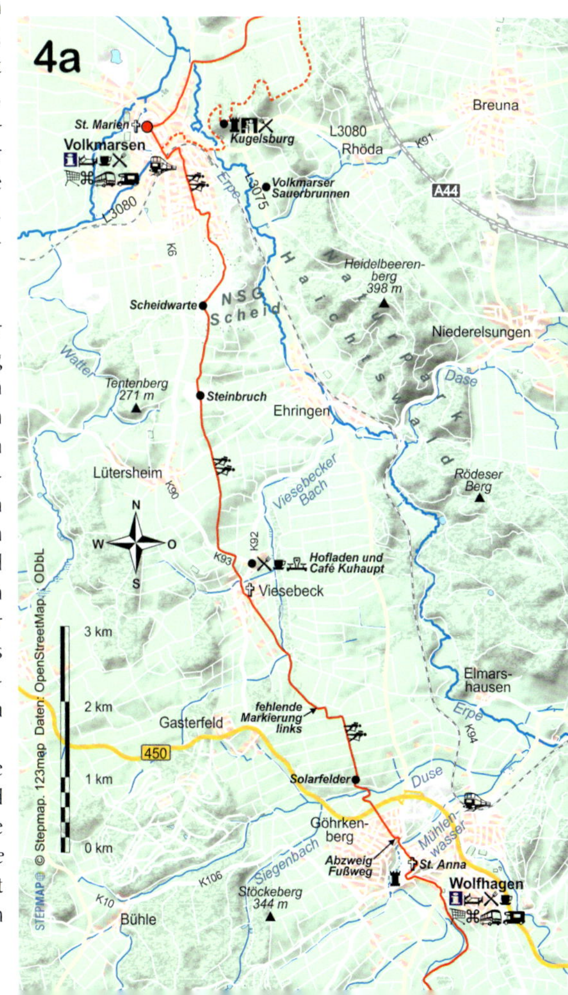

Wasserkunst. Solche Wasserkünste waren im Mittelalter sehr verbreitete Röhrensysteme, mit denen Wasser gefördert und verteilt wurde. Die Viesebecker Wasserkunst ist noch funktionstüchtig, speist aber heute nur noch einen Brunnen auf dem Dorfplatz an der evangelischen Kirche, die gleichfalls aus dem Mittelalter datiert.

Nachdem Sie den Dorfplatz passiert und die Antiquitäten des Ortes gewürdigt haben, wandern Sie aus Viesebeck heraus. Der *Volkmarser Weg* führt über die Brücke des *Viesebecker Baches*, 50 m dahinter erst rechts, dann gleich wieder links mit weißer Markierung auf dem Asphalt und steigt schließlich als breiter Wiesenweg, friedliche Schafe zur Rechten, steil hinauf. Oben setzen Sie Ihren Weg geradeaus auf einem ebenen Wiesenweg fort.

☞ Achtung! An der nächsten T-Kreuzung der Wiesenwege gibt es kein Zeichen.

Wenden Sie sich hier nach links. Voraus sehen Sie Wolfhagen im Tal. Sie nehmen die nächste Möglichkeit nach rechts, dann wieder nach links. An einem Tele-

Ein Feldrain vor Wolfhagen

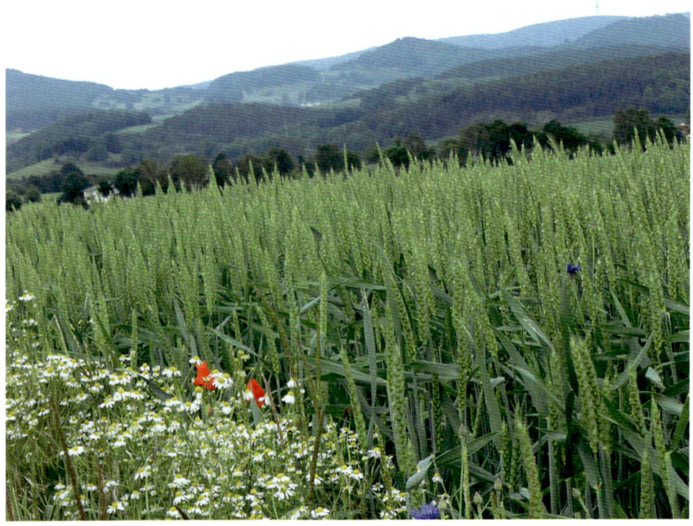

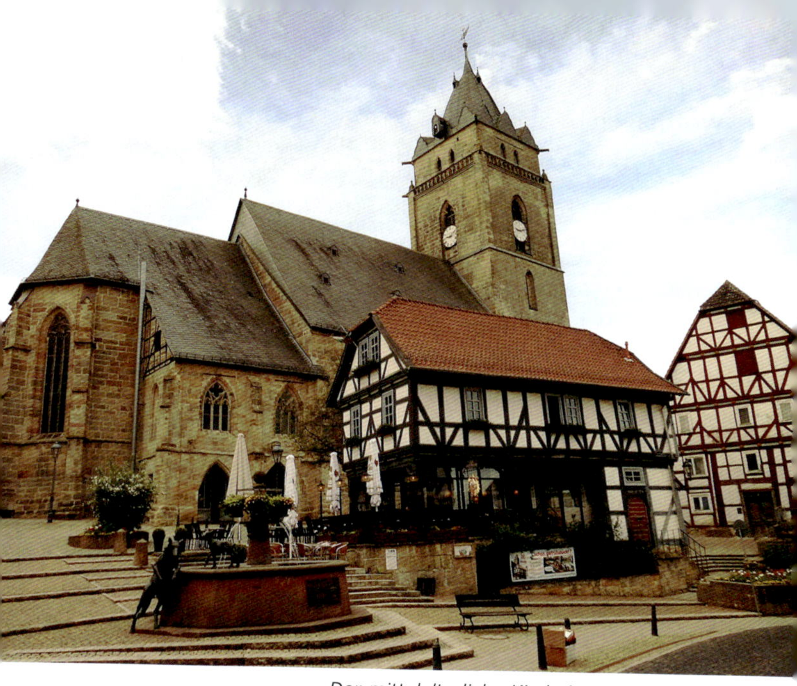

Der mittelalterliche Kirchplatz in Wolfhagen

fonmast ist auch das V-Zeichen wieder da und leitet Sie auf geschotterten und asphaltierten Wirtschaftswegen mehr oder weniger direkt nach Wolfhagen. Bevor Sie die Stadt betreten, gehen Sie in das kleine Tal der Duse hinunter und zwischen zwei riesigen Solarfeldern hindurch. Dahinter biegen Sie nicht nach rechts ab, sondern folgen der Straße über die Duse (11 km) und hinauf zur Bundesstraße 450. Sie überqueren die Straße und auch den Lärmschutzwall. Durch das Neubaugebiet von **Wolfhagen** steuern Sie auf den Kirchturm zu. Im Tal folgen Sie den V-Zeichen nach links.

☺ Nach 30 m führt ein kleiner Fußweg nach rechts über steile Treppen nach unten Richtung Altstadt. Diese Abkürzung erspart Ihnen eine Straßenschleife!

Unten überqueren Sie auf einer Brücke das *Mühlenwasser* und steigen geradeaus zur Kirche hinauf (12 km).

Wolfhagen

⇧ 274 m 13.000 Ew. 34466

Stadt- und Tourist-Info, Burgstraße 33-35, ☏ 056 92/602-0

Hotel „Zum Schiffchen", Hans-Staden-Straße 27, ☏ 056 92/987 50, ab € 30, www.hotel-zum-schiffchen.de, besucher@hotel.zum-schiffchen.de, Mo, Di, Do-Sa 17:00-24:00, So 11:00-15:00

Café Oliev, gutes Frühstück, Schützeberger Straße 49, 6:30, sonntags 8:00 bis 18:00

Restaurant Kreta, Schützeberger Str. 33, ☏ 056 92/53 69, www.kreta-wolfhagen.de, tägl. 11:30-14:00, 17:30-22:00

Stadtkirche St. Anna (ev.), dreischiffige gotische Hallenkirche, 13.-16. Jh., im Sommer 9:00-18:00, im Winter 10:00-16:00

⌘ Regionalmuseum Ritterstraße 1, ☏ 056 92/99 24 31, info@regionalmuseum-wolfhager-land.de, www.regionalmuseum-wolfhager-land.de

Im westlichsten Teil des Naturparks Habichtswald liegt die Kleinstadt Wolfhagen an dem Flüsschen Mühlenwasser. Die historische Altstadt, strategisch günstig auf einem Hügel gelegen, besteht aus etlichen schönen Fachwerkhäusern, unter denen das dreigeschossige, weit ausladende Rathaus von 1659 besonders hervorsticht. Gegenüber auf dem Kirchplatz steht die gotische Stadtkirche St. Anna. Von Burg und Stadtmauer sind nur noch Reste erhalten.

1231 wird die Stadt erstmals unter dem Namen *Wolfhain* erwähnt. Der Name geht einer Legende nach auf einen Wolf zurück, der während der Rodungsarbeiten für die Stadtgründung plötzlich auftauchte, aber gleich wieder im Wald verschwand, ohne den Menschen etwas anzutun. Seitdem ist der Wolf an allen Ecken und Enden im Stadtbild zu sehen: Er lümmelt sich als lebensgroße Bronzefigur auf den Brunnen am Marktplatz, er prangt im Wappen, er ist mit dem Grimm'schen Märchen Der Wolf und die sieben Geißlein der Stadt zugeordnet, die nicht nur an der Deutschen Fachwerkstraße, sondern auch an der Deutschen Märchenstraße liegt.

Die Brüder Grimm spielen in Wolfhagen auch in anderer Hinsicht eine Rolle: Der jüngste Bruder Ludwig Emil, ein bekannter Maler, der die Bücher etlicher der Romantiker illustriert hat, war hier 1814 als Leutnant stationiert.

Von Wolfhagen führt der *Volkmarser Weg* direkt nach Naumburg. Vom Kirchplatz gehen Sie nach rechts in die Burgstraße, links in die Ritterstraße, vor dem Hotel „Zum Schiffchen“ links in die Hans-Staden-Straße (hier sind die Schilder etwas unklar) und bis zur *Buttlarstraße*, in diese biegen Sie rechts ein und folgen ihr bis zum Ende. Dann biegen Sie rechts ein in die *Ippinghauser Straße*, kurz darauf links in die Straße *Am Tränkeweg* und lassen nun Wolfhagen hinter sich. In weit gestreckter Rechtskurve wandern Sie bis zum Fuß des **Graner Bergs**. Rechts führt über das Mühlenwasser eine kleine Brücke, die man aber links passiert. Der *Volkmarser Weg* folgt der Straße nach links steil den Berg hinauf. Oben auf dem Hochplateau befindet sich ein Segelflugplatz (15 km). Hier können Sie am Wochenende und an Feiertagen Rundflüge buchen oder einfach nur auf den Bänken rasten und die weite Aussicht über das Wolfhager Land genießen. Rechter Hand stehen zwei mittelalterlich anmutende Burgtürme, tatsächlich sind es aber Reste eines noch gar nicht so alten Jagdschlosses von Landrat Buttlar aus der Zeit um 1900.

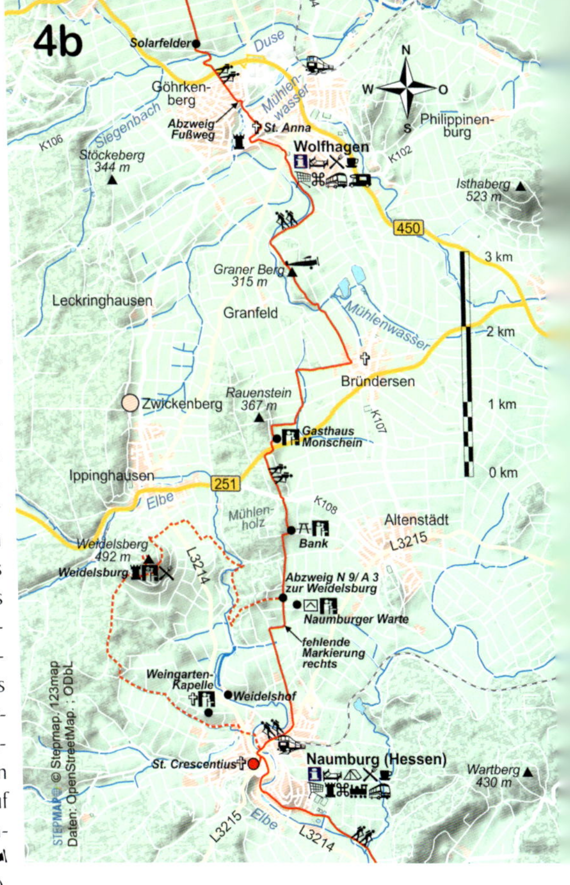

Der Weg geht rechts am Fliegerheim vorbei, bleibt zunächst auf der Höhe und führt dann auf der Südseite des Graner Bergs ins Tal hinab. Auf der querenden Teerstraße gehen Sie leicht nach rechts und hinter der Brücke über das Mühlenwasser (kein Zeichen!) auf der Straße *Zum Graner Berg* geradeaus

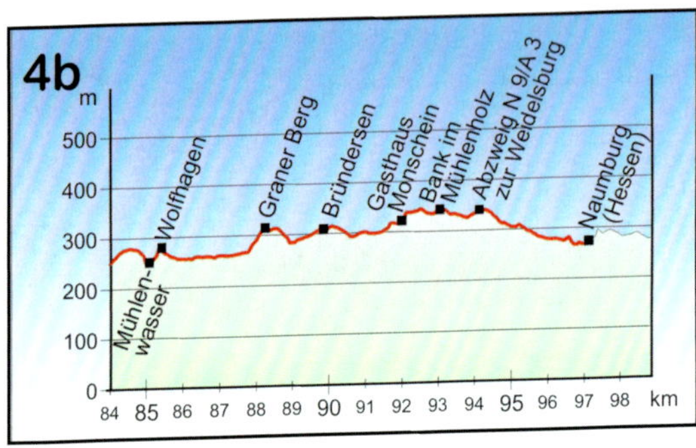

bis zum fast 1.000 Jahre alten Dorf **Bründersen** (16,5 km). Wenn Sie nach links in die Glockenstraße biegen, gelangen Sie zur denkmalgeschützten Kirche. Sie wurde 1743 auf den Grundmauern einer 200 Jahre älteren Vorgängerin errichtet. In der entgegengesetzten Richtung verlassen Sie auf der Glockenstraße den Ort, geradeaus Richtung Wald. Direkt hinter der Bachbrücke biegen Sie links ab (nicht geradeaus gehen!) und folgen dem Teerweg, der nach ca. 500 m zu einem Schotterweg wird. Nach lang gezogener, leichter Linkskurve biegen Sie nach rechts in einen Wiesenweg ein, der nach oben in Richtung Waldrand führt.

☹ Bei schlechtem Wetter bzw. als Radfahrer biegen Sie besser nicht auf den Wiesenweg ab, sondern setzen Ihren Weg geradeaus fort bis zur B 251, in die Sie nach rechts abbiegen, um ihr bis zum Gasthaus Monschein (⇧ 324 m) zu folgen. Von hier haben Sie eine herrliche Aussicht auf die umgebende Landschaft (19 km). Der abzweigende Wiesenweg ist nämlich nicht immer kurz gemäht, sodass Sie unter Umständen, je nach Jahreszeit bzw. Bauernfleiß, durch hohes Gras stapfen müssen.

Ca. 50 m vor dem Waldrand endet der Wiesenweg an einem Weidezaun und stößt auf einen querenden (möglicherweise auch ungemähten) Wiesenweg, in den Sie links einbiegen (✋ kein Zeichen!) und auf das ehemalige Gasthaus Monschein (⇧ 324 m) zulaufen. Von hier haben Sie eine herrliche Aussicht auf die umgebende Landschaft (19 km).

Der *Monschein* (⇧ 358 m) ist eine Wasserscheide: Nach Süden fließt das Wasser der Eder zu, nach Norden zur Diemel. Er trennte das Land auch politisch: Südlich dieses Höhenrückens bis zur Weidelsburg gehörte das Land früher zum

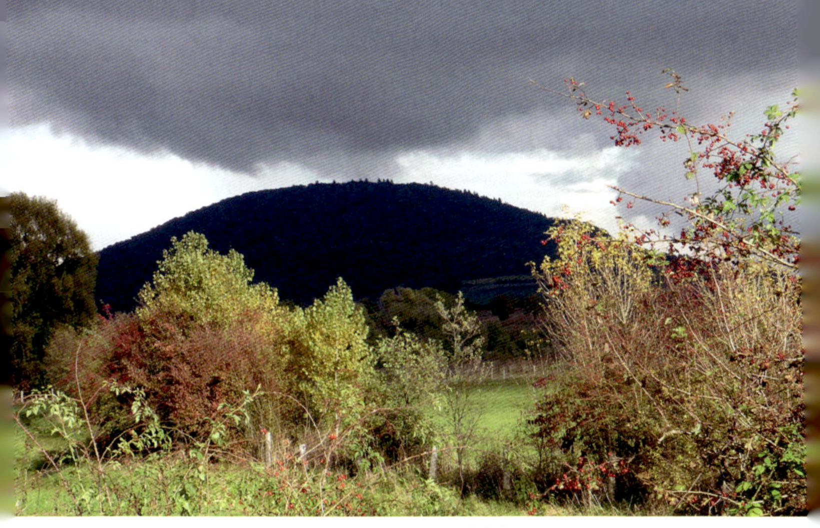

Vor Naumburg: Der Weidelsberg in Gewitterstimmung

Erzbistum Mainz, worauf auch sein Name zurückgeht. Der *Monschein* hat nämlich nichts mit dem Mond zu tun, sondern mit Mainz, und nur irrtümlich schummelt sich oft ein d hinein. Über den Berg soll ferner auch eine Sprach- bzw. Dialektgrenze verlaufen: Südlich davon spricht man Niederhessisch, nördlich davon Niederdeutsch.

Über den Hof des Anwesens gelangen Sie zur B 251. Sie überqueren die Straße und gehen rechts neben der Bushaltestelle (tiefer Graben!) auf einem Pfad nach rechts in den Wald hinein. Die V-Zeichen befinden sich zum Teil an zur Fällung markierten Bäumen. Man kann nur hoffen, dass sie ersetzt werden, wenn die Stämme umgelegt worden sind!

Der Pfad ist zunächst ziemlich naturbelassen, d. h. mit hohen Brennesseln und Totholz durchsetzt. Nach ca. 250 m biegt er nach links ab und führt als angenehmer Grasweg durch lichten Wald. Schließlich stößt er auf die Korbacher Straße (K 108), der Sie ca. 70 m nach links folgen, bevor Sie rechts abbiegen auf einen Wiesenweg am Waldrand des Mühlenholzes entlang. Die ganze folgende Strecke bietet herrliche Ausblicke ins Tal. An der Waldecke lädt eine Bank ein zur Rast mit schönem Ausblick über die Wiesen auf das Dorf **Altenstädt**.

Der *Volkmarser Weg* biegt nun rechts um die Waldecke herum, verläuft ca. 100 m am Waldrand entlang und biegt dann nach links auf einen Schotterweg,

Idyllischer Eintritt in Naumburg

dem Sie ca. 1 km geradeaus folgen: rechts der Wald, links die Felder, Naumburg voraus im Tal.

↬ Hier gibt es einen Abzweig (N 9/ A 3) nach rechts zum Habichtswaldsteig, auf dem Sie zur ☞ Weidelsburg und von dort auf dem *Bonifatiusweg* (X 12) nach Naumburg wandern können.

Schließlich lassen Sie den Wald hinter sich und wandern zwischen den Feldern sanft abwärts auf Naumburg zu.

↬ Dem kreuzenden *Habichtswaldsteig* nach links folgend können Sie einen Abstecher zur **Naumburger Warte** (⇧ 345 m) machen. Dies ist ein 6 Meter hoher mittelalterlicher Beobachtungsturm, der über eine Außenleiter bestiegen werden kann und eine schöne Aussicht nach Süden bietet. Dahinter gibt es auch einen Rastplatz und eine Schutzhütte.

Nachdem Sie den Waldrand verlassen haben, biegen Sie 500 m später nach rechts ab(✋ kein V-Zeichen) und nach 250 m nach links (klares V). Auf einem Teersträßchen wandern Sie immer geradeaus nach **Naumburg** hinein. Hier stoßen Sie auf die L 3215 (Bahnhofstraße), der Sie nach rechts in die Innenstadt folgen (24 km).

Naumburg

⇧ 297 m 5.085 Ew. 34311

Tourist-Information, Hattenhäuser Weg 10-12, ☏ 056 25/79 09 73, www.naumburg.eu, claudia.thoene@naumburg.eu, Mo, Di 14:00-17:00, Mi-Fr 9:00-12:00

„Haus an der kleinen Elbe", Fritzlarer Str. 2, Chris Bekkers, ☏ 0176/32 81 33 40, € 35. Die Pension liegt am Rande der Naumburger Altstadt, direkt unterhalb der mittelalterlichen Stadtmauer. www.kleine-elbe.de, chrisbekkers@hotmail.com

♦ Ferienwohnungen Rensjo, Übernachtung auch für eine Nacht möglich, € 40-80, Frühstück nur am WE. In der Röde 23, 34311 Naumburg, ☏ 056 25/299 98 35, rensjo.naumburg@gmail.com, www.slapeninduitsland.eu

♦ Pension „Am Burghain", Kronbergweg 25, ☏ 056 25/373, pension.funke@web.de, www.pension-funke.de, € 30

♦ Landhotel Weinrich, Bahnhofstraße 7, ☏ 056 25/223, DZ/Fr € 80, EZ/Fr € 45, info@hotel-weinrich.de, www.hotel-weinrich.de. Pilger dürfen sich ein Lunchpaket für unterwegs packen.

✕ Pizzeria da Silvio, Untere Straße 14, ☏ 056 25/57 49, Di-Sa 17:00-23.30, So und Feiertage 11:30-14:00, 17:00-23:00, Mo Ruhetag

♦ Restaurant Split, Burgstraße 14, ☏ 056 25/40 76, Mo-Sa 17:00-23:00, So 11:30-14:00, 17:00-23:00, im Winter Mo Ruhetag www.restaurant-split-naumburg.eu

Eis-Café Venezia, Bahnhofstraße 4

♦ Café Hasenacker, Im Rehmbach 1, ☏ 056 25/52 10, Sa, So 10:00-22:00, Di-Fr 11:00-19:00, idyllisches Ausflugslokal (2,5 km von der Ortsmitte entfernt), berühmt in der Region für hervorragenden Kuchen

⌘ Eisenbahnmuseum, im alten Bahnhof Naumburgs, Bahnhofstraße 12, an Fahrtagen des Hessencourriers und nach Vereinbarung mit der ☞ Tourist-Information

✝ St.Crescentius

Die katholische Stadtpfarrkirche ist eine dreischiffige gotische Basilika, deren Bau im 14. Jh. begonnen wurde. Die heutige Ausstattung im neogotischen Stil stammt aus dem späten 19. Jh.

9:00-18:00

✝ Fatima-Grotte, Am Kuhberg

Dies ist ein besinnlicher Ort der Stille und des Gebets, 1956 von einer Gruppe junger Pilger in einem alten Steinbruch errichtet nach ihrer Rückkehr aus dem portugiesischen Marien-Wallfahrtsort Fatima. In den Marien-Monaten Mai und Oktober finden hier Gottesdienste statt sowie jedes Jahr am Samstag nach dem Fest Christi Himmelfahrt eine Fußwallfahrt, die von Baunatal startet.

Das hessische Naumburg ist eine Kleinstadt an der Elbe, nicht zu verwechseln mit der bekannten Domstadt Naumburg an der Saale. Auch ist die hessische Elbe nicht etwa der Strom, der bei Cuxhaven in die Nordsee fließt, sondern ein linker Nebenfluss der Eder. Naumburg wurde 1207 erstmals erwähnt als Ackerbürgerstädtchen am Fuße der *Naumburg* (⇧ 338 m), die seit 1170 bekannt ist. Im Südwesten der Altstadt auf dem Bergrücken des Burghains gelegen wurde die Burg 1626 von einem Feuer vernichtet und blieb seitdem Ruine. Heute sind nur noch geringe Mauerreste zu sehen.

Naumburg gehörte die längste Zeit seiner wechselvollen Geschichte (nämlich von 1266-1803) zum Erzbistum Mainz und war seit der Reformation eine katholische Exklave in der protestantischen Landgrafschaft Hessen-Kassel, was bis in die Gegenwart nachwirkt. Heute gehört Naumburg zum Westteil des Naturparks

Blick aus der Weidelsburg

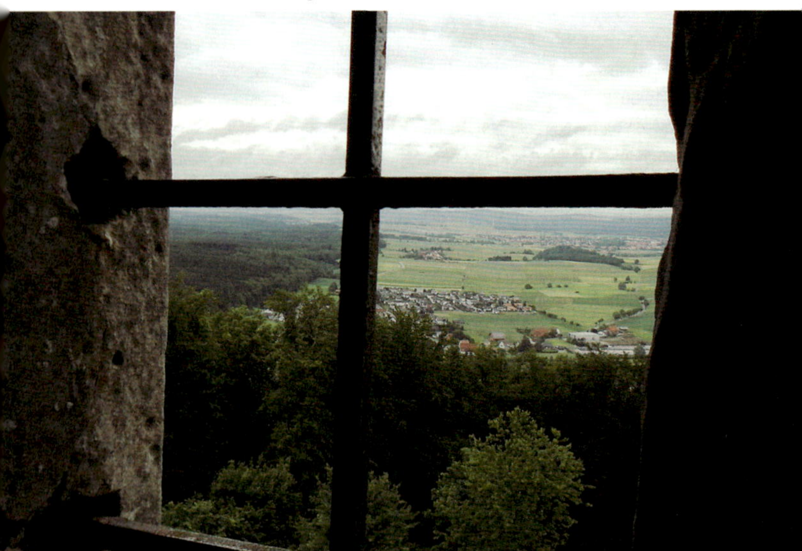

Habichtswald sowie zur Deutschen Fachwerkstraße, denn die Altstadt ist geprägt durch eine Vielzahl alter Fachwerkhäuser. Seit 1985 ist Naumburg als Kneippheilbad anerkannt.

Weidelsburg (⇧ 492 m)
Die Weidelsburg, Wahrzeichen des Wolfhager Landes, befindet sich etwa 5 km von Naumburg entfernt in einzigartiger Lage auf einem weithin sichtbaren Basaltkegel, dem Weidelsberg. Sie wurde im 12. Jh. erbaut im ehemaligen Dreiländereck von Kurhessen, Waldeck und der kurmainzischen Exklave Naumburg und ist die größte Burganlage in Nordhessen. Schon seit dem 16. Jh. ist sie allerdings unbewohnt und Ruine. Vom größeren der beiden mächtigen Wohntürme bietet sich ein großartiger Rundblick über die Landschaft des Habichtswalds.

Besichtigung ist bei freiem Eintritt jederzeit möglich.

Speis' und Trank bietet ein kleines Bistro, allerdings mit unregelmäßigen Öffnungszeiten, bevorzugt an Sonn- und Feiertagen. Ist die Fahne auf der Burg gehisst, ist der Wirt für Sie da!

Zur Weidelsburg gelangen Sie von Naumburg aus auf dem *Bonifatiuswegs* (X 12), der ab der Pfarrkirche St. Crescentius ausgeschildert ist. Er läuft in einem weiten Rechtsbogen auf den Weidelsberg zu bis zu einem Wanderer-Parkplatz am Beginn des Anstiegs und führt von dort auf breiter Teerstraße hinauf.

Blick auf die Weidelsburg

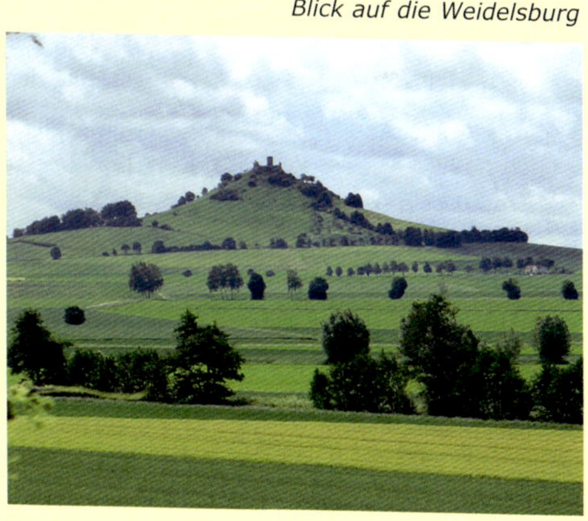

Zurück nach Naumburg gehen Sie denselben, gut ausgeschilderten Weg. Am Waldrand am Fuße des Weidelsbergs, wenn Sie den Wald verlassen haben, gibt es plötzlich kein Zeichen mehr. Hier müssen Sie nach rechts abbiegen bis zu den Rast-Bänken, wo das X 12-Zeichen wieder da ist, wenn auch schief montiert. Ein asphaltierter Weg führt von hier nach links durch die Felder und immer geradeaus. Nach ca. 1 km lugen Turmspitze und Kreuz der **Weingarten-Kapelle** über die Wipfel des Wäldchens schräg links voraus. Allerdings gibt es, wenn man aus dieser Richtung kommt, keinen Hinweis auf die Kapelle. Nur von Naumburg kommend sieht man auf einem Straßenschild den gelben Schriftzug: Weg Kap. Wenn Sie hier in den Wiesenweg einbiegen, nach oben auf den Waldrand zu, gelangen Sie durch das Wäldchen zur Kapelle. Sie haben von hier eine herrliche Aussicht auf Naumburg und Bänke zum Verweilen.

Weingarten-Kapelle

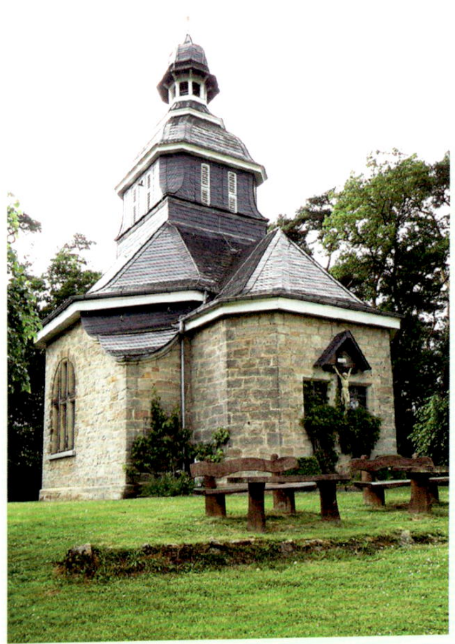

Die Weingarten-Kapelle

Seit mindestens 300 Jahren steht auf dem Weinberghügel, etwa 1 km vor den Toren Naumburgs, eine kleine Kirche. Die jetzige Kapelle wurde 1921 als Ersatz für den maroden Vorgängerbau im neobarocken Stil erbaut. Sie ist der Mutter Gottes geweiht und seit alters her umgeben von einem Kreuzweg, der durch das Wäldchen hinter der Kirche führt. Der Frühform des Kreuzwegs entsprechend besteht er aus nur sieben Stationen statt der heute üblichen 14. Im Jahr 2005 wurden die bronzenen Bildtafeln durch Vandalismus zerstört. Als Wieslaw Johannes Kowal 2008 Stadtpfarrer von Naumburg wurde, begann er, nach den alten Vorlagen neue Bildtafeln für die noch vorhandenen steinernen Stelen des Kreuzwegs zu schnitzen. 2012 konnten die neuen „sieben Fußfälle" an ihren alten Platz zurückkehren.

Ostern bis Ende Oktober Sa 9:00-18:00, So 9:00-17:00

5. Etappe: Naumburg – Fritzlar (21 km)

Auch von Naumburg nach Fritzlar wandern Sie auf dem Volkmarser Weg.

Auf der *Fritzlarer Straße* verlassen Sie Naumburg in südlicher Richtung durch die Lücke in der Stadtmauer. Dahinter folgen Sie den V-Zeichen nach links über eine Brücke über die Elbe und wenden sich anschließend nach rechts. Hinter den letzten Häusern gehen Sie weiter geradeaus auf einer Teerstraße, über eine weitere kleine Brücke, dann über eine Kreuzung und schließlich auf einen Schotterweg längs der Elbe. Der Weg ist gut ausgeschildert und bietet die ganze Zeit schöne Ausblicke in die Umgebung. Sie wandern immer geradeaus bis auf die Höhe und ins Dorf **Elbenberg** (4 km). An der T-Kreuzung gehen Sie nach rechts und auf der *Naumburger Straße* nach links bis zum *Wenigenfeldweg*, dem Sie nun folgen. Hinter den Fischteichen biegen Sie nach rechts, überqueren die Elbe und biegen am Strommast nach links. Immer geradeaus gelangen Sie schließlich nach **Altendorf** (5,5 km).

Folgen Sie der Dorfstraße und den V-Zeichen bis zur T-Kreuzung und biegen Sie rechts ab. An der nächsten Kreuzung gehen Sie geradeaus. Vor einem der

Eine Spinnwebenwiese hinter Naumburg

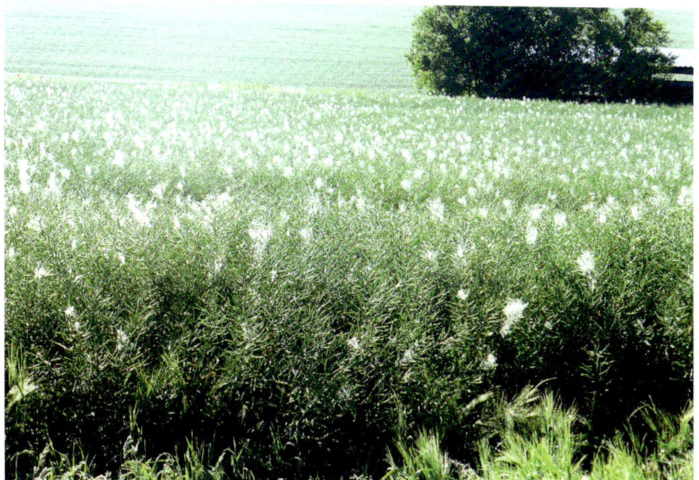

letzten Häuser auf der linken Seite weist auf einem Laternenmast ein V nach links. Sie nehmen also den nächstmöglichen Abzweig nach links, den Teerweg *Zur Schlade*. Nach ca. 700 m geht der Asphalt in Schotter über. ☝ An der folgenden T-Kreuzung fehlt ein Zeichen! Gehen Sie kurz rechts und sofort wieder links und in einer leichten Kurve hinunter ins Tal. Hier finden Sie dann auch das V wieder, auf den Asphalt gemalt und an den Bäumen, allerdings z. T. auch zugewachsen. Am Waldrand angekommen können Sie auf einer Bank verschnaufen.

Folgen Sie dem Weg mit den frischen V-Zeichen nach rechts in den Wald. Eine nach links bzw. geradeaus verlaufende ältere Streckenführung des *Volkmarser Wegs* ist zwar kürzer, aber nicht mehr gangbar. Die Natur hat den alten Weg zurückerobert, nicht zuletzt in der Gestalt wühlender Wildschweine. Da außerdem diese Ecke ein Habitat der Wildkatze ist, wurde der *Volkmarser Weg* nach rechts umgeleitet.

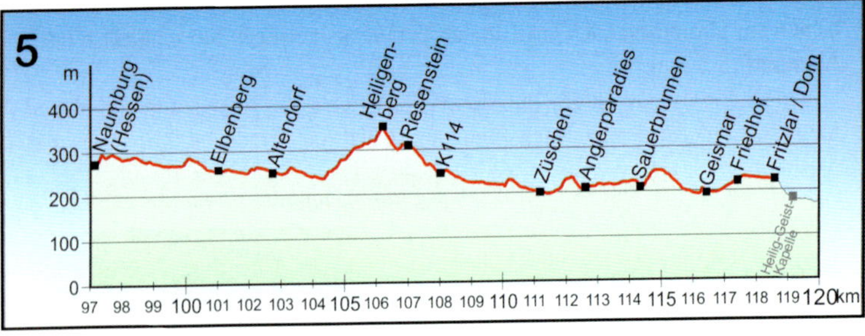

Folgen Sie dem Schotterweg bis zu einer T-Kreuzung, wo Sie nach links gehen. Bei einem Hochsitz wenden Sie sich abermals nach links und steigen auf einem Grasweg steil den **Heiligenberg** hinauf. Unter einer Eiche weist ein Schild nach links zum **Riesenstein** (10 km).

↳ Der Riesenstein liegt 150 m abseits vom Wege auf der Kuppe des Ziegenrücks (⇧ 318 m) und ist ein 9 m hoher, solitär stehender Sandsteinfelsen. Nachdem Sie einem stark verwachsenen Trampelpfad aufwärts gefolgt sind, entschädigt Sie oben ein imposanter steinerner Koloss für alle Mühen. Die Felsritzzeichnungen, die sich auf seiner Oberfläche befinden sollen, bleiben dem Auge des Wanderers allerdings verborgen. Auch die Geschichte des Naturdenkmals liegt im Dunkeln. In seiner Umgebung fand man Spuren und Gebrauchsgegenstände aus Jungsteinzeit, Mittelalter und früher Neuzeit. Wurde er als Opferstein benutzt?

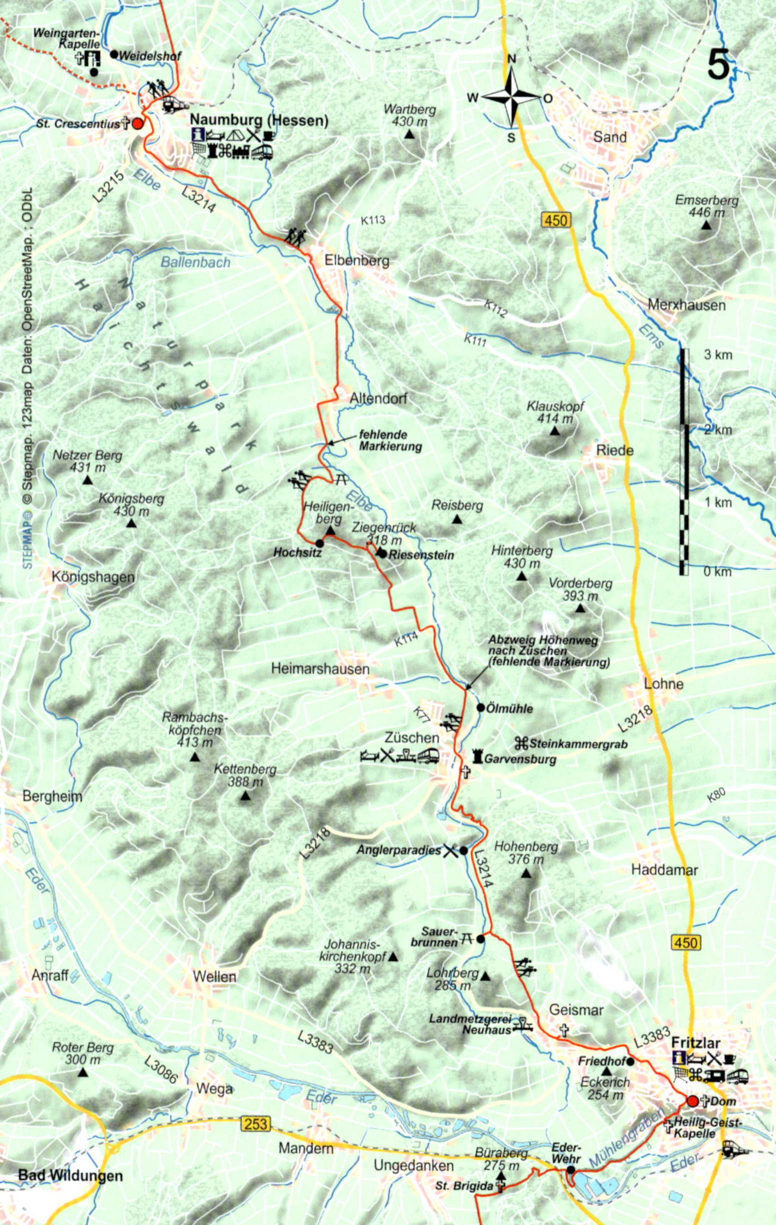
5
Weingarten-Kapelle
Weidelshof
St. Crescentius
Naumburg (Hessen)
Wartberg 430 m
Sand
Emserberg 446 m
L3215
Elbe
L3214
K113
Ballenbach
Elbenberg
Naturpark Habichtswald
K112
K111
Merxhausen
Ems
450
3 km
2 km
1 km
0 km
Altendorf
fehlende Markierung
Klauskopf 414 m
Riede
Netzer Berg 431 m
Königsberg 430 m
Heiligenberg
Ziegenrück 318 m
Reisberg
Hochsitz
Riesenstein
Hinterberg 430 m
Vorderberg 393 m
Königshagen
K114
Abzweig Höhenweg nach Züschen (fehlende Markierung)
Heimarshausen
Lohne
Ölmühle
K77
L3218
Züschen
Steinkammergrab
Garvensburg
Rambachsköpfchen 413 m
Kettenberg 388 m
Bergheim
K80
Anglerparadies
Hohenberg 376 m
L3214
Haddamar
Eder
Sauerbrunnen
Johanniskirchenkopf 332 m
Anraff
Wellen
Lohrberg 285 m
Geismar
Landmetzgerei Neuhaus
L3383
Fritzlar
Friedhof
Eckerich 254 m
Roter Berg 300 m
L3086
Wega
Dom
Heilig-Geist-Kapelle
253
Mandern
Mühlengraben
Büraberg 275 m
Eder-Wehr
Ungedanken
Bad Wildungen
St. Brigida
STEPMAP © Stepmap, 123map Daten: OpenStreetMap; ODbL

Dazu würde die Mulde in seiner Oberfläche passen. Oder diente er als Sonnenobservatorium? Zur Wintersonnenwende (21.12.) kann man nämlich in einer zum Teil von Menschenhand geschaffenen Felsspalte die Sonne aufgehen sehen, heißt es. Daneben gibt es noch weitere Geschichten vom wütenden Riesen und vom bösen Teufel, die aber erkennbar dem Reich der Fantasie entstammen.

Riesenstein

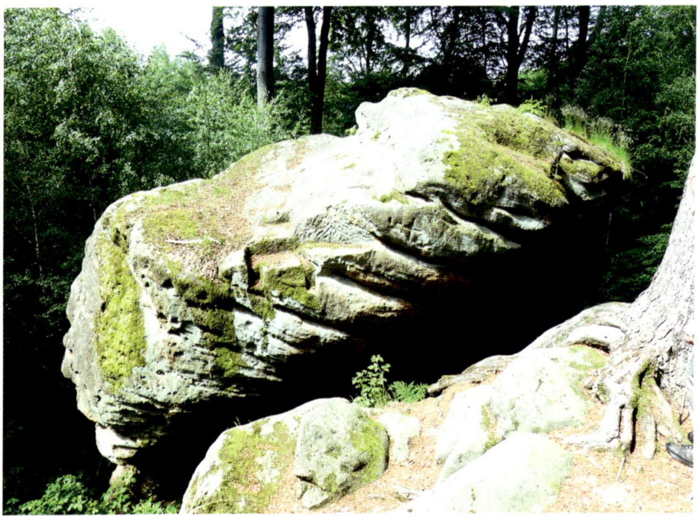

Folgen Sie der V-Markierung weiter geradeaus, bis eine gut sichtbare *gelbe 3* nach rechts auf einen verwachsenen Pfad leitet. Diesen Pfad schlagen Sie ein, das V ist an der Waldkante dann wieder da und bleibt auch auf dem stark überwachsenen Wiesenweg, dem Sie außen am Waldrand nach rechts hinunter folgen, an den Bäumen zur Rechten präsent. Am Ende dieses Rains geht der Weg hinab nach rechts durch eine Baumreihe auf einen weiteren Wiesenweg. Am zweiten Baum rechts befinden sich die Markierungen V und gelbe 3, deren Wege sich hier trennen: Folgen Sie dem V nach links auf einen Plattenweg an einer Hecke entlang und durch die Felder. Sie stoßen auf ein Sträßchen, auf dessen Asphalt ein nach links weisendes V gemalt ist. Diesem Sträßchen folgen Sie, bis es in die K 114 mündet, der Sie nach links bis zur L 3214 folgen.

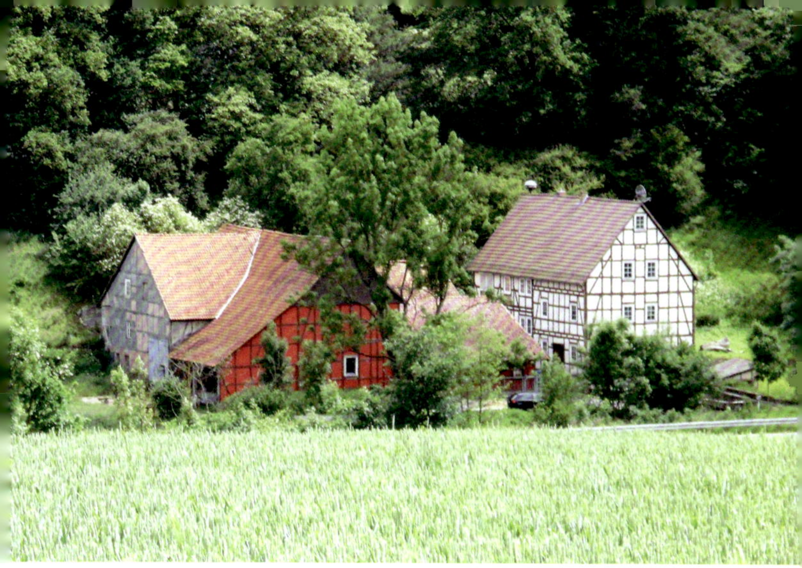

Ölmühle vor Züschen

Auf diese biegen Sie rechts Richtung Züschen ein und laufen 2 km an ihr entlang. Leider gibt es hier weder Fuß- noch Radweg. Vor der links liegenden Ölmühle nehmen Sie in einer Straßenkurve den Abzweig vor einer Baumreihe nach rechts. ☟ Hier fehlt die Markierung! Steigen Sie auf dem Wiesenweg einen Bergrücken hinauf bis zu einer Baumreihe auf der Höhe. Hier finden Sie wieder viele V-Zeichen und einen Feldweg, der direkt nach Züschen hineinführt. Zwar ist er stark überwuchert, doch bietet er eine sehr schöne Aussicht auf die Ölmühle und die ganze Umgebung und ist überdies eine fußfreundliche Abkürzung gegenüber der einen Bogen schlagenden Asphalt-Straße. Bei schlechtem Wetter oder unsicherer Gangart sollten Sie aber besser bis Züschen auf der Straße bleiben (14 km).

Züschen

⇧ 208 m 1.000 Ew. 🛏 ✕ ⚲
BANK ✝ ♜ ⌘ 🚌 ✉ 34560

♜ 🛏 Schloss Garvensburg, Obertor 13, ☎ 056 22/79 82 30, ✉ info@garvensburg.de, 💻 www.garvensburg.de

⌘ Steinkammergrab mit eingeritzten Bildzeichen aus dem 4./3. Jt. v. Chr., im Feld zwischen Züschen und Lohne

✝ ev. Kirche (17. Jh.)

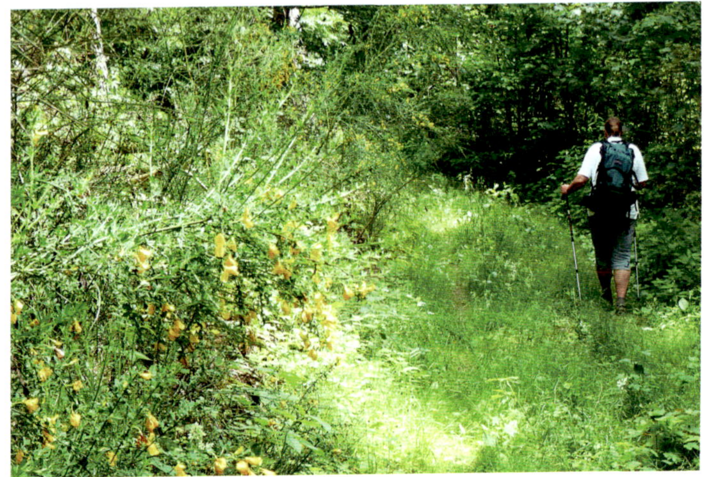

Ein mit Ginster gesäumter Weg zwischen Züschen und Geismar

Züschen, eine früher selbstständige Stadt des Fürstentums Waldeck an der Elbe (dem Eder-Zufluss!), ist seit 1974 als Ortsteil in die Stadt Fritzlar eingemeindet. Felsritzzeichnungen am ☞ Riesenstein und im Steinkammergrab östlich des Ortes zeugen von einer frühen Besiedlung um 3000 v. Chr. Die Chatten hatten hier eine Kultstätte für ihren Gott Ziu, auf den der Ortsname Züschen zurückgeht. Aus früheren Jahrhunderten erhalten sind der historische Ortskern mit Fachwerkhäusern sowie Teile der Stadtmauer mit zwei Wachtürmen.

Das Jagdschloss bzw. die burgartige Villa mit englischem Garten, 1894 bis 1898 von dem Industriellen Wilhelm Garvens in historisierendem Stil erbaut, ist heute ein gehobenes Hotel-Restaurant, beliebt für Hochzeiten und als Filmkulisse. Mo u. Di Ruhetag, Mi u. Do ab 14:00, Fr-So u. feiertags ab 11:30

In Züschen gibt es als einziges Lebensmittelgeschäft nur noch einen Metzger, Obertor 1, Mo-Fr 8:00-12:30, Fr 14:00-18:00, ☎ 056 22/17 54

Folgen Sie den Markierungen des *Volkmarser Weges* entlang der Hauptstraße durch den Ort, links über die Elbe-Brücke und dann nach rechts. Sie gelangen zu einer weiteren, malerischen Elbe-Brücke aus dem 18. Jh. Hier ist die

Markierung verwirrend: Sowohl der Weg vor der Brücke nach links als auch der Weg über die Brücke sind mit V ausgeschildert und führen nach Fritzlar. Wählen Sie den Weg vor der Brücke nach links in die Mühlenallee, wo auch die V-Zeichen bald wieder auftauchen. Wenn Sie allerdings eine Pause brauchen, überqueren Sie die Elbe auf der schönen Brücke und suchen auf der linken Seite einen Rastplatz mit Tisch und Bänken auf.

Auf der Mühlenallee wandern Sie aus dem Ort heraus. Hinter dem Ortsausgangsschild Züschen führt der Volkmarser Weg als teilweise stark überwachsener Trampelpfad links die Böschung hinauf, erst an Zäunen entlang, dann über eine Lichtung in den Wald hinein. Ab hier ist der Weg nicht mehr eindeutig markiert! Gehen Sie auf einem Waldweg schräg rechts nach unten und dann schräg links. 50 m weiter ist halb versteckt an einem Baum ein nach rechts weisendes V angebracht. Hier biegen Sie nach rechts unten zur L3214 ab.

Den V-Zeichen, die danach wieder nach oben in den Wald führen, sollten Sie nicht folgen und lieber auf der Straße bleiben! Der *Volkmarser Weg* ist hier so zugewachsen, dass er praktisch nicht mehr gangbar ist. Nach ca. 500 m liegt rechts an der Straße das „Anglerparadies“.

✕ Anglerparadies-Forellenrestaurant, Mühlenallee 6, ☏ 056 22/28 51,
✉ kiesewetter@t-online.de, 💻 www.anglerparadies-zueschen.de,
🚪 Fr-So 11:00-14:00 und ab 17:00

Folgen Sie der L 3214 bis zu einer kreuzenden Hochspannungsleitung, wo der *Volkmarser Weg* links den Berg hinaufführt.

➭ Geradeaus liegt ca. 250 m hinter diesem Abzweig an einer Elbe-Brücke das Brunnenhaus des historischen **Sauerbrunnens**, daneben ein Rastplatz mit Tisch und Bänken. Hier können Sie sich kostenlos kohlensäurehaltiges Mineralwasser zum Trinken zapfen. Die Quelle produziert zwei bis drei Liter pro Minute und ist seit alters her bekannt. Erst später erhielt sie den Beinamen **„Donarquelle“**, vermutlich aus vermarktungstechnischen Gründen, denn zeitweise wurde das Wasser auch in Flaschen abgefüllt und verkauft. Die den Chatten heilige Donareiche stand aber ein bisschen woanders, nämlich südöstlich von Geismar. Der Geschmack des Sauerbrunnens ist etwas eigen, schon deshalb wird er wohl nur in kleinen Mengen genossen. Ein durchschlagender Effekt auf den Darm muss nicht befürchtet werden.

Der *Volkmarser Weg* führt nun hinauf auf die Höhe in sehr schöne Landschaft und nach Geismar hinunter (19,5 km).

Geismar

⇧ 186 m 1.000 Ew. 34560

Der einzig verbliebene Lebensmittelladen im Dorf ist die Landmetzgerei Neuhaus mit hochwertigen Produkten aus eigener Herstellung, aber einem naturgemäß einseitigen Angebot. Für manchen hungrigen Wanderer schien mir die Adresse trotzdem wichtig, denn „in der allergrößten Not schmeckt die Wurst auch ohne Brot": Bonifatiusstraße 61, Mi 8:00-14:00, Do, Fr 8:00-18:00, Sa 8:00-13:00

Geismar liegt am Elbe-Flüsschen 2 km vor der Stadt Fritzlar, in die es seit 1971 eingemeindet ist. Es ist seit weit über 2.000 Jahren besiedelt, wie Ausgrabungen eines chattischen Dorfes bestätigten. In einem Freilichtmuseum sind Nachbauten einiger dieser Häuser zu besichtigen. Ob die den Chatten heilige Donar-Eiche hier stand, die Bonifatius ungestraft fällte, um damit den Sieg des Christentums über die Heiden zu veranschaulichen, ist umstritten. Die Mehrheit der Forscher hält den Domplatz in Fritzlar für wahrscheinlicher.

Der Weg durch den Ort ist gut markiert und führt vorbei an einem hölzernen Bonifatius-Denkmal, oberhalb dessen die – leider verschlossene – evangelische Dorfkirche steht, ein schlichter Barockbau aus dem 18. Jh. Schier endlos zieht sich nun der Weg die öde Hauptstraße entlang durch Geismar bis kurz vor das Ortsausgangsschild, wo das V-Zeichen nach rechts über die L 3383 und in den ruhigen Stadtrand Fritzlars leitet. Vorbei an einem Friedhof gelangen Sie durch *Geismarrain* und *Geismarstraße* in die Altstadt und stehen nach wenigen Schritten vor dem herrlichen Dom in Fritzlar (21 km).

Fritzlar

⇧ 220 m 14.428 Ew. BANK 34560

Tourist Information Fritzlar, Zwischen den Krämen 5, 056 22/98 86 43, www.fritzlar.de, touristinfo@fritzlar.de

Hotel „Zur Spitze", Marktplatz 25, 056 22/18 22, ab € 30, www.zur-spitze.de, info@zur-spitze.de, Di-So 11:00-14:00 u. ab 17:00

♦ Ferienwohnungen, auch für eine Nacht, im Gutshof Reinbold, Am Siechenrasen 1, 056 22/706 71, www.ferienwohnung-ederaue.de, volkerreinbold@t-online.de (direkt neben der Heilig-Geist-Kapelle)

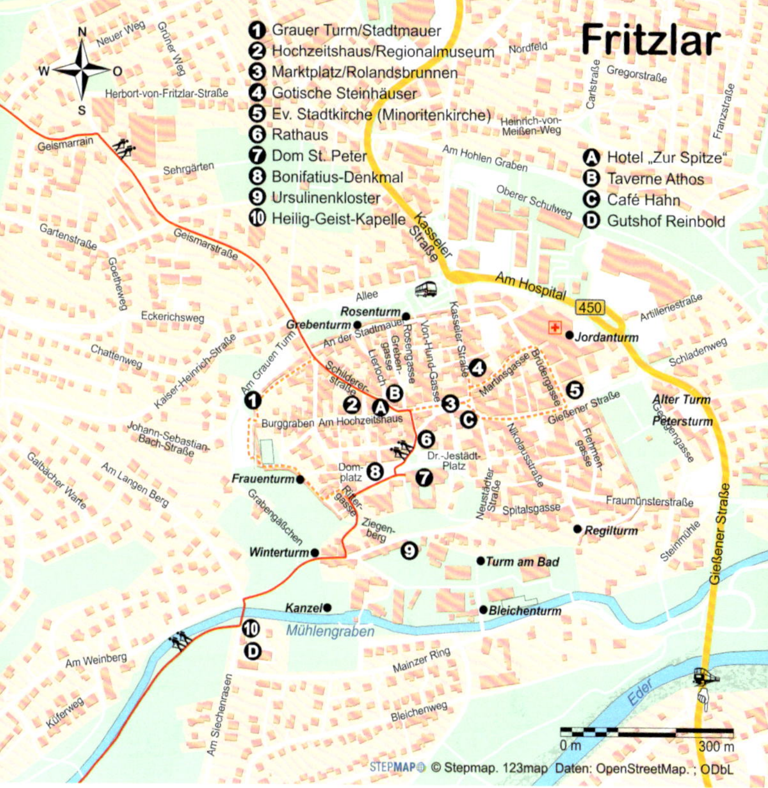

⌘ Regionalmuseum, Am Hochzeitshaus 6-8 ☏ 056 22/79 85 97
Das Museum ist z. Zt. wegen Sanierung geschlossen. Die Wiedereröffnung ist für 2019 geplant.

✞ Ev. Stadtkirche (Minoritenkirche), Brüdergasse Ecke Gießener Straße,
täglich 9:30-18:00, Küsterin 0174/894 90 44, Gottesdienst So 10:00

Geschichte der Stadt

Die Stadt Fritzlar liegt an einem Knotenpunkt alter Fernstraßen im mittleren Edertal. Ihre Entstehung geht auf den angelsächsischen Mönch Winfried Bonifatius zurück, den „Apostel der Deutschen", der seit 718 in Hessen, Thüringen, Bayern und Friesland missionierte und 722 auch in die Gegend von Fritzlar kam, nachdrücklich unterstützt von den Frankenkaisern. Im Herbst 723 fällte er dort die dem germanischen Gott Thor bzw. Donar geweihte Eiche, das zentrale religiöse Symbol der Chatten, um die Überlegenheit des Christentums über die heidnische Gottheit zu demonstrieren, und erbaute aus ihrem Holz an deren Platz ein dem Hl. Petrus geweihtes „Bethaus", das er 732 durch eine romanische Steinkirche ersetzte. Daneben gründete Bonifatius auch ein Benediktinerkloster und schuf so die Grundlage für die wachsende Bedeutung des Ortes: Das unbedeutende kleine Dorf Frideslar („Ort des Friedens") entwickelte sich unter dem Schutz der nahe gelegenen fränkischen Büraburg, die die Grenze zu den Sachsen sicherte, zu einem kulturellen, geistlichen, politischen und geografischen Zentrum. Karl der Große hatte großes Interesse an Stadt, Kloster und Klosterschule und errichtete in Fritzlar für sich eine Kaiserpfalz.

Nicht nur die Christianisierung Mittel- und Norddeutschlands, auch das mittelalterliche Deutsche Reich nahm in Fritzlar seinen Anfang: Hier wurde der Sachsenherzog Heinrich I. im Jahr 919 auf dem Reichstag zum König des ostfränkischen Reiches gewählt, hier nahmen die deutschen Könige und Kaiser bevorzugt ihren Aufenthalt in Hessen, hier war ein Brennpunkt im Heiligen Römischen Reich Deutscher Nation.

St. Martin am Rathaus in Fritzlar

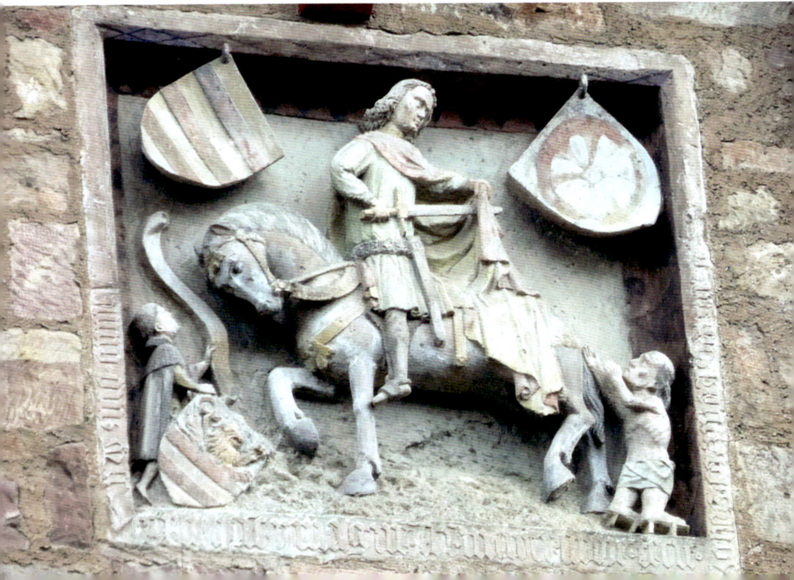

1079 wurde Fritzlar mitsamt der St. Petri-Kirche durch die Sachsen zerstört. 1084–1300 erfolgte der Wiederaufbau der Kirche zum romanischen St. Petri-Dom in seinen heutigen Ausmaßen.

Die Reformation brachte einen großen Bedeutungsverlust für Fritzlar. Im Dreißigjährigen Krieg wurde die Stadt fast völlig zerstört, die Reste raffte der Siebenjährige Krieg hinweg. 1803 wurde Fritzlar im Zuge des Reichsdeputationshauptschlusses Hessen zugeschlagen und das 700 J. alte Stift des Klosters aufgehoben. In der Neuzeit konnte Fritzlar nicht mehr die alte Bedeutung erlangen. Den heutigen Besucher empfängt eine gepflegte Kleinstadt, die mit ihrem mittelalterlichen Stadtbild und den Schätzen ihrer glanzvollen Vergangenheit überrascht und bezaubert.

Stadtrundgang

Die idyllische, nahezu verkehrsfreie Altstadt mit ihren 450 Fachwerkhäusern können Sie mühelos zu Fuß erkunden: Bewundern Sie den historischen **Marktplatz** mit Rolandsbrunnen, das **Rathaus** als ältestes Amtsgebäude Deutschlands (1109 erstmals erwähnt), das fünfgeschossige **Hochzeitshaus** (1590 erbaut und eines der größten Fachwerkhäuser Hessens) sowie **gotische Steinhäuser** von 1310 in der Kasseler Straße. Im ehemaligen **Ursulinenkloster** (1719) gibt es immer noch eine Schule wie seit 1713, aber keine Ursulinen mehr. Die Klosterkirche **St. Katharinen** in der Neustädter Straße (Ende 13. Jh.) ist nicht zugänglich, weil sie auf dem Gelände der Schule liegt und von dieser genutzt wird.

Die mittelalterliche **Stadtmauer** ist fast vollständig erhalten: Bei einer Länge von 2,7 km fehlt nur ein Stück von 7 m. Die 30 **Wehrtürme**, von denen immerhin noch 15 erhalten sind, machten Fritzlar zur mächtigsten Festung in Hessen und brachten der Stadt die Bezeichnung *urbs turritica* (turmreiche Stadt) ein. Diese gewaltige Verteidigungsanlage zeugt von der großen Bedeutung der Handelsstadt im Mittelalter. Das **Franziskanerkloster** am östlichen Stadtrand, nur elf Jahre nach dem Tod des Ordensgründers Franz von Assisi 1237 gegründet, wurde 1814 endgültig aufgelöst und beherbergt seitdem das Heilig-Geist-Spital. Die gotische Klosterkirche ist heute die evangelische Stadtkirche. Südlich vor den Toren der Altstadt befindet sich am Mühlengraben die neugotisch ausgeschmückte **Heilig-Geist-Kapelle**, das einzige Relikt des 1308 errichteten Hospitals der Fritzlarer Bürgerschaft.

☺ Offene Stadtführungen gibt es vom 1.3.-31.10., Mo-Fr 10:30, Sa 10:30 und 14:30, So u. Feiertage 11:00. Treffpunkt: am Rathaus, Dauer: ca.

1 ½ Stunden, Preis: Erw. € 4, Kinder bis 14 J. frei. Stadtführungen für Gruppen können über die ☞ Tourist Information verabredet werden.

ℹ Tourist Information Fritzlar, Zwischen den Krämen 5, ☏ 056 22/98 86 43, www.fritzlar.de, touristinfo@fritzlar.de

✝ Dom St. Peter

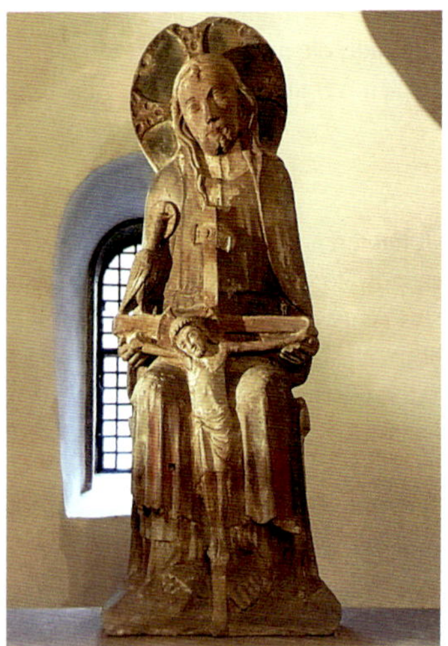

Gnadenstuhl im Dom von Fritzlar

Der gewaltige Dom ist ein romanisch-gotischer Bau mit zwei parallelen Türmen, der 1084 als Nachfolgebau der zerstörten St. Petri-Kirche begonnen wurde. Die Krypta und der untere Teil der Türme stammen aus dieser Zeit, die Kirche ist ca. 100 Jahre jünger. Südschiff und Kreuzgang sind späteren Datums und im gotischen Stil erbaut. Die heutige Innenausstattung stammt aus den späteren Jahrhunderten. 2004, also 1.250 Jahre nach dem Märtyrertod des Hl. Bonifatius, wurde der Dom zur päpstlichen Basilika minor erhoben. In der sehenswerten Krypta befindet sich das Grab des Hl. Wigbert. Dieser wurde von seinem Freund und Lehrer Bonifatius nach Fritzlar geholt und als erster Abt im Kloster eingesetzt. Von hier aus entfaltete er eine rege Missionstätigkeit in Hessen und Thüringen. Das Gewölbe der Krypta wird von zwölf Säulen getragen, entsprechend den zwölf Aposteln, auf die die Kirche gegründet ist.

In der Seitenkrypta stehen eine romanische Skulptur des Hl. Petrus (um 1150) sowie eine gotische Dreifaltigkeitsgruppe, ein sogenannter Gnadenstuhl (um 1300).

♦ in der Woche 9:00-17:00, Sa 9:00-16:00, Sonn- und Feiertage 12:00-16:00, Führungen im Dom (1 Std. 20 Min., € 40) nach tel. Absprache mit dem Kath. Dompfarramt, Dr.-Jestädt-Platz 11, ☏ 056 22/99 99 28, 01 76/86 25 70 32, sankt-peter-fritzlar@pfarrei.bistum-fulda.de, www.katholische-kirche-fritzlar.de

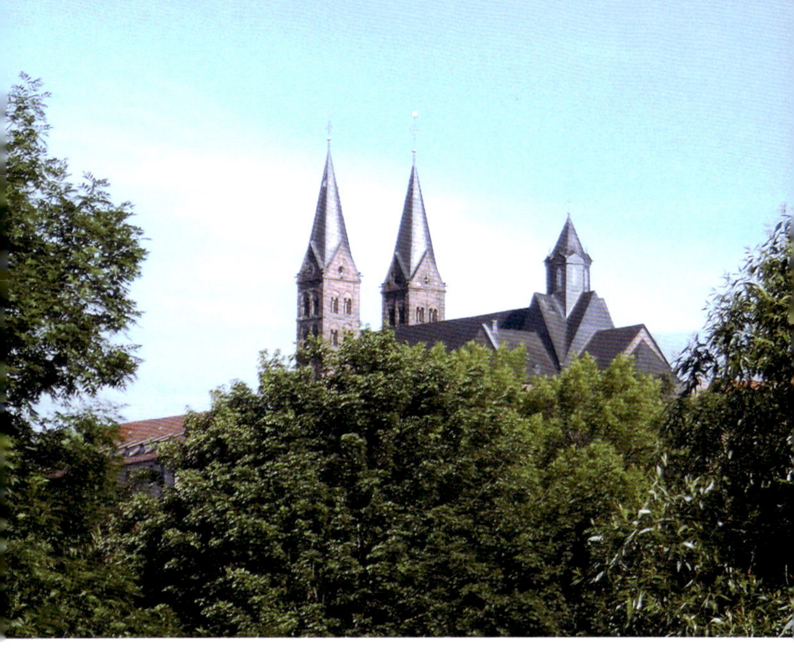

Der Dom in Fritzlar

- ♦ Krypta, Kreuzgang, Dommuseum, Domschatz, Dombibliothek (Letztere nur im Sommerhalbjahr): 🚪 April-Okt.: Mo geschlossen, Di-Fr 10:00-12:00, 14:00-17:00, Sa 10:00-12:00, 14:00-16:30, So u. Feiertage 14:00-16:30. 1.11.-31.3.: Mo geschlossen, Di-Fr 14:00-16:00, Sa 10:00-12:00, 14:00-16:00, So u. Feiertage 14:00-16:00. Eintritt € 3, ermäßigt € 2, bis 12 J. frei.
- ♦ Gottesdienst (Hochamt), 🚪 So 10:00

⌘ Dommuseum

Der Zugang zu dieser reichhaltigen Schatzkammer ist im inneren Eingangsbereich des Doms. Weltberühmt ist das große romanische Altar- und Vortragekreuz, das sogenannte *Heinrichskreuz*, ein Geschenk Kaiser Heinrich II. von 1020, verziert mit zahlreichen Edelsteinen und einer Partikel des Kreuzes Jesu. Ebenso eindrucksvoll ist das einzigartige romanische Scheibenreliquiar. 🚪 ☞ Krypta

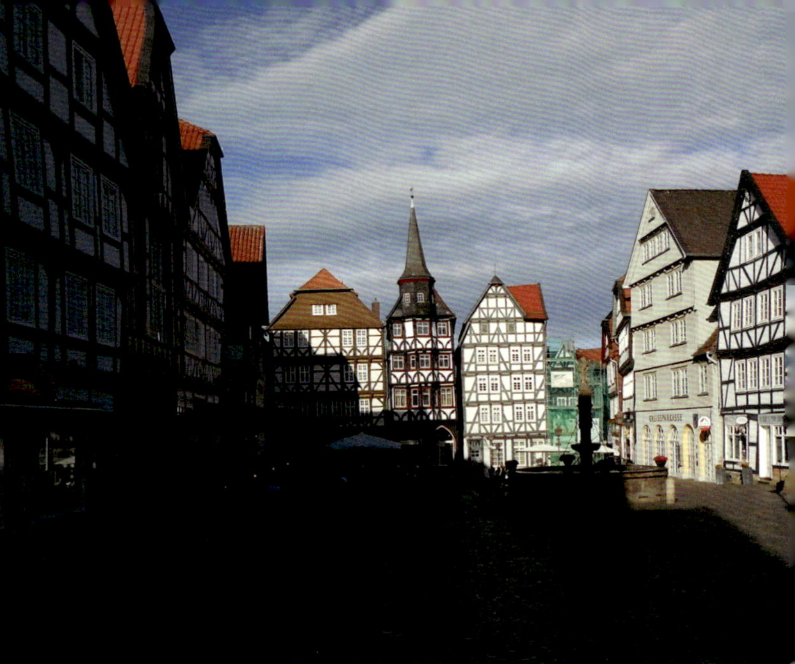

Der Marktplatz in Fritzlar im Abendlicht

⌘ **Grauer Turm**

Der höchste Stadtbefestigungsturm Deutschlands kann bestiegen werden und bietet einen lohnenden Rundblick aus 38 m Höhe.

April-Okt. tgl. 9:00-12:00 und 14:00-17:00, Eintritt € 2, ermäßigt € 1, bis 6 J. frei

Auf dem Marktplatz und um ihn herum gibt es diverse Einkehrmöglichkeiten. Ganzjährig findet hier mittwochs und samstags von 8:00-13:00 der Fritzlarer Wochenmarkt statt, von Mai bis September samstags mit Musikprogramm.

Café Hahn, Marktplatz 1, 0157/31 57 14 39, So-Do 8:30-20:00, Fr-Sa 8:30-22:00, www.cafehahnfritzlar.de, info@cafehahnfritzlar.de

♦ Taverne Athos, Marktplatz 34, 056 22/808 08 26, Mo-So 17:00-24:00, Sa, So und an Feiertagen zusätzlich 11:30-14:30, Di Ruhetag, kontakt@taverneathos.de, www.taverneathos.de

6. Etappe: Fritzlar – Bergfreiheit (22 km)

Auf dieser Etappe folgen Sie zunächst dem Barbarossaweg *(X 8), dann dem* Kellerwaldsteig *(K). Anfangs läuft auch der* Bonifatiusweg *(X 12) parallel.*

Vom Domvorplatz bzw. vom Bonifatius-Denkmal aus verlassen Sie die Altstadt mit dem Zeichen X 8 auf dem Treppenweg der Rittergasse hinab, entlang der Stadtmauer, vorbei am Winterturm und nach links über die steinerne Brücke über den Mühlgraben.

Das Bonifatius-Denkmal vor dem Dom in Fritzlar

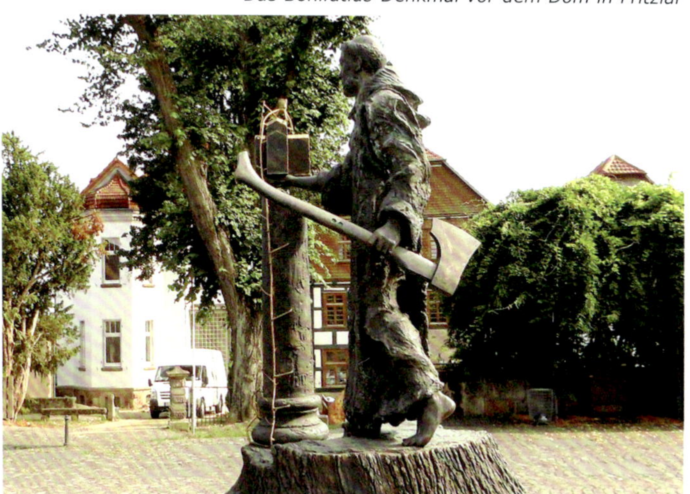

Hinter der Brücke links befindet sich die Heilig-Geist-Kapelle.

✝ Heilig-Geist-Kapelle

Von der früheren großen Spitalkirche ist nur noch diese kleine Kapelle erhalten. Sie erinnert den Vorüberziehenden an den Wert der Gesundheit und an einen Ort, an dem 500 Jahre lang Kranke und Arme versorgt wurden, die dieses Gutes verlustig gegangen waren. Die Kirche gehörte zum Kranken- und Siechenhaus, das im Mittelalter direkt am Mühlgraben vor den Mauern der Stadt unterhalten

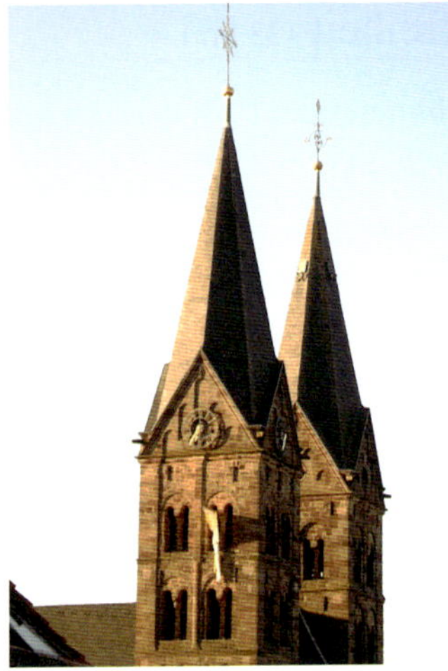
Der Dom in Fritzlar

wurde. Der Standort wurde 1308 gut gewählt, da hier einerseits das für die Pflege wichtige saubere Wasser vorhanden war und andererseits das Spital nah an der Einfallstraße lag, sodass durchreisende Handwerker oder Pilger nicht das Stadtgebiet betreten mussten, um eine Herberge zu finden. Auch kamen bei dieser Lage Kranke mit der noch gesunden Stadtbevölkerung nicht in Berührung. 1807 wurde das Heilig-Geist-Spital verlegt in das gerade aufgelöste Franziskanerkloster, wo sich auch heute noch unter gleichem Namen das Krankenhaus der Stadt befindet. Die Heilig-Geist-Kapelle besteht aus den Überresten der alten Spitalkirche: Chorraum, Vorjoch und Seitenkapelle. Im Chor befindet sich ein neugotischer Altar, die Wände sind prächtig bemalt und zeigen die Hl. Elisabeth, das große Vorbild aufopfernder Krankenpflege, und den „Lokalheiligen" Wigbert, den ersten Abt des Fritzlarer Benediktinerklosters. Auch gotische Maßwerkfenster sind noch erhalten.

Der Schlüssel für die Besichtigung der Heilig-Geist-Kapelle ist erhältlich im benachbarten Gutshof der Familie Reinbold, Am Siechenrasen 1, ☏ 056 22/706 71.

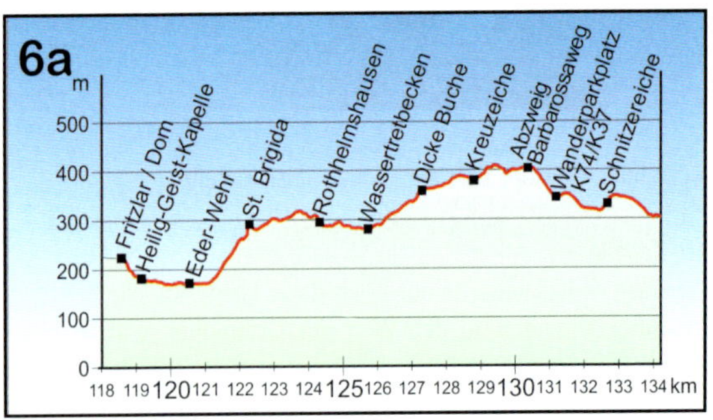

Hinter der Brücke über den Mühlgraben lohnt es sich, einen Blick zurück auf die Stadt zu werfen. Wegen der anregenden Perspektive wird diese Stelle vor den Toren der Stadt „Malerwinkel" genannt. Der Weg biegt nun nach rechts ab und verläuft parallel zum schnell fließenden Mühlgraben, dessen Wasser durch ein Wehr aus der Eder abgeleitet wird. Er wurde vor 800 Jahren angelegt und früher zum Antrieb vieler Mühlen benutzt. Heute dient er zur Versorgung der städtischen Brunnen. Entlang dem Mühlgraben informiert ein Auenlehrpfad auf 17 Tafeln über den Erlenbruchwald, die Tierwelt und das Eder-Wehr. So arbeiten dort z. B. heute noch zwei Turbinen, die 10 % des Strombedarfs der Stadt Fritzlar decken. Beim Eder-Wehr und einer großen Fischzuchtanlage angekommen wenden Sie sich nach links und dann gleich wieder nach rechts über eine Holzbrücke über die Eder. Alles ist gut ausgeschildert. Jenseits der Eder gehen Sie nach rechts zur Bahnlinie, überqueren diese und die B 253 und gelangen zum Fuß des ☞ Bürabergs, der der nordöstlichste Ausläufer des Kellerwalds ist. Rechter Hand befindet sich ein großes, steinernes Kruzifix. Dieser Weg ist seit 1773 ein Prozessionsweg von Fritzlar nach St. Brigida auf dem Büraberg. Auch heute noch findet jedes Jahr am fünften Sonntag nach Ostern eine solche Prozession der katholischen Gemeinden von Fritzlar und dem Dorf Ungedanken statt, das am Fuß des Bürabergs liegt.

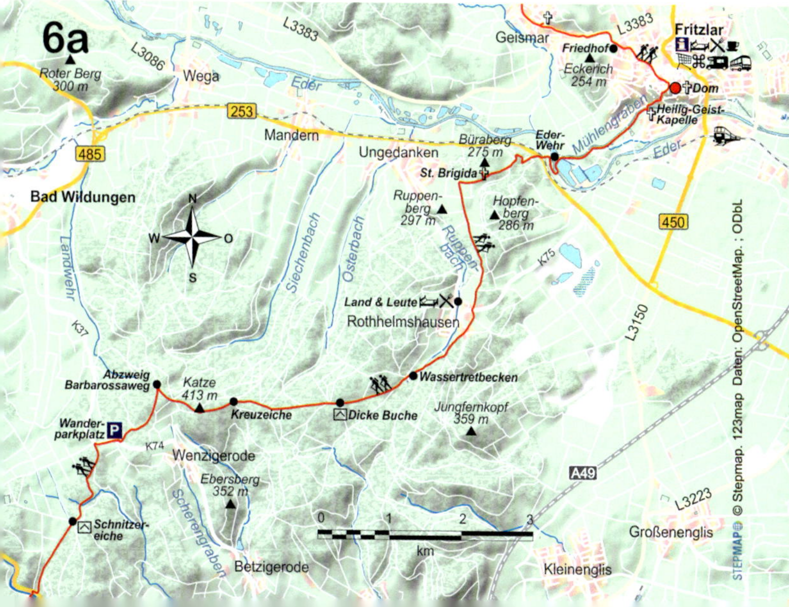

Mit X 8 gehen Sie rechts hinauf in den Wald. Durch das Südosttor der alten Burg – eines von drei erhaltenen Toren – betreten Sie die Anlage. Den Weg säumen 14 große Stationshäuschen mit Darstellungen des Kreuzwegs von 1882 und leiten zur alten Bischofskapelle St. Brigida (4 km), die auf dem Plateau des Bürabergs inmitten eines uralten idyllischen Friedhofs steht. Wenn Sie Glück haben, ist der Gärtner vor Ort und schließt sie Ihnen für eine Besichtigung auf. Sonst können Sie sich an den Küster der Gemeinde St. Bonifatius in Ungedanken, Herrn Ludwig Fölsch, wenden: ☏ 056 22/48 16.

Der Büraberg

Der Büraberg (⇧ 275 m) ist ein mächtiger Ausläufer des Kellerwaldes, der zur Eder hin steil abfällt. Schon ab ca. 10.000 v. Chr. gab es Siedlungen auf dem Hochplateau. Auf Resten einer chattischen Gauburg, die von ca. 200-500 den strategisch günstigen Platz behauptet hatte, wurde um 680 eine fränkische Reichsburg errichtet. Vorher hatten um 600 innerhalb der späteren Festung irisch-schottische Mönche – vermutlich für ihr Kloster – eine Kapelle gebaut und sie der irischen Heiligen Brigida geweiht. Diese Kapelle fand Bonifatius 722 auf dem Büraberg vor, als er in der fränkischen Schutzburg Unterstützung für die Missionierung der Chatten suchte, mit der ihn der Papst beauftragt hatte. 742 gründete Bonifatius das erste hessische Bistum Büraberg. Die St. Brigida-Kapelle wurde die Kathedralkirche dieses Bistums, welches allerdings nur von 742-746/47 bestand. Danach wurde es dem Bistum Mainz zugeschlagen.

In der starken Befestigungsanlage der Büraburg suchten die Bewohner des Ederlandes 774 erfolgreich Schutz vor dem Sachseneinfall. Nachdem um 800 die Bedrohung durch die Sachsen abgeklungen war, zogen die Bewohner im Laufe der nächsten Jahrhunderte allmählich wieder zurück ins Tal. Von der Büraburg entgingen nur wenige Reste den Zerstörungen des Dreißigjährigen Krieges. Die Kapelle St. Brigida blieb als einziges Bauwerk verschont und gehört somit zu den ältesten erhaltenen Kirchen nördlich der Alpen.

Sie verlassen den geschichtsträchtigen Ort Richtung Westen und lassen das Dorf Ungedanken, heute Stadtteil von Fritzlar, rechts liegen. *Barbarossa-* und *Bonifatiusweg* schwenken nun nach Süden Richtung **Rothelmshausen**. Auch dieses Dorf ist als kleinster Stadtteil in Fritzlar eingemeindet. Es gibt keinen Laden und keine Einkehrmöglichkeit, es sei denn, man hat sich bei Frau Maria Reitz angemeldet:

🛏 ✕ Land & Leute, Birkenweg 56, ☎ 056 22/43 25, 💻 www.land-leute-fritzlar.de, ✉ info@land-und-leute-fritzlar.de, Zimmer und FeWo, € 35. Raststation für Wanderer mit möglicher Verpflegung nach Anmeldung

Im Ort überqueren Sie die Hauptstraße (*Birkenweg*) und gehen weiter auf der *Braunauer Straße* bis zum Wasserwerk von Rothelmshausen. Danach trennen sich im Wald X 8 und X 12: Der *Bonifatiusweg* schwenkt ab nach links, also in südliche Richtung, der *Barbarossaweg* führt weiter geradeaus. Sie müssen sich hier leider von Bonifatius trennen und Barbarossa folgen.

Nach 50 m haben Sie links bei einer Wassertretstelle die Möglichkeit, Ihren Füßen à la Kneipp etwas Gutes zu tun. Ca. 2 km weiter bietet die geräumige Schutzhütte ***Dicke Buche*** einen trockenen Rastplatz (9 km). Folgen Sie dem X 8 geradeaus erst auf geschottertem, dann auf verkrautetem Grasweg bis zur ***Kreuzeiche*** (10,5 km). Hier gibt es eine Bank zum Ausruhen und ein großes, steinernes Kreuz zur Besinnung.

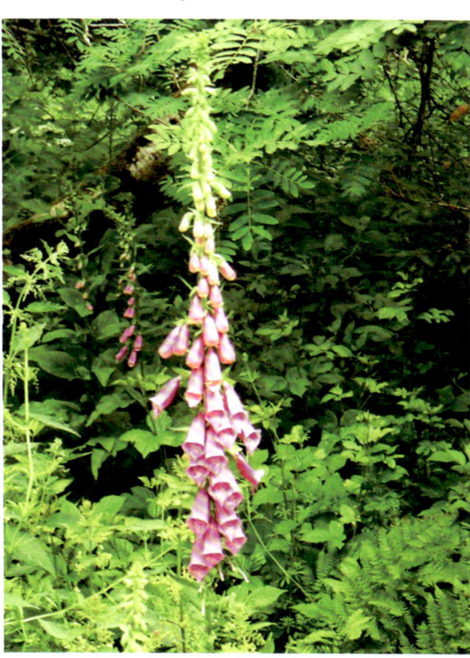

Fingerhut am Wegesrand

500 m dahinter gabelt sich beim Austritt aus dem Wald verwirrenderweise der Weg: X 8a, der Zubringer zum Kellerwaldsteig, geht sowohl nach links als auch nach rechts. Nach links führt der Weg am Waldrand entlang hinab ins Dorf Wenzigerode, das den Abstecher aber nicht lohnt, weil es weder Einkehrmöglichkeiten bietet noch andere

Attraktionen. Folgen Sie also dem X 8a nach rechts 700 m in den Wald, bis sich der Weg abermals gabelt: X 8 geht nach rechts, X 8a nach links. Lassen Sie den *Barbarossaweg* nach Norden ziehen und folgen Sie dem X 8a, der zum *Kellerwaldsteig* leitet, nach Süden.

Nach ca. 1 km erreichen Sie die Straße nach Bad Wildungen, an der sich ein Wanderparkplatz mit Tisch und Bänken befindet (13 km). Rechter Hand erstreckt sich vor Ihren Augen das berühmte Kur- und Heilbad im Tal. Im Gefühl der Dankbarkeit, dass Sie hier fröhlich durch den Kellerwald wandern können, macht es Ihnen sicher nichts aus, ca. 400 m auf der Straße nach rechts zu gehen, bevor – nach Unterquerung einer Hochspannungsstrasse – das X 8a und auch schon das Kellerwaldsteig-Zeichen links in den Wald weisen. Letzteres ist ein gelbes K auf schwarzem Grund und bezeichnet einen Zubringer zum eigentlichen *Kellerwaldsteig*. Auf diesem Weg wandern Sie immer geradeaus, dem K folgend, und gelangen schließlich über eine große Wegkreuzung hinweg zur ***Schnitzereiche*** (14,5 km). Ihr Name erinnert an den 1835 von Wilderern ermordeten Förster Jakob Schnitzer. Linker Hand, etwas versteckt in den Büschen, steht eine Schutzhütte, rechter Hand die Eiche. An dieser Kreuzung sind mehrere Wege als

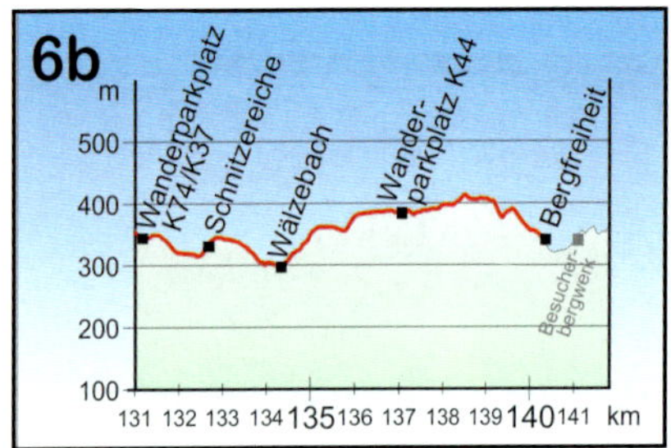

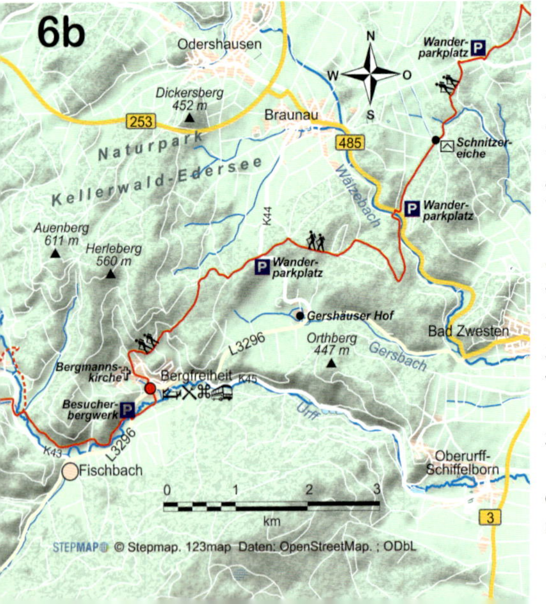

Varianten mit K markiert! Wählen Sie, wenn Sie von der Schutzhütte zurück zur Wegkreuzung gehen, den ersten Abzweig nach rechts, markiert mit einem weißen K auf rotem Grund, dem Zeichen des *Kellerwaldsteiges*, das Sie von nun an bis zum Etappenziel nach Bergfreiheit leiten wird.

Der Kellerwald

Der Kellerwald ist ein Teil des Rheinischen Schiefergebirges und erstreckt sich auf einer Fläche von gut 500 km² im Westhessischen Bergland. Im Norden wird der Kellerwald begrenzt durch den Edersee, im Nordosten und Nordwesten durch die Eder. Im Osten befindet sich das Tal der Schwalm, und im Südwesten schließt sich hinter dem Wohratal der ☞ Burgwald an.

Der Kellerwald ist wirklich ein Wald, d. h. zu zwei Dritteln bewaldet. Die restliche Fläche wird landwirtschaftlich genutzt. Er umfasst eines der größten unzerschnittenen Buchenwaldgebiete unseres Landes, und seine häufigste Baumart ist die Buche. Zusammen mit der Eiche macht sie 70 % des Baumbestands aus. In den ausgedehnten Wäldern des südlichen Teils, der touristisch weniger erschlossen ist, begegnet der Wanderer nur selten einem Menschen und ist meist mit sich und der Natur allein. Charakteristisch für die Laubwälder des Kellerwaldes ist das Vorkommen des Feuersalamanders. Eine weitere typische Tierart ist vor Reh-, Schwarz- und Damwild der Rothirsch.

Fast der gesamte Kellerwald gehört zum Naturpark Kellerwald-Edersee, in dessen Gebiet seit 2004 der Nationalpark Kellerwald-Edersee besonders geschützt ist. Es handelt sich hierbei um den einzigen Nationalpark Hessens. Hier ist ein Drittel der Bäume älter als 140 Jahre.

Und was hat all das mit einem Keller zu tun? Gar nichts. Wahrscheinlich leitet sich der Name Kellerwald von der Berufsbezeichnung Köhler ab, da die Waldbewohner ab 1600 vielfach ihren Lebensunterhalt damit verdienten, in großem Maße Holzkohle herzustellen, die zum Befeuern der Eisen- und Kupferwerke benötigt wurde. Er war also ein „Köhlerwald". Eine andere Deutung besagt, dass der für die Köhlerarbeit benötigte intensive Holzeinschlag mancherorts zum Kahlschlag führte, etwa auf der höchsten Erhebung des Kellerwalds, dem Wüstegarten (675 m). Er wird auch „Hoher Keller" genannt, d. h. „Hoher Kahler", denn sein Gipfel war kahl. Der Kellerwald ist also teilweise ein „kahler Wald" gewesen oder eben ein „Köhlerwald" und eigentlich doch wohl beides.

Ein sanfter Abstieg durch den Wald bringt Sie ins Wälzebachtal. Unten stoßen Sie auf die B 485 und einen Wanderparkplatz. Sie überqueren die Straße, gehen 100 m auf ihr nach rechts und schlagen sich dann scharf links in die Büsche, über den schmalen Wälzebach hinweg und in die Wiesen. Nun müssen Sie aus dem Tal wieder beständig hinaufsteigen. Gut platzierte Zeichen leiten Sie mal rechts, mal links durch grünen Tannenwald, später durch Laubwald bis zu einer schmalen Straße (K 44), die Sie überqueren. Den Wanderparkplatz (19 km) brauchen Sie nicht, denn jetzt sind es nur noch ca. 3 Kilometer bis zum Tagesziel. Sie wandern weiter durch den Wald bergab, überqueren den Radfernweg R 5 und folgen den gut markierten Waldwegen hinunter nach Bergfreiheit (22 km).

Nebel im Kellerwald

Bergfreiheit ⇧ 351 m 350 Ew. 34537

- Brockmeyers Landgasthaus, Im Urfftal 43, ☏ 056 26/327, www.brockmeyers.de, info@brockmeyers.de, Do-Sa ab 18:00, So 11:00-22:00 (warme Küche 12:00-14:00, 18:00-21:00), € 25, ausgezeichnetes Frühstück mit Rührei de luxe!
- ♦ Die Hardtmühle, Im Urfftal 7, ☏ 056 26/92 22 0, info@hardtmühle.de, www.hardtmuehle.de, Mo-So ab 11:30 (warme Küche 11:30-14:00, 18:00-21:00), im Nov. u. Dez Mo-Mi Ruhetag, im Jan. u. Feb. geschlossen, € 45

⌘ Kupferbergwerk Bertsch, Hardtbergstraße 6, 💻 www.bergwerk.bergfreiheit.de, 🚪 1.4.- 31.10. 14:00-16:00; 45-min. Führungen (14:00, 14:45, 15:30) € 4, Kinder bis 14 J. € 2, ab 10 Pers. € 3; Gruppenführungen ab 10 Personen sind auch außerhalb der Öffnungszeiten möglich; ☏ Bergwerk: 07 00/23 74 93 75 oder 056 26/592, Führer: Uwe Hübner ☏ 056 26/685; Gruppen sollten sich telefonisch anmelden!

⌘ Historisches Bergamt, Kellerwaldstraße 12, 🚪 1.4.-31.10. Mi-So und Feiertage 14:00-16:00, Gruppenbesuche zu anderen Zeiten nach Absprache, Anmeldung unter ☏ 056 26/592. Das älteste Bergamt Hessens, ein Fachwerkhaus von 1676, birgt ein kleines, sehenswertes Museum zur Geschichte des Bergbaus im Kellerwald von 1562 bis zum 19. Jh.

✞ Bergmannskirche

Selbst die Kirche ist in Bergfreiheit ein Fachwerkbau. Sie wurde 1678 erbaut und steht unter Denkmalschutz. Die Orgel datiert aus dem Jahr 1700. Schäden am Fachwerk, am Fundament und anderen wurden 2016 behoben. Für Besichtigungen ist der Schlüssel erhältlich entweder bei Familie Uta Damm, Kellerwaldstraße 24, oder Familie Berg, Kellerwaldstraße 22.

Von den Zipfelmützen der Bergleute bis zu den sieben Zwergen ist es nur ein kleiner Gedankensprung. Deshalb halten es Lokalhistoriker für wahrscheinlich, dass das Märchen Schneewittchen seinen Ursprung im Kellerwald-Dorf Bergfreiheit hat. Sie haben dabei sogar eine reale Person als Schneewittchen im Auge, nämlich die bildhübsche Prinzessin Margaretha von Waldeck (1533-1554). Da in den Bergwerken wegen der großen Enge unter Tage gerne Kinder eingesetzt wurden, findet sich auch für die sieben Zwerge eine passende Erklärung.

Der Fremdenverkehr in Bergfreiheit wird durch das Etikett *Schneewittchendorf* enorm beflügelt, und so laufen nicht nur Schneewittchen und die sieben Zwerge als lebensgroße Skulpturen durchs Dorf, sondern man hat auch in einem Einzimmerhaus von 1736 ein *Schneewittchenhaus* eingerichtet, in dem alles so nachgestellt ist, wie es laut den Brüdern Grimm gewesen sein könnte.

⌘ Schneewittchenhaus, Kellerwaldstr. 27, ☏ 056 26/17 36, 💻 www.schneewittchenhaus.bergfreiheit.de, 🚪 1.4.- 31.10. Mi-So 15:00-17:00, € 3, Kinder € 1,50, ab 10 Pers. € 2

Was aber kein Märchen ist:

☝ Im verwunschenen Dorf Bergfreiheit haben Sie keinen Handyempfang!

Familie Lange ist im Besitz der Schürfrechte und holt seit 1966 vor allem den rot-weiß gefleckten Kellerwald-Achat, aber auch andere Schmucksteine wie z. B. Jaspis und Hämatit aus dem Berg, die in der Edelsteinschleiferei verarbeitet werden. Besichtigung der Werkstatt

⌘ Edelsteinschleiferei, Im Urfftal 9, ☏ 056 26/ 3 43, 💻 www.edelsteinschleiferei-lange.de, Mo-Fr 15:00–17:00, Eintritt frei, Verkaufsgeschäft Mo-Sa 9:00-12:00, Mo-Fr 13:30-17:30

Das idyllische Bergmannsdorf, das ganz überwiegend aus Fachwerkhäusern besteht, liegt im romantischen Tal der Urff, mitten im Naturpark Kellerwald-Edersee, einem der größten Buchen-Laubwaldgebiete Europas. Es ist ein idealer Ausgangspunkt für Wanderungen auf dem 176 km langen Kellerwaldsteig. Angeblich hat in Bergfreiheit das Märchen *Schneewittchen und die sieben Zwerge* der Brüder Grimm seine Wurzeln.

Das idyllische Urfftal

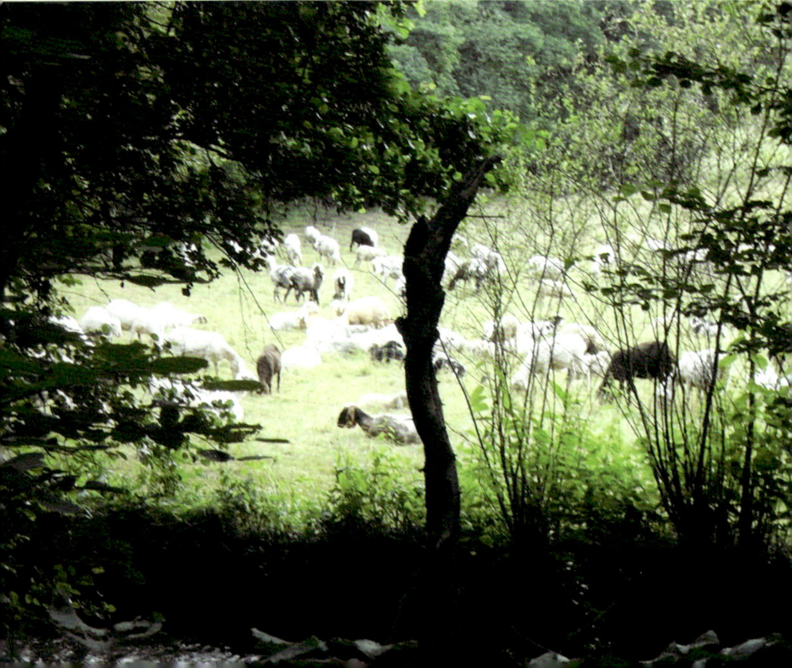

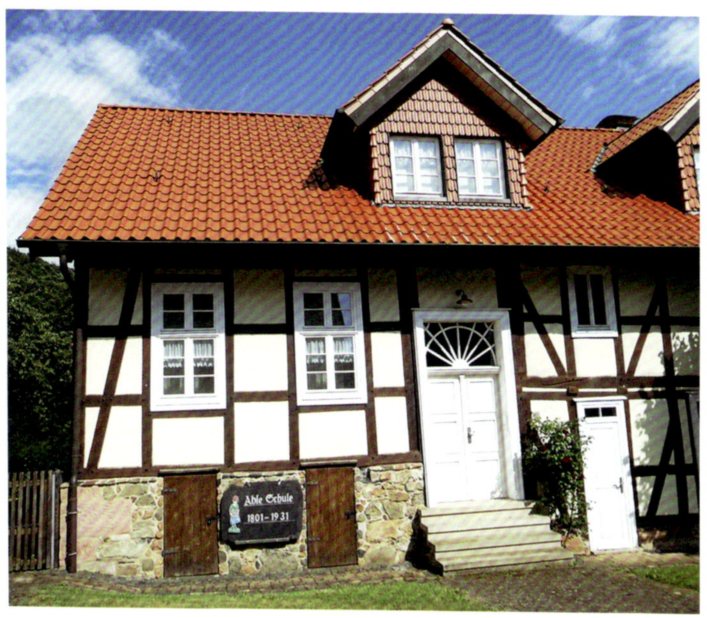

Die Ahle Schule in Bergfreiheit

Der Ort wurde 1562 durch den Grafen Samuel von Waldeck als Bergwerkssiedlung gegründet, zehn Jahre nach Beginn des dortigen Eisen- und Kupferbergbaus und der Verleihung von „Bergfreiheiten" wie Befreiung von Militär-, Fron-, Jagd-, Hand- und Spanndienst als Anreiz bzw. Ausgleich für die schwere Arbeit unter Tage. 1969 begannen Bürger, einen der letzten Stollen freizulegen und der Öffentlichkeit zugänglich zu machen. Seit 1974 kann eine der ehemaligen Kupferminen besichtigt werden. Eine Führung ist sehr lohnend und vermittelt einen nachhaltigen Einblick in die schwere Arbeit der Bergleute im Mittelalter und so manche Erkenntnis, oder wussten Sie schon, dass die Zipfelmützen die ersten Schutzhelme der Bergleute waren? ☝ Sie müssen sich aber warm anziehen, denn es ist kalt unter Tage.

7. Etappe: Bergfreiheit – Rosenthal (27 km)

Auf dieser Etappe folgen Sie wechselnden Markierungen. Zunächst bleibt der Kellerwaldsteig *maßgeblich. Es folgen regionale Verbindungsstrecken, erneut der* Kellerwaldsteig *und schließlich der* Studentenpfad.

Den Einstieg in den *Kellerwaldsteig* finden Sie, wenn Sie von der *Hauptstraße Im Urfftal* wenige Meter neben Brockmeyers Landgasthaus nach links in den *Hüttenweg* abzweigen. Kurz hinter einer kleinen Brücke über die Urff verweist ein Schild auf einen Abzweig nach links zum Kellerwald.

Folgen Sie ihm nicht! Dieser Zubringer führt zu einem ganz anderen, weiter südlich verlaufenden Teil des *Kellerwaldsteigs*, der ein großer Rundweg von 156 km Länge ist mit zahlreichen Nebenstrecken, Zubringern und Querverbindungen, vielfältig kombinierbar und gelegentlich durchaus auch verwirrend.

Im Urfftal

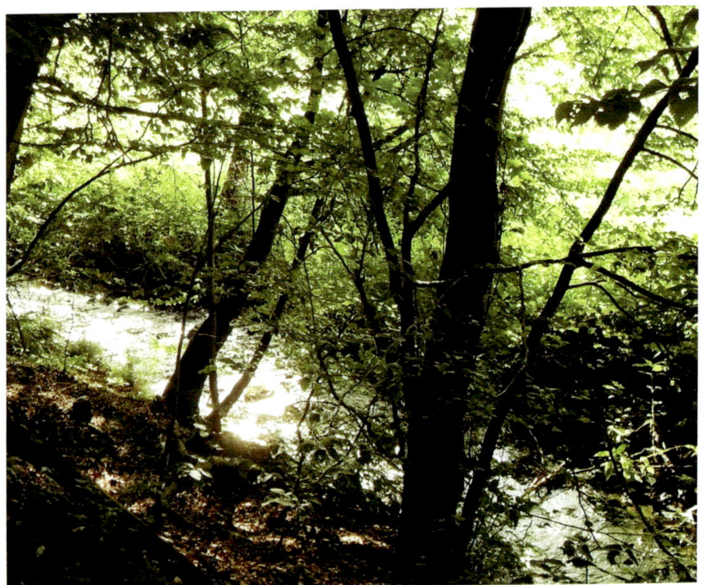

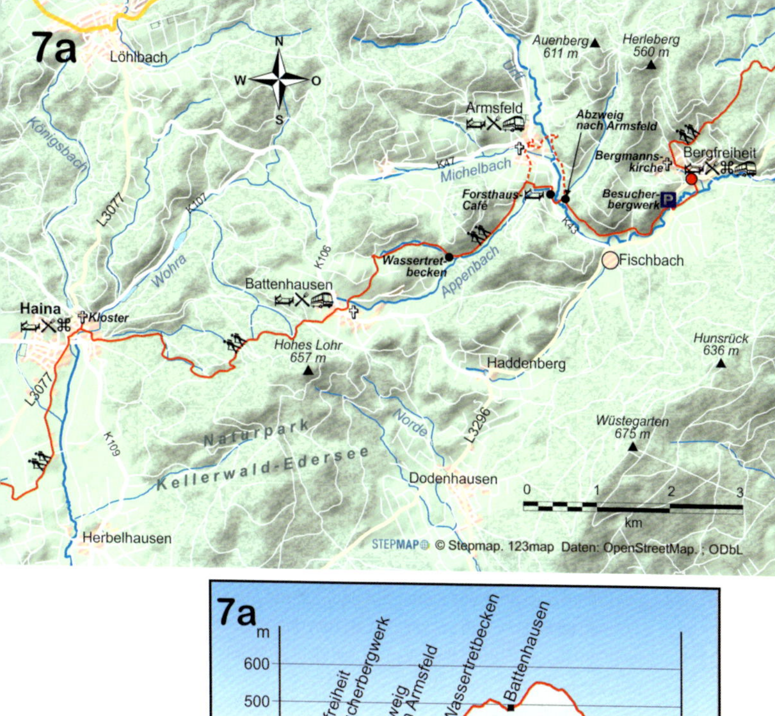

Folgen Sie hier also dem Wegweiser „Fußweg nach Armsfeld“ und gehen Sie auf dem Teersträßchen geradeaus durch die Wiesen bis zur L 3296, dort nach rechts über die Brücke, gleich dahinter nach links über den Parkplatz, am Besucherbergwerk vorbei und geradeaus in den Wald. Hier steigen Sie wieder in den (richtigen!) *Kellerwaldsteig* ein, der ins romantische Tal der Urff führt. Sie wandern auf gut markiertem Weg entlang dem Flüsschen durch wunderschönen Buchen- und Eichenwald. Schließlich kommen Sie aus dem Wald heraus und folgen dem K-Zeichen ca. 50 m nach links bis zu einer Spitzkehre (3 km), die rechts hinauf führt. Hier müssen Sie sich entscheiden, ob Sie einen Abstecher nach **Armsfeld** machen wollen (☞ sonst weiter auf S. 122):

Studentenpfad (X 13) und *Kellerwaldsteig* (K) führen auf dem Weg *An der Kolbenmühle* den Berg hinauf und machen einen sehr schönen Umweg von ca. 2 km über Armsfeld, das Sie eigentlich auf dem Weg nach Haina nicht ansteuern müssten. Vielleicht möchten Sie dort aber eine Zwischenstation einlegen. Dann folgen Sie den Zeichen X und K über die Felder leicht bergan und wieder hinab, biegen nach rechts in lichten Buchenwald und wandern entlang dem romantischen Lauf der Urff, bis Sie linker Hand eine Wassertretstelle sehen. Während X und K nach rechts gehen, biegen Sie hier mit dem gelben Zubringer-K – das Zeichen erscheint etwas verspätet – nach links auf die Häuser von Armsfeld zu und in den Ort hinein (4 km). Etwas abkürzen können Sie, wenn Sie schon vorher, etwa 100 m nach Betreten des Waldes, abzweigen auf die ersten Häuser von Armsfeld zu und in den Ort hineingehen.

Armsfeld ⇧ 371 m 267 Ew. ✕ ✝ 34537

Forsthaus-Café, An der Kolbenmühle 2, ☏ 056 21/37 18, € 35,
www.forsthaus-armsfeld.de, office@forsthaus-armsfeld.de,
Fr-So ab 11:30, So und Feiertage ab 18:00 geschlossen

♦ Landgasthof Knoche, Hundsdorfer Straße 3, ☏ 056 21/57 67,
landgasthof.knoche@t-online.de, www.landgasthof-knoche.de, € 25

✕ Silberberg-Jause, Fischbacher Weg 13, ☏ 056 21/49 09,
www.silberberg-jause.de

✝ Die schöne, alte Kirche, eine der drei ältesten Fachwerkkirchen in Hessen, wurde 1587 erbaut und steht unter Denkmalschutz. Im südlichen Sockel kann man ein eingemauertes gotisches Spitzbogenportal erkennen, das auf einen Vorgängerbau aus dem 13. Jh. schließen lässt. Dass zwei Außenwände der Kirche ganz mit Schindeln bedeckt sind, hat ebenso Seltenheitswert wie ihr achtseitiger Glockenturm.

Sie verlassen Armsfeld auf dem *Battenhäuser Weg* und wandern ein Teersträßchen hügelauf und dann auf der Höhe, indem Sie stets den A-3-Markierungen (als Zubringer zum *Studentenpfad* X 13) folgen. Schließlich erreichen Sie einen Rastplatz bei einer ziemlich maroden Wassertretstelle am Bach.
(☞ Die Wegbeschreibung geht weiter auf S. 123.)

Wenn Sie auf direktem Weg nach Haina wandern und Armsfeld keinen Besuch abstatten, gehen Sie bei der oben genannten Spitzkehre erst geradeaus und dann rechts auf die K 43. Hier passieren Sie das ☞ Forsthaus-Café, überschreiten die Brücke über den Appenbach und biegen bei der ersten Gelegenheit nach links auf einen Fußweg ein, der zwischen den Feldern verläuft. Bei der zweiten Gelegenheit biegen Sie rechtwinklig nach rechts ab in einen schmalen Feldweg, der Sie dem oberhalb parallel verlaufenden, aus Armsfeld kommenden A-3-Wanderweg zuführt (dem Zubringer zum *Studentenpfad*). In diesen biegen Sie links ein. Sie wandern nun durch das schöne Appenbachtal gen Battenhausen. Nach ca. 1 km gibt es einen Rastplatz bei einer verwahrlosten Wassertretstelle am Bach.

Wenn der A 3-Weg ca. 200 m hinter der Wassertretstelle rechts abbiegt, gehen Sie weiter geradeaus auf dem Weg durch die Wiesen Richtung Battenhausen. Zahlreiche Schmetterlinge tummeln sich hier, und das Herz erfreut sich an Gottes wunderbarer Schöpfung. Nun ist Battenhausen fast erreicht: In eine kreuzende Teerstraße biegen Sie links ein, auch wenn die Markierung fehlt, und gelangen in den Erholungsort Battenhausen (7,5 km).

Battenhausen ⇧ 599 m 270 Ew. 35114

Die Jausenstation unterhalb der Skipiste ist im Winter bewirtschaftet.

Gasthof „Zum Hohen Lohr“, Zum Hohen Lohr 4, ☏ 064 56/295, ab € 32,50, Mi-So ab 17:00, Mo und Di geschlossen, info@zum-hohen-lohr.de, www.zum-hohen-lohr.de

Die evangelische Kirche wurde 1779 erbaut und steht unter Denkmalschutz. www.kirche-haina.de

Battenhausen liegt im Herzen des Kellerwaldes und blickt auf eine 800-jährige Geschichte zurück. Als höchstgelegener Ort des Kellerwaldes kann es sogar mit einem Skigebiet aufwarten, das sich an seinem Hausberg *Hohes Lohr* (⇧ 657 m), dem zweithöchsten Berg des Kellerwaldes, erstreckt.

In Battenhausen treffen Sie wieder auf den *Kellerwaldsteig* (K). Er führt – gut markiert – auf gleicher Strecke wie der *Studentenpfad* (X 13) nach Kloster Haina.

Sie gehen auf der *Hauptstraße* nach rechts durch den Ort bis zur Rechtskurve mit abknickender Vorfahrt. Dort wenden Sie sich nach links, aber nicht in den *Hohlen Weg*, sondern gehen rechts davon, links von Haus Nr. 8, die Teerstraße hoch. Vor der Feuerwache halten Sie sich schräg rechts und lassen den Ort hinter sich. Sie passieren die Skipiste und können auch ohne Schnee die schöne Mittelgebirgslandschaft und weite Ausblicke in die Natur genießen. Auf einem

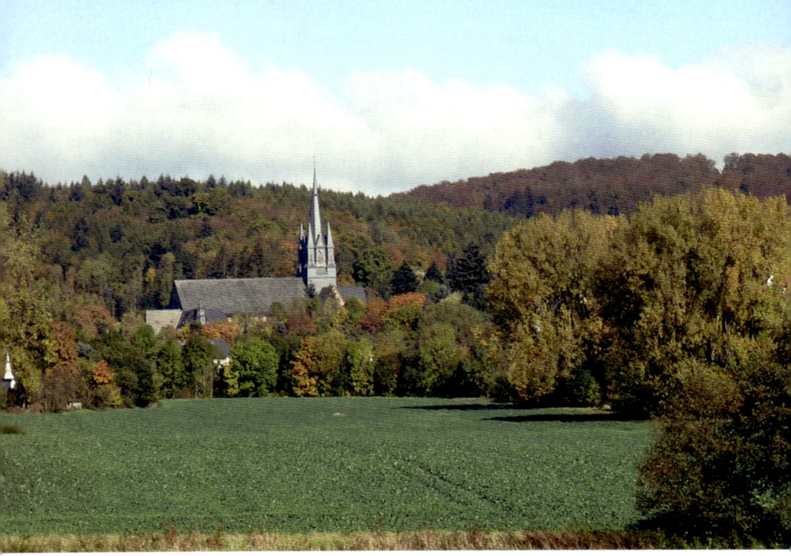

Blick auf Kloster Haina

Wanderparkplatz geht der Radweg nach Haina rechts ab, der Wanderweg nach Haina nach links. Nach 50 m biegt der Weg rechts bergab in den schönen, dichten Kellerwald. *Wer hat dich, du schöner Wald, aufgebaut so hoch da droben? Wohl, den Meister will ich loben …* Eichendorff im Sinn oder sogar Mendelssohn auf den Lippen wandern Sie 4,5 km durch dunkle Wälder hinab bis Haina (12,5 km). Nur das letzte Stück ist leider durch frisch ausgebrachten, hässlichen, äußerst groben, durch die Schuhsohlen pieksenden Schotter verunstaltet!

Haina (Kloster)

⇧ 337 m 3.581 Ew. 🛏 ✕
✚ ⚕ BANK ⌘ ✉ 35114

🛏 ✕ Restaurant Pizzeria Brar, Kellerwaldstraße 2, ☏ 064 56/275, 💻 www.restaurant-pizzeria-brar.de, 2 DZ, FeWo, 🚪 Mo-Sa 11:00-14:00, 17:00-22:00, So u. Feiertage 11:00-22:00

⌘ Ein Psychiatriemuseum ist im früheren Parlarium (Sprechzimmer) des Klosters eingerichtet. 🚪 Di 9:00-17:00, im Sommer zusätzlich Sa u. So 11:00-17:00, ☏ 064 56/912 71, 💻 www.klosterhaina.de

Der kleine Ort Haina an der Wohra ist gänzlich geprägt von dem ehemaligen Zisterzienserkloster, das 1215 mitten in der Weltabgeschiedenheit des Kellerwalds gegründet wurde und sich bis zu seiner Auflösung gut 300 Jahre später zu einer reichen Abtei mit ausgedehnten Ländereien entwickelte. Nachdem Landgraf Philipp von Marburg, ein Anhänger Martin Luthers und vehementer Förderer der Reformation, bereits 1527 die Auflösung aller Klöster in Hessen angeordnet hatte, wurde das Kloster Haina 1533 aufgehoben und zu einem Spital für die armen Männer der umliegenden Dörfer gemacht. Seitdem war es durchgängig ein Krankenhaus. Im 19. Jh. wurde es in eine Pflegeanstalt für psychisch und geistig Kranke umgewandelt und ist auch heute ein Zentrum für Psychiatrie.

Kloster Haina gehört zu den am besten erhaltenen Klöstern Deutschlands und ist unbedingt einen Besuch wert. Außer der frühgotischen Hallenkirche gibt es noch den malerischen Kreuzgang und die historischen Klausurräume der Mönche zu sehen. Nehmen Sie sich Zeit, um diesen versteckten Schatz in Ruhe zu besichtigen und einzutauchen in die Welt der Mönche des Mittelalters.

www.klosterhaina.de

Klosterkirche

Am eindrucksvollsten ist die Klosterkirche, ein hoher, sonnendurchfluteter Raum mit schönen, spitz zulaufenden Glasfenstern, unverkennbar beeinflusst von den gotischen Kathedralen in Frankreich. Am Nebeneinander bzw. Übereinander von Rundbögen und Spitzbögen im Chorraum ist der Übergang von romanischem zu gotischem Stil während der Bauphase gut erkennbar. Die Wirkung des natürlichen Lichteinfalls wird in idealer Weise ergänzt durch die warme Farbgestaltung der Wände in zarten gelb- und orangefarbenen Tönen. *Ich bin das Licht der Welt* (Joh 8,12), das haben die Zisterzienser geglaubt und im Vertrauen darauf gelebt und gearbeitet. Dieser erhabene Sakralbau vermag auch dem heutigen Menschen eine ehrfürchtige Ahnung von der Gegenwart und Allmacht Gottes zu geben.

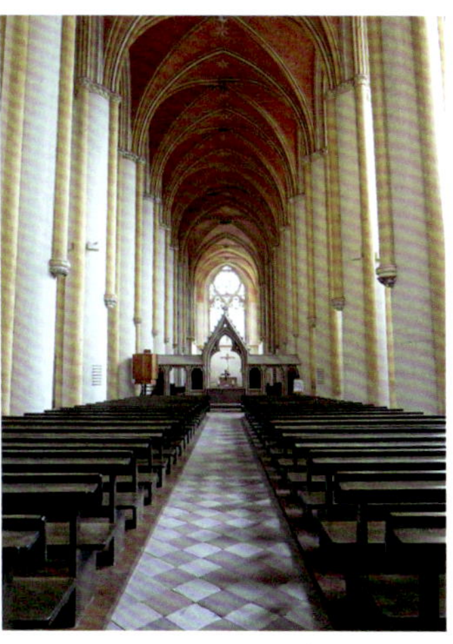

Die Kosterkirche in Haina

Apr.-Okt. Di-So 11-17 Uhr, www.klosterhaina.de. Führung (90 Min.) an bestimmten Sonntagen um 14:00 oder nach Vereinbarung unter 064 56/245 (Hr. Helbig), wilhelmhelbig@t-online.de oder 064 56/92 98 10 (Gerhard Döring), mg.doering@gmx.de. Im Kloster gibt es – wie im Mittelalter – weder Licht noch Heizung, weswegen im Winter keine Besichtigung möglich ist.

Im Klosterladen am Eingang zum Kreuzgang gibt es Bücher, Postkarten und Souvenirs.

Cafeteria 8:30-18:00, Mo u. Sa geschlossen, So 13:00-17:00

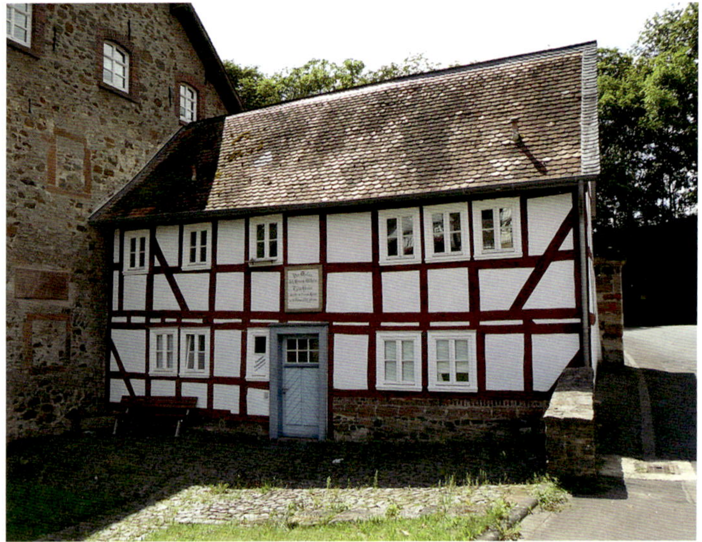

Das Tischbeinhaus

⌘ Tischbein-Haus

An der Außenmauer des Klosters steht noch das kleine Fachwerkhaus der Familie Tischbein. Hier wurde Johann Heinrich Wilhelm Tischbein (1751-1829) geboren, der später als Maler bekannt wurde vor allem durch ein Bild, das er von seinem Freund Johann Wolfgang von Goethe malte, als er ihn nach dessen Flucht aus Weimar zwei Jahre lang in seiner Wohnung in Rom aufnahm: *Goethe in der Campagna di Roma* (1786/87).

Im Kreuzgang des Klosters befindet sich eine Dauerausstellung mit Werken Tischbeins und weiterer Mitglieder seiner kunstbegabten Großfamilie, die nicht weniger als 16 namhafte Maler hervorbrachte, sowie mit Informationen über das Leben des Malers und sein Umfeld.

⌘ Englischer Park

1789 legte der damalige Direktor des Spitals Haina, Friedrich von Stamford, nach der herrschenden Mode einen englischen Landschaftsgarten an, der noch weitgehend erhalten und frei zugänglich ist.

Sie verlassen in Haina den Kellerwald und somit auch den *Kellerwaldsteig*, der hier nach Norden abschwenkt, und wechseln über zum *Studentenpfad* (X 13), der Sie bis zum Etappenziel Rosenthal führen wird. Mit ihm wandern Sie auf der *Poststraße* aus Haina hinaus und schwenken dann links auf ein Teersträßchen ab. Kurz vor der Höhe biegt der Weg nach rechts; die Markierung ist auf den Straßenbelag gemalt, so wie auch beim nächsten Abzweig. Falls also Kuhmist auf der Straße liegt oder Herbstlaub oder ein plattgefahrener Frosch, sind die Zeichen möglicherweise verdeckt. Sie gehen nun geradeaus auf einem Feldweg mit

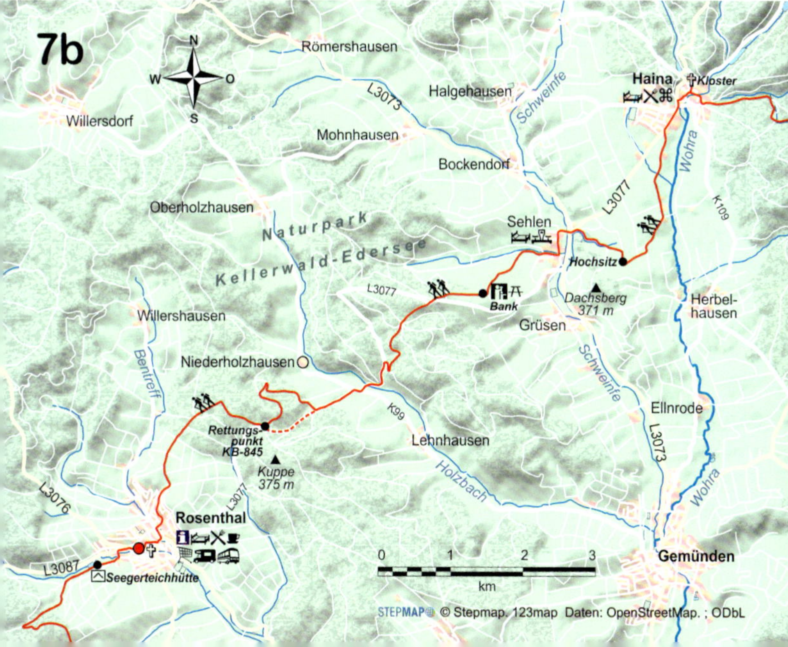

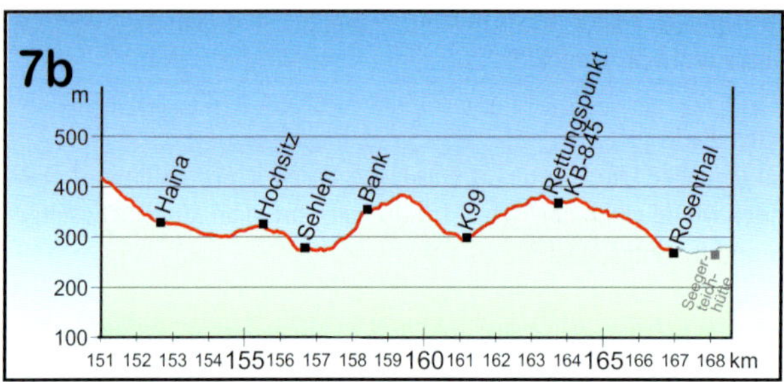

grasigem Mittelstreifen weiter. Kurz danach schwenkt der Weg nach rechts hinab auf einen Hochsitz zu, bei dem er nach links abbiegt und dann mehr oder weniger geradeaus weiterführt. Die Markierung ist gut, folgen Sie getrost den X-13-Zeichen. Am Ortsrand von Sehlen überqueren Sie die L 3073, dann die Brücke über die Schweinfe und folgen weiter den Markierungen durch Sehlen (16,5 km).

Sehlen

⇧ 273 m 257 Ew. 35285

Familie Fackiner, Rosenthaler Straße 12, ☏ 064 56/10 10, fewo.sehlen@t-online.de. Diese Ferienwohnungen sind die einzige Übernachtungsmöglichkeit in Sehlen. Allerdings vermietet Familie Fackiner ihre Ferienwohnungen ungern für nur eine Nacht.

Metzgerei Gronau, Sehlener Straße 5, Mo 7:30-12:30, Di-Fr 7:30-12:30 und 14:00-18:00, Sa 7:30-13:00

Auch das Dorf Sehlen, zwischen Kellerwald und Burgwald an der Schweinfe gelegen, ist sehr alt. Spuren menschlicher Besiedlung gehen auf die Steinzeit zurück. Auch aus keltischer Zeit ist eine Siedlung belegt. Heute ist Sehlen in die Stadt Gemünden an der Wohra eingemeindet.

Wenn Sie den Ort verlassen haben, gehen Sie bei der Y-Kreuzung hinter dem letzten Kuhstall nach links hinauf. Die Zeichen sind wieder sichere Wegweiser. Nach ca. 800 m geht der *Studentenpfad* nach links auf einem Wiesenrain steil nach oben. Auf der Höhe wenden Sie sich nach rechts. Nach dem anstrengenden Aufstieg freuen Sie sich über eine Bank und genießen das herrliche Panorama.

Der Weg verläuft weiter gut markiert ziemlich geradeaus bis zur L 3077, der Sie 100 m nach rechts folgen, bevor Sie sie – dem Zeichen auf dem Asphalt folgend – vor einer Rechtskurve überqueren und auf einem Schotterweg in den Wald hineinwandern. Für ca. 1,5 km hält der Wald Sie umfangen, bis Sie abermals auf die L 3077 stoßen. Auf dieser Straße müssen Sie nun ca. 750 m nach links bis zur K 99 laufen. Die Straße ist glücklicherweise wenig befahren. Auf der K 99 gehen Sie ca. 200 m nach rechts und biegen bei den Häusern nach links auf die L 3077 ein (21 km). Ein Schild an der Straße verheißt: Rosenthal 4 km. Aber der *Studentenpfad* bleibt zum Glück nicht bis zum Etappenziel auf der Straße. Kurz vor dem Wald biegt er auf einen Schotterweg nach rechts ab, um bald darauf in den Wald einzutauchen.

Der *Studentenpfad* macht hier einen Umweg, um dem Wanderer die hässliche Landstraße zu ersparen. Er schlängelt sich auf schönen, fußfreundlichen Waldwegen durch den Forst und folgt dabei teilweise ausdrücklich einer *neuen Wegführung*. Nach ca. 1,5 km kehrt er wieder zur L 3077 zurück. Wenn man aber bei km 23 auf der L 3077 bleibt und nicht auf den ausweichenden *Studentenpfad* abbiegt, gelangt man nach nur 700 m an dieselbe Stelle. Wenn Ihre Füße nichts gegen Asphalt haben, können Sie hier also 800 m sparen.

Mohn und Margeriten am Feldrain

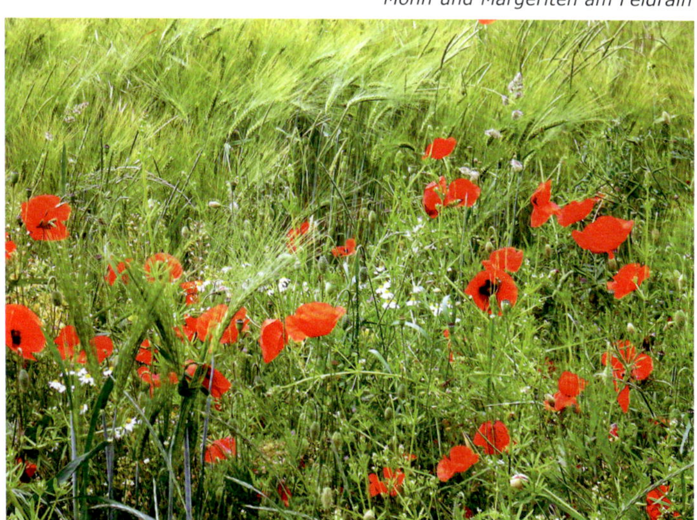

Welche Variante auch immer Sie wählen: Auf der Höhe treffen Straße und der von rechts aus dem Wald kommende *Studentenpfad* (X 13) wieder zusammen, nämlich am Rettungspunkt KB-845 (23,5 km). Ab hier lohnt es sich unbedingt, dem Wanderweg zu folgen und die hässliche Straße zu meiden: Der *Studentenpfad* ist sehr hübsch und fußfreundlich, führt sanft abwärts und ist kaum länger als die Straße nach Rosenthal. Wenn man mit dem Studentenpfad aus dem Wald kommt, biegt er unmittelbar vor der L 3077 als schmaler Pfad rechts ab ins Gebüsch.

☝ Der Abzweig war im Juli 2017 unzulänglich und außerdem kaum sichtbar bezeichnet, denn der Wegweiser *R 8/Stadtwaldweg/alte Sandhöhle* war völlig zugewachsen und es fehlte das X-13-Zeichen. Laut Aussage des Bürgermeisters sind diese Mängel im Oktober 2017 beseitigt worden.

Haben Sie den Einstieg in den Weg aber einmal gefunden, ist er im weiteren Verlauf gut markiert und führt als malerischer, anfangs schmaler Fußpfad in 3,5 km durch Wald und Feld bis **Rosenthal**. Von Norden betreten Sie Rosenthal über die *Willershäuser Straße* (27 km).

Schiller-Zitat am Rathaus in Rosenthal

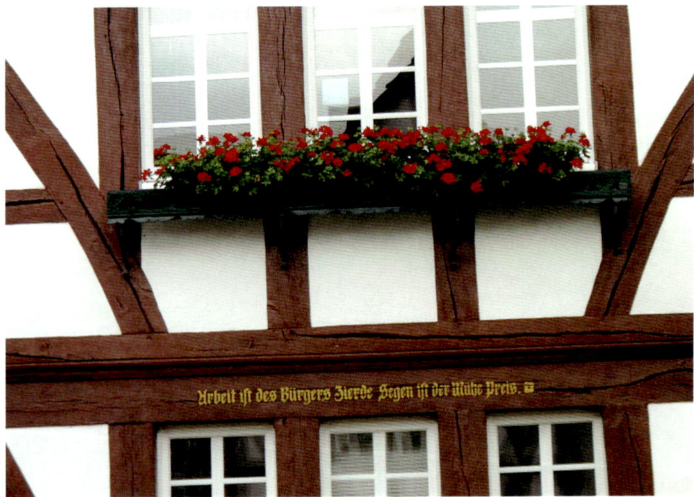

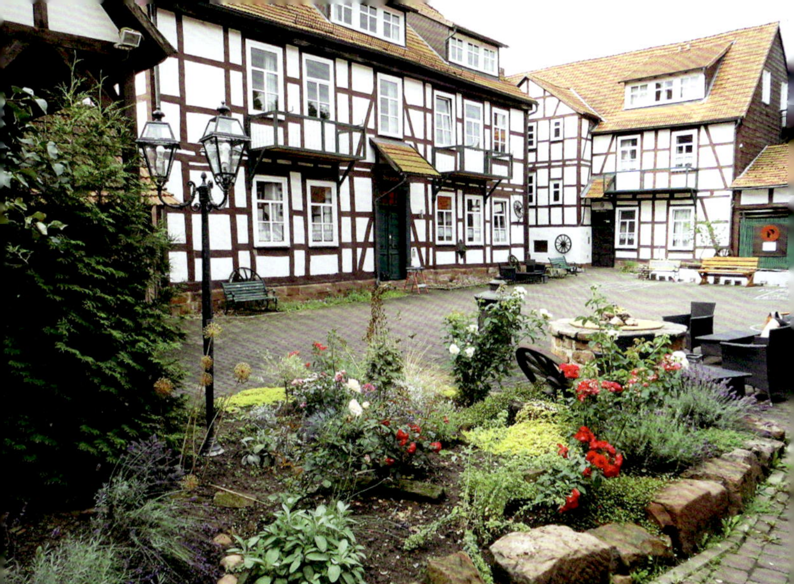

Hofraithe in Rosenthal

Rosenthal

⇧ 294 m 2.213 Ew 35 119

Tourist-Information, Am Rathaus 2, ☏ 064 58/5 09 50, info@stadt-rosenthal.de, www.rosenthaler.de

Hofraithe Park (Übernachtung im denkmalgeschützten, historischen Ortskern), Stefan und Laila Kolbeck, Zehntstraße 12, ☏ 01 51/578 41 95, info@hofraithe.de, www.hofraithe.de, € 25

Restaurant „Zeus", Obertor 16, Di-Fr 15:00-24:00, Sa, So, Feiertag 11:00-24:00, ☏ 064 58/374, 0152/33 61 33 45, www.zeus-restaurant-rosenthal.de, nikozeus@aol.com;

♦ Restaurant „Rosengarten", Willershäuser Straße 2, Sa u. So 12:00-14:30, 17:30-23:00, Mo, Mi, Do, Fr 17:30-23:00, Di geschlossen, ☏ 064 58/509 77 22, www.rosengarten-rosenthal.de

♦ Bäckerei Müller, Obertor 5, mit Frühstücksangebot (Sitzplätze)

♦ Bäckerei Viehmeier, Marburger Straße 11

✝ Die Kirche ist leider meist geschlossen, der Schlüssel erhältlich beim Ev.-Luth. Pfarramt Rosenthal, Pfarrer Klaus-Dieter Geisel, Obertor 12a ☏ 064 58/329.

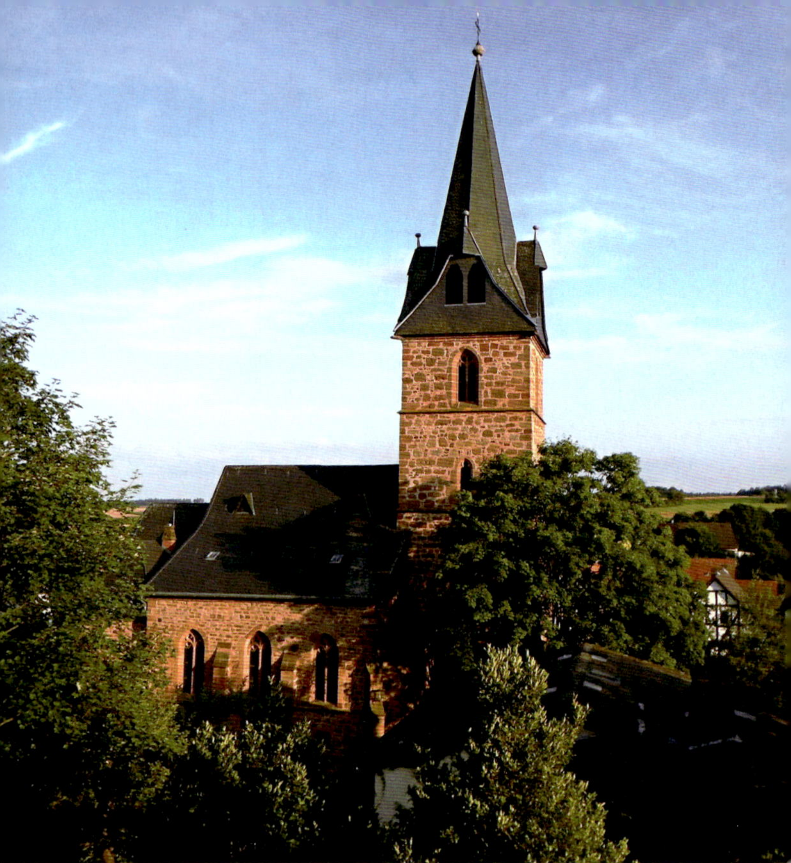

Die Kirche in Rosenthal

Rosenthal ist ein kleines, 1327 vom Mainzer Erzbischof gegründetes Städtchen mitten im Burgwald, das mit seinem idyllischen Ortskern aus alten Fachwerkhäusern ein weiteres Schmuckstück in der Reihe der hessischen Fachwerkortschaften ist. Auf dem repräsentativen Rathaus (17. Jh.) prangt ein Zitat aus Schillers *Lied von der Glocke,* das vom gesunden Stolz der Rosenthaler auf ihr Gemeinwesen zeugt: „Arbeit ist des Bürgers Zierde, Segen ist der Mühe Preis".

8. Etappe: Rosenthal – Marburg (30 km/29 km)

Bei der letzten Etappe haben Sie am Ende die Wahl, ob Sie sich Marburg von Norden oder Westen nähern wollen. In jedem Fall müssen Sie sich aber mit Proviant versorgen, denn Einkehrmöglichkeiten gibt es erst spät.

Außerdem brauchen Sie nicht nur gute körperliche Kondition, sondern auch große geistige Flexibilität bei der Beachtung der wechselnden Wegmarkierungen: Von Rosenthal nach Marburg folgen Sie erst der Franzosenwiesen-Tour *(F), dann der* Rotes-Wasser-Tour *(R), anschließend der* Stirnhellen-Tour *(S), sodann dem* Sternweg *(X 1) und zuletzt dem* Burgwaldpfad *(B). Sollten Sie sich für die etwas kürzere Variante entscheiden, wechseln Sie nicht auf den* Burgwaldpfad, *sondern bleiben bis Marburg auf dem* Sternweg.

Sie verlassen Rosenthal auf der Straße *Obertor* und folgen an der großen Kreuzung dem Schild *Zur Franzosenwiesen-Tour*. Mit X 13 (*Studentenpfad*) und X 9 (*Wartburgpfad*) biegen Sie bald darauf nach links in die Straße *In der Tränke*, um die L 3087 zu vermeiden, und bei der nächsten Ecke nach rechts. Auf einem

Blick aus dem Wald hinter Rosenthal

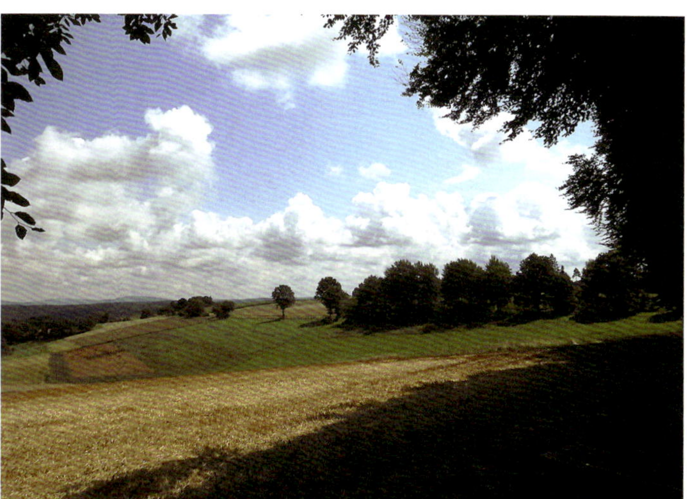

Schotterweg laufen Sie am Rodebach entlang bis zur Seegerteichhütte. Hier gibt es einen großen Rastplatz und Tafeln, die über die Wanderwege im Burgwald informieren.

Der Burgwald

Der Burgwald ist ein Mittelgebirge von mäßiger Höhe (⇧ max. 443 m), das nach Nordosten in den höheren Kellerwald übergeht. Im Süden grenzt er an Lahn und Lahnberge, im Osten an das Wohratal. Im Westen reicht er bis an die Wetschaft-Senke, im Nordwesten an die Eder. Wie der Name schon andeutet, ist der Burgwald ganz wesentlich von Wald geprägt: Ausgedehnte Buchen-, Eichen- und Mischwälder mit zahlreichen Bäumen von mehr als 100 Jahren verleihen ihm einen nahezu geheimnisvollen und märchenhaften Charakter. Mit seiner geschlossenen Waldfläche, die sich über 200 Quadratkilometer erstreckt, ist er eines der größten zusammmenhängenden Waldgebiete Deutschlands. Viele natürliche Lebensräume wie Feuchtwiesen und Auenwälder, Heide und Moore, Quellen und Teiche begünstigen eine vielfältige Tier- und Pflanzenwelt, die auch seltene Arten umfasst. Der Wanderer trifft im Burgwald auf einen hohen Anteil naturbelassener Fußpfade und ist weitgehend mit sich und der Natur allein.

An der Wetschaft

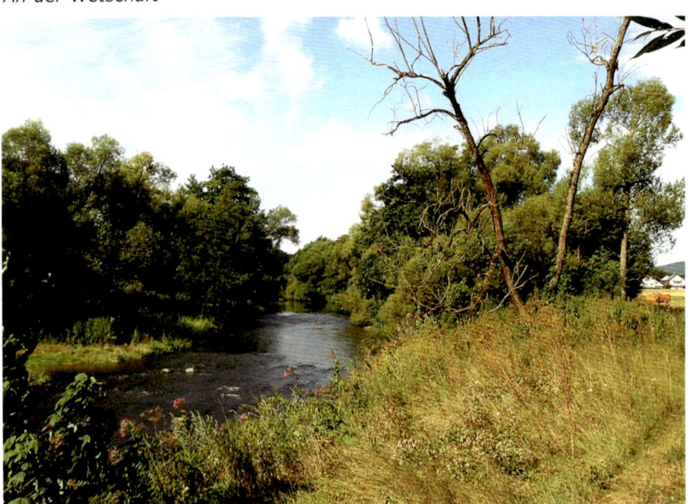

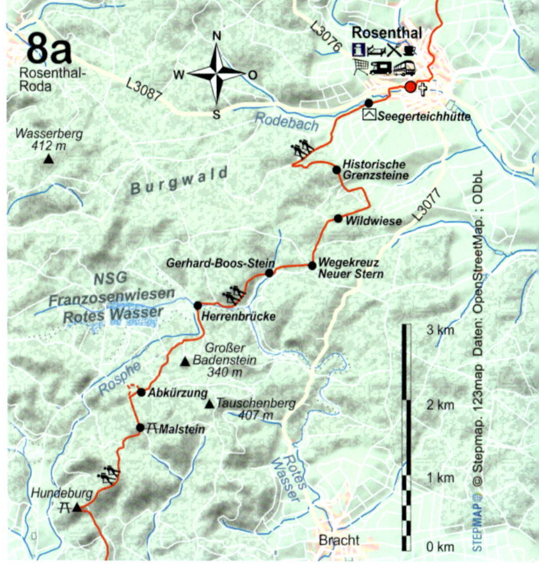

Sie lassen den Seegerteich rechts liegen und wandern etwa 400 m mit X 13, X 9, F, R 1 und R 2 im Tal des Rodebachs. An einer Holzscheune gabelt sich der Weg. Ab hier folgen Sie für die nächsten 8 km der *Franzosenwiesen-Tour* (Rotes F auf weißem Grund). Der *Studentenpfad* (X 13) führt – anfänglich zusammen mit X 9 – nach Westen und schlägt dann einen großen Bogen nach Süden. Erst kurz vor Marburg werden Sie ihn wiedertreffen.

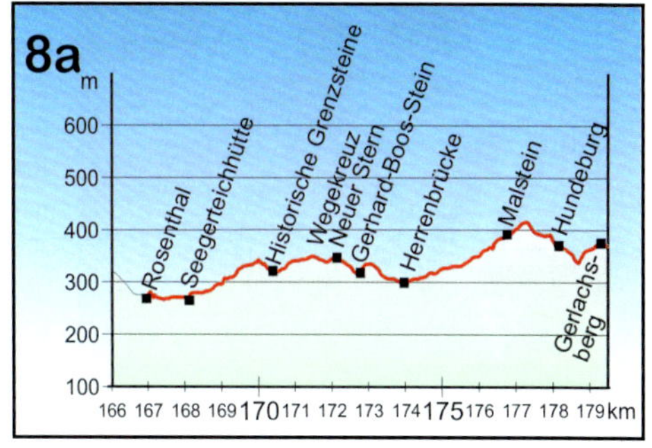

Die *Franzosenwiesen-Tour* ist ein Rundweg, in den Sie hier einsteigen. Sie wählen den Weg nach links, der 8,2 km bis zur Franzosenwiese ausweist. (Der Weg nach rechts benötigt 10 km.) Nach wenigen hundert Metern Wiese betreten Sie auf einem wildromantischen Pfad den urwüchsigen Burgwald. Sie wandern zunächst in einer Waldsenke und gelangen dann nach rechts hinauf zu einem Fahrweg, auf dem Sie leicht bergauf steigen. Der Weg geht in einer Haarnadelkurve nach links in die Höhe, wendet sich nach rechts und wieder nach links und führt – gut ausgeschildert und landschaftlich reizvoll – schließlich zum Waldrand.

Hier haben Sie eine schöne Aussicht auf die Berge des Kellerwaldes. Am Rand des Buchenwalds entlang führt ein Grasweg hinab. Parallel dazu verläuft auf den nächsten 500 Metern die Grenze zwischen den Landkreisen Waldeck/Frankenberg und Marburg/Biedenkopf, augenfällig durch die zahlreichen alten Grenzsteine links des Weges.

Nachdem Sie rechts in den Wald abgebogen sind, gelangen Sie auf einem breiten Waldweg nach 500 Metern zu einer großen Wildwiese. Wenn das Wetter dazu einlädt, lagern Sie sich doch im Schoß der Erde und genießen Sie hautnah die unberührte Natur!

Sie wandern nun nach links am Waldrand leicht bergab. Der Weg ist angenehm für die Füße und bietet den Augen ein schönes Panorama. Bevor Sie nach rechts in den Wald eintauchen, liegt an einem Baum in einem Kasten ein Buch bereit, in dem der Wanderer seine Eindrücke, Wünsche und Gedanken niederschreiben kann.

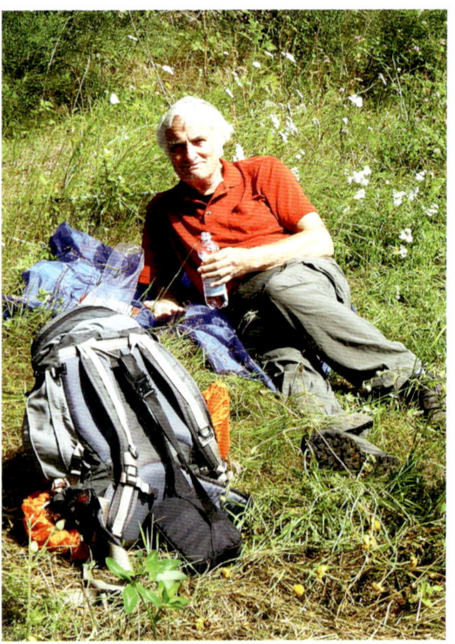

Pilgerrast am Wegesrand

Im Wald wandern Sie bis zu einem geschotterten Fahrweg. Diesem folgen Sie nach links und gelangen zur Wegekreuzung *Neuer Stern* (5 km). Die gut ausgeschilderte Route setzt sich fort auf naturbelassenen Pfaden durch den duftenden Fichtenwald, am Hang entlang und hinunter zum Gerhard-Boos-Stein. Dieses Denkmal erinnert an den früheren Leiter des Forstamtes Bracht am Südrand des Burgwalds. Durch Mischwald gelangt man auf einem romantischen Grasweg hinunter in das enge Tal der Franzosenwiesen. Sie biegen nach rechts auf einen geschotterten Weg, wandern den Talgrund entlang und schwenken bei der Weggabelung ab nach links zur steinernen historischen *Herrenbrücke* (7 km), deren Name von der Jagdlust der hessischen Landgrafen im 17. und 18. Jh. zeugt: Damals war im dichten Burgwald das Rotwild zu Tausenden unterwegs. Auf der

Herrenbrücke konnten die Fürsten den Bach Rotes Wasser überqueren, wenn sie auf dem Herrenweg, der Kutschenstraße zwischen den am Nord- bzw. Südrand des Burgwalds gelegenen Jagdschlössern Wolkersdorf und Bracht, unterwegs waren.

Etwa 300 m hinter der *Herrenbrücke* geht der Weg nach rechts. Nach Durchquerung einer Schonung kann man einen schnellen Abstecher zu einer geologischen Besonderheit machen: Indem man dem Wegweiser nach links zum Basalt-Berg Großer Badenstein (340 m) folgt, trifft man auf die Reste eines Basaltschlots.

Kurz danach verlassen Sie die *Franzosenwiesen-Tour*, die nach rechts abschwenkt, wenn Sie nicht den Franzosenwiesen einen Besuch abstatten wollen. Von hier ist es noch 1 km bis zu diesem großflächigen Naturschutzgebiet (115 ha) aus Feuchtwiesen, Mooren und Heide. Der Name Franzosenwiesen stammt aus der Zeit, als den Hugenotten dieses Gebiet zum Heumachen zugewiesen wurde.

Sie wandern nun geradeaus weiter auf der *Rotes-Wasser-Tour*. Die Markierung ist ein rotes R auf weißem Grund. Rotes Wasser ist ein Flüsschen, dessen rötliche Färbung vom hiesigen Buntsandstein und dessen hohem Eisengehalt herrührt. Der Weg biegt nach einiger Zeit links hoch in den Wald mit dem Hinweis „neue Wegführung". Man sollte ihm folgen, denn der Pfad ist sehr hübsch und angenehm zu gehen, außerdem kürzt man auf diese Weise eine längere Schleife langweiliger Schotterstraße ab. Dieser Pfad stößt nämlich wieder auf die alte Schotterstraße. Ab hier findet sich neben dem R auch schon das S-Zeichen. In der eben genannten Schleife ist nämlich von rechts die *Stirnhelle-Tour* dazugestoßen, die

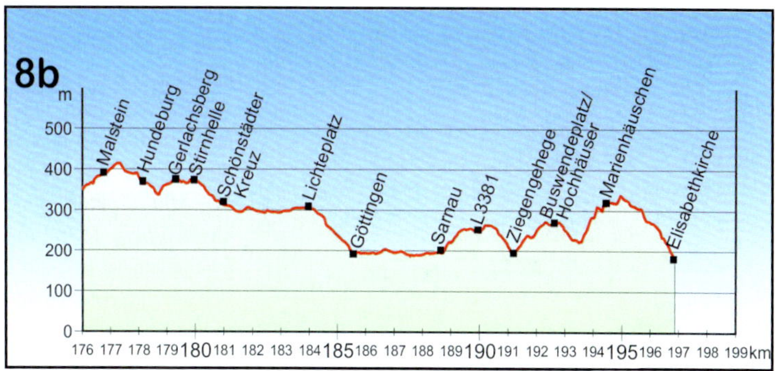

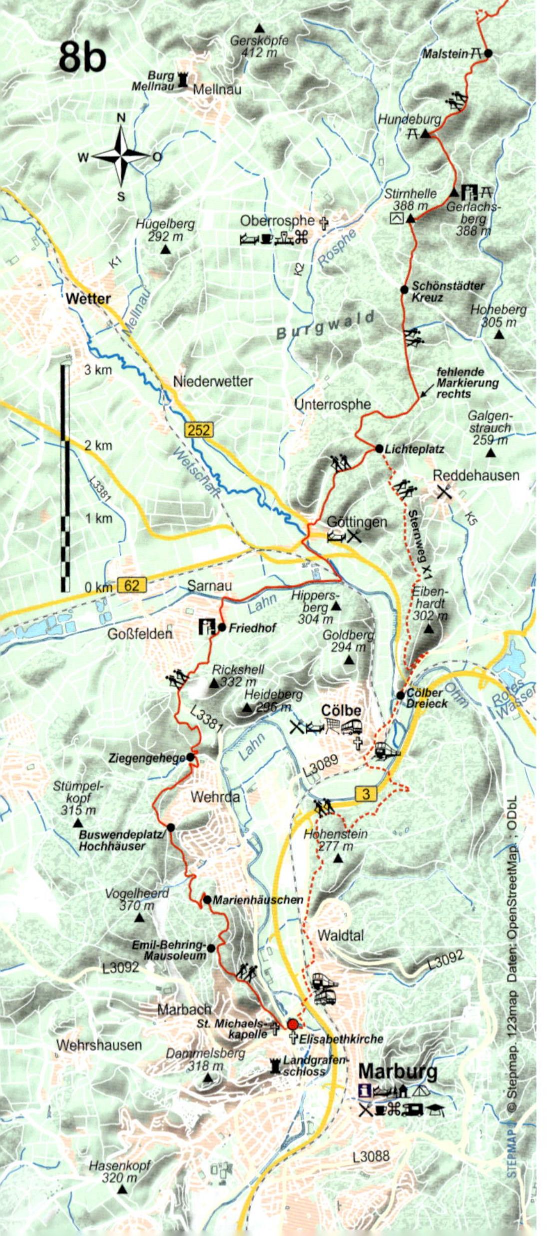

von hier bis zum Gipfel der *Stirnhelle* wegweisend ist.

Beim *Malstein*, einem großen Findling, der die Wasserscheide zwischen Ohm und Wetschaft markiert, können Sie sich auf einem Rastplatz ausruhen, bevor die *Rotes-Wasser-Tour* nach links abschwenkt (9,5 km). Sie folgen der *Stirnhelle-Tour* (S) geradeaus auf die Hundeburg (11 km). Auf diesem strategisch günstigen Gipfel befand sich seit dem 8. Jh. die Burg der Ritter von Rosphe. Durch eine Fehde wurde sie im 14. Jh. zerstört, nur wenige Reste sind geblieben. Heute ist die *Hundeburg* ein friedlicher Ort mit Bänken zum Rasten.

Der Weg führt nun hinab und hinauf durch den Wald, bis man 30 Min. später den *Gerlachsberg* (388 m) erklommen hat (12 km). Von hier bietet sich eine weite Aussicht auf die Amöneburg und das

Marburger Schloss. Bei gutem Wetter reicht der Blick vielleicht sogar bis zum Vogelsberg. Auch hier erfreuen Bänke den müden Wanderer. Nach weiteren 600 m können Sie vom nächsten Gipfel, der sogenannten *Stirnhelle* (388 m), die Aussicht auf Oberrosphe im Tal und Burg Mellnau auf der Höhe genießen. Bänke und eine Schutzhütte laden abermals zum Verweilen ein.

Von der *Stirnhelle* sind es 3 km nach Oberrosphe, wenn man die Etappe hier beenden oder das Dorfmuseum besichtigen will. Ein Wegweiser leitet auf den Pfad ins Tal. Andernfalls folgen Sie dem mit X 1 bezeichneten Weg, auch *Sternweg* genannt nach dem Stern im Wappen des Fürstentums Waldeck. Der Einstieg ist nicht ganz leicht zu sehen und befindet sich etwas weiter links vom Abstieg nach Oberrosphe. Das X 1–Zeichen folgt bald am Baum.

Oberrosphe ⇧ 237 m 785 Ew. 35083

Ferienwohnungen unter www.wetter-hessen.de

♦ Heuhotel (im ehem. Tagelöhnerhaus neben dem Dorfmuseum) und Zirkuswagen, 30 Plätze, € 9, Hans Bertram, ☏ 064 23/513 20

Café im Dorfmuseum (selbstgebackener Kuchen!)

Dorfladen, Mo-Fr 7:30-17:30, Sa 7:30-14:00, Mi Nachm. geschlossen

✝ Die heute evangelische Kirche wurde bereits um 1100 erbaut, später um einen gotischen Chor erweitert und im 18. Jh. mit einem markanten Fachwerk-Oberstock versehen.

⌘ Dorfmuseum, Im Rosphetal 8, ☏ 064 23/513 20, www.dorfmuseum-oberrosphe.de, Karsamstag bis 3. Advent: Sa und So 14:00-18:00

Oberrosphe ist das älteste Dorf des Burgwaldes und liegt an dessen südwestlichem Rand in der Wetschaft-Senke. Es wurde von den Kelten gegründet und bereits im Jahr 800 urkundlich erwähnt. Der Name (roos affa) bedeutet „sumpfiges Wasser". Das keltische Wort *affa* für *Wasser, Bach* oder *Fluss* kann man – mit geringer Lautverschiebung – auch in vielen anderen Ortsnamen der Region erkennen, z. B. in Unterrosphe, Rosphetal, Bad Laasphe und Dautphe. Im Ort gibt es noch viele alte Fachwerkhäuser, z. B. den alten Forsthof von 1750. Heute ist Oberrosphe in die Stadt Wetter eingemeindet.

Von der *Stirnhelle* führt der *Sternweg* auf weichen, gut ausgeschilderten Waldwegen nach Süden bis zum Schönstädter Kreuz. Allerdings nutzt die beste Markierung nichts, wenn davor von den Forstarbeitern hohe Holzstöße aufgetürmt sind. Deshalb ist besondere Aufmerksamkeit geboten, wenn Sie solche Stapel passieren.

Der Weg geht weiter geradeaus (als Teerweg *Reddehauser Straße*), passiert bei einer Vielfachkreuzung einen idyllischen Teich mit Bank und setzt sich als Grasweg fort. Nach 600 m mündet er in eine von links kommende Teerstraße. Nach weiteren 600 m ist Vorsicht geboten: Wo rechts das Schild „nach Unterrosphe" weist (eine Bank steht rechts am Wege), müssen Sie abbiegen! Das X-1-Zeichen fehlt aber am Abzweig und taucht erst in der nächsten Kurve wieder auf! Der Teerweg, den Sie verlassen, führt geradeaus nach Reddehausen.

Im weiteren Verlauf ist die Wegmarkierung wieder zuverlässig. Ca. 600 m nach dem unbezeichneten Abzweig kommt bei einer Bank mit vielen Wegweisern der Burgwaldpfad von rechts als Grasweg herauf. Sie gehen mit *Sternweg* (X 1) und *Burgwaldpfad* (B), die hier ein Stück gemeinsam laufen, nach links bis zum *Lichteplatz* (17 km). Hier biegt der Burgwaldpfad rechts ab in Richtung Göttingen (18,5 km).

Göttingen ⇧ 196 m 237 Ew. 🛏 ✕ ✉ 35094

🛏 ✕ Gasthof zur Aue, Biedenkopfer Straße 14 (B 62), ☎ 064 23/96 36 17,
💻 www.gasthof-zur-aue.de, ✉ buchung@gasthof-zur-aue.de, € 30,
🚪 Mo-Sa ab 11:30, So 11:30-14:00

Das hessische Dorf Göttingen ist keinesfalls zu verwechseln mit der niedersächsischen Universitätsstadt gleichen Namens. Es liegt in der Wetschaft-Senke am südwestlichen Rand des Burgwalds. Wo sich heute B 62 und B 252 treffen, führte schon im Mittelalter die Handelsstraße Bremen – Frankfurt am Main durch den Ort, und so wird auch mancher Pilger auf diesem alten Verkehrsweg durchgezogen sein. Außer der ehemaligen Schule, einem prächtigen Fachwerkbau, und einigen alten Gehöften ist vom alten Göttingen nicht mehr viel übrig. Die meisten Häuser sind nach dem Zweiten Weltkrieg gebaut worden, das Dorf gehört nun zur Gemeinde Lahntal. Seitdem 2010 der Bahnhof stillgelegt und der letzte Laden geschlossen wurde, sind die Ansässigen wirtschaftlich abgehängt und freuen sich über jeden Pilger oder Wanderer, der ihren Ort belebt.

Die Beschreibung des Streckenverlaufs von Göttingen nach Marburg wird auf Seite 142 unten wieder aufgenommen.

↳ Wenn Sie nicht auf dem *Burgwaldpfad* über den Marburger Rücken nach Marburg wandern wollen, können Sie auch auf dem *Sternweg* (X 1) Marburg

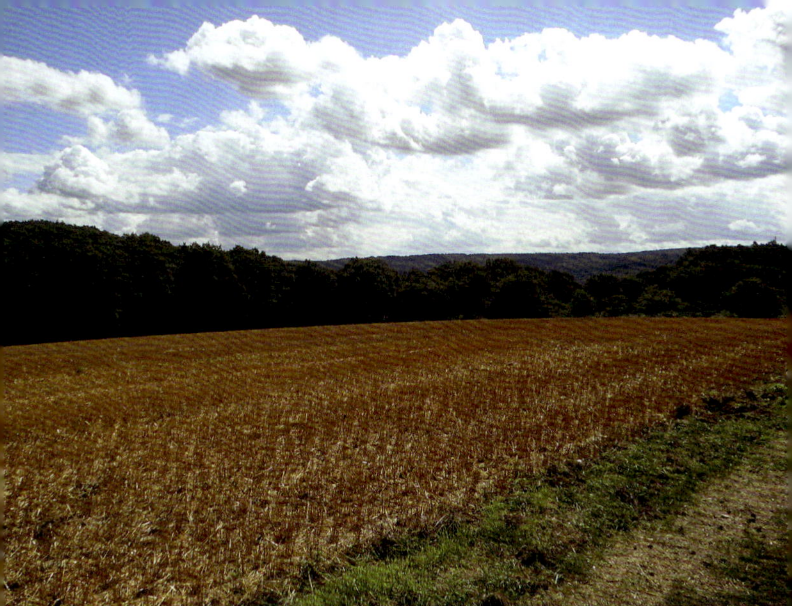

Weg über den Marburger Rücken

erreichen. Beim ☞ *Lichteplatz* verlassen Sie in diesem Falle den *Sternweg* nicht, sondern gehen weiter geradeaus Richtung Reddehausen.

Reddehausen

⇧ 253 m 450 Ew. ✕ ✉ 35091

✕ Restaurant Lindenhof, Karlsstraße 1, ☎ 064 27/931 33 86,
www.lindenhof-reddehausen.de, info@lindenhof-reddehausen.de,
Mi-Sa 17:00-21:00, So 12:00-14:00, 18:00-21:00

Im 13. Jh. wird Reddehausen erstmals erwähnt als Hof am südlichen Rand des Burgwalds, der dem in Marburg ansässigen Deutschen Orden geschenkt wurde. Über die Jahrhunderte ist darum herum ein Dorf gewachsen, das abseits der großen Handelswege und unbeschädigt auch vom letzten Krieg seinen historischen Kern aus alten Fachwerkhäusern bewahrt hat.

400 m hinter dem ☞ *Lichteplatz* befindet sich kurz vor Reddehausen ein Wanderportal, wo der *Sternweg*, anfangs zusammen mit dem *Eibenhardtweg* (rotes E auf weißem Grund), nach Süden biegt und durch den südlichsten

Ausläufer des Burgwalds hinführt zum Cölber Dreieck, der Mündung der Ohm in die Lahn (22 km). Unter der B 62 hindurch und über die Lahn gelangen Sie auf der *Kasseler Straße* nach Cölbe.

Cölbe

⇧ 206 m 3.700 Ew. 35091

Hotel-Restaurant Orthwein, Kasseler Straße 48, ☏ 064 21/986 10, www.hotel-orthwein.de, info@hotel-orthwein.de, € 42, 18:00-20:00, außer Fr und So

Pizzeria Da Carlo, Alte Dorfstraße 33, ☏ 064 21/83 155, www.pizzeria-da-carlo.de, info@pizzeria-da-carlo.de, tägl. außer Sa 11:00-14:00, abends tägl. ab 17:30

Bei der Mündung der Ohm in die Lahn und innerhalb der Schleife, die diese nördlich von Marburg durch ihre mehrfachen Richtungswechsel bildet, liegt am Südrand des Burgwalds der Ort Cölbe. Die 1244 erstmals erwähnte Siedlung ist vermutlich keltischen Ursprungs und grenzt mittlerweile direkt an die Stadt Marburg. Mitte des 19. Jh. erfuhr Cölbe einen wirtschaftlichen Aufschwung durch den Anschluss an die Eisenbahn.

Folgen Sie der Beschilderung und biegen Sie beim Friseur nach links in die Straße *Am Pfuhl*. Sie unterqueren die Eisenbahn und überqueren die Lahn (23,5 km). Auf Waldwegen durch die nördlichen Ausläufer der Lahnberge erreichen Sie nach ca. 3 km die ersten Häuser von **Marburg** und stehen nach weiteren 2 km vor der Elisabethkirche (29 km).

Der *Burgwaldpfad*, der Sie von Göttingen bis zum Endziel Marburg führt, setzt sich fort an der B 62, der *Biedenkopfer Straße*, direkt neben der Brücke über die Wetschaft. Sie wandern über die Wiesen am Fluss entlang und unterqueren die Eisenbahnbrücke. Hier mündet die Wetschaft in die Lahn. Der Weg biegt nach rechts ab und verläuft nun auf dem Deich, entlang der malerischen Lahn. Es ist etwas verwirrend, dass man hier lahnaufwärts geht, obwohl man nach Marburg unterwegs ist. Der Grund ist der große Bogen, den die Lahn hier um Hippersberg und Goldberg machen muss, bevor sie sich nach Süden wenden kann. Der *Burgwaldpfad* macht diese Schleife aber nicht mit, sondern führt über die Berge.

Sie erreichen schließlich **Sarnau** (22 km) und überqueren die Lahn auf einer Brücke. Folgen Sie den Zeichen bis zum Friedhof, wo sich der *Burgwaldpfad* spaltet, und bleiben Sie auf der Hauptroute. Sie führt vor dem Friedhof (Schild: *Richtung Wehrda 6 km*) auf einem Wiesenweg rechts in die Höhe. Genießen Sie hier auf einer Bank den schönen Rundblick, bevor Sie nach links wieder hinuntergehen, und folgen Sie den Zeichen durch die Wiesen auf den Wald zu. Am Waldrand biegen Sie nach rechts ab und an der Ecke nach links in den Wald hinein. Dort halten Sie sich rechts und gehen auf einem Trampelpfad links vorbei an einem Rastplatz mit Tisch und Bänken. Folgen Sie den Zeichen, schließlich auf einem Teersträßchen, bis zur L 3381. Auf dieser gehen Sie 100 m nach links, überqueren (☝) die Straße und biegen nach rechts in einen Schotterweg ein, der nach oben führt. (Das wegweisende B ist stark überwachsen.) Auf der Höhe stößt der *Burgwaldpfad* auf den von rechts kommenden *Lahnwanderweg* (LW), der von hier an bis Marburg mit dem *Burgwaldpfad* zusammenfällt (Schild: *Wehrda 4,5 km*).

Auf dem Höhenrücken laufen Sie auf Wehrda zu und sehen bereits von fern zwei Hochhaustürme. Der Weg führt bald wieder hinab und passiert ein Ziegengehege, das sich schon von Weitem durch seinen strengen Geruch ankündigt. Vor den ersten Häusern von **Wehrda** steigen Sie ein kleines Treppchen hinauf, wenden sich auf der Straße nach rechts und folgen weiter den zuverlässigen Zeichen. Das ehemalige Dorf Wehrda (⇧ 180-290 m, 6.558 Ew.) ist längst eingemeindet in die Stadt Marburg, an deren nördliche Stadtgrenze es sich direkt anschließt.

Der Weg läuft nun hinter den Zäunen der Randbesiedlung Wehrdas entlang und wieder in den Wald hinein – achten Sie auf die Markierung! – und wieder heraus. Bei einem Buswendeplatz haben Sie die beiden Hochhäuser erreicht, die Sie schon vor einer Stunde von ferne gesehen hatten (25,5 km).

Nach Marburg sind es jetzt noch 4,5 km. Der Weg geht nach rechts in den Wald, gut beschildert mit den Zeichen B und LW. Schließlich gehen Sie rechts den Berg steil hinauf (das Zeichen ist nicht ganz leicht zu lesen) und bergab und bergauf windungsreich durch den Wald bis zum Marienhäuschen. Der kleine Pavillon ist nicht etwa der Muttergottes geweiht, sondern wurde nach der Schwester eines Studenten benannt, der den Bau des Häuschens im 19. Jh. finanziert hat.

Sie passieren die aufgelassenen Steinbrüche, aus denen der Sandstein z. B. für die Marburger Elisabethkirche und den Berliner Reichstag gewonnen und auf der Lahn verschifft wurde. Nach ca. 600 m stößt von rechts der X 13 wieder auf unsere Route, und somit sind 2,5 km vor Marburg *Burgwaldpfad, Lahnwanderweg* und *Studentenpfad* versammelt und führen gemeinsam in die Stadt. Rechts unterhalb am Wege liegt das **Emil-Behring-Mausoleum**.

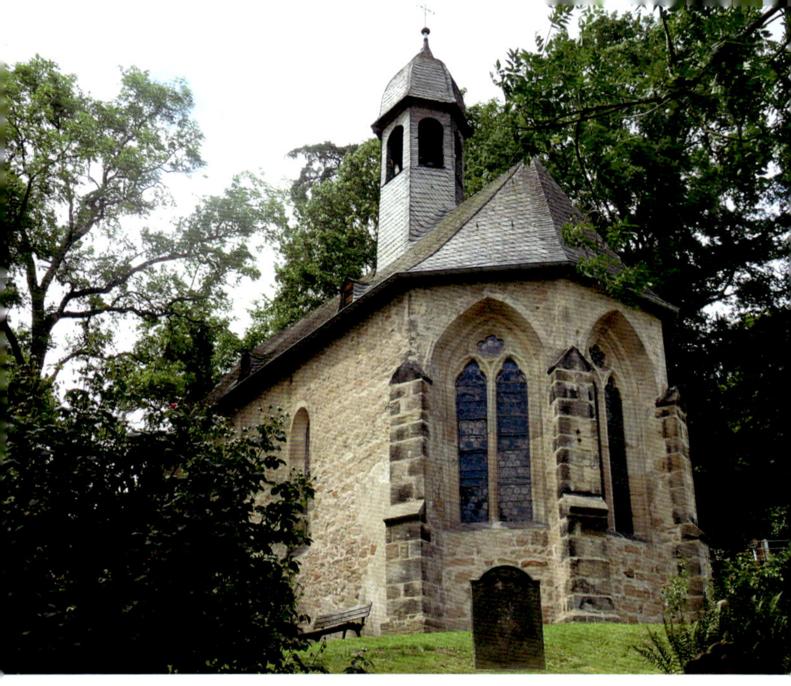

Das Michelchen

Der bedeutende Mediziner und Immunologe (1854-1917) wirkte zunächst in Berlin und Halle, bevor er in Marburg über 20 Jahre in der Heilmittelforschung tätig war. Für seine bahnbrechenden Erfolge bei der Bekämpfung von Diphtherie und Tetanus erhielt er 1901 als erster den Nobelpreis für Medizin. Am letzten Ort seines Wirkens ist er auf eigener Scholle beigesetzt.

Der Weg führt nun in Serpentinen die bewaldete Bergflanke hinab. Plötzlich sehen Sie die gewaltigen Türme der Elisabethkirche ganz dicht vor sich aufragen. Sie haben Marburg von Westen erreicht und finden sich, aus dem Wald tretend, fast unmittelbar neben dem berühmtesten Wahrzeichen der Stadt. Dazwischen liegt nur noch das **Michelchen**, wie die Marburger den Ort liebevoll nennen, ein alter, idyllischer Pilgerfriedhof. Seit dem Mittelalter fanden Wallfahrer, die auf ihrer Pilgerfahrt in Marburg verstarben, hier ihre letzte Ruhe. Davon zeugen noch zahlreiche Jahrhunderte alte Grabsteine neben der schlichten St. Michaelskapelle, die 1268 vom Deutschen Orden gebaut wurde. Wer in dem Kirchlein, sei es als Pilger, sei es als einfacher Wanderer nach vollbrachter Fahrt, ein Danklied anstimmen oder einfach nur innehalten und der Aura nachspüren will, kann sich gegen Pfand den Schlüssel für die in der Regel verschlossene Kapelle an der Kasse der Elisabethkirche geben lassen.

Über eine Treppe steigen Sie hinab und stehen unvermittelt auf der belebten Elisabethstraße der Stadt Marburg, direkt vor der Elisabethkirche (30 km). Treten Sie ein, Sie sind am Ziel Ihres Pilgerwegs angekommen.

Marburg

⇧ 186 m 73.825 Ew.

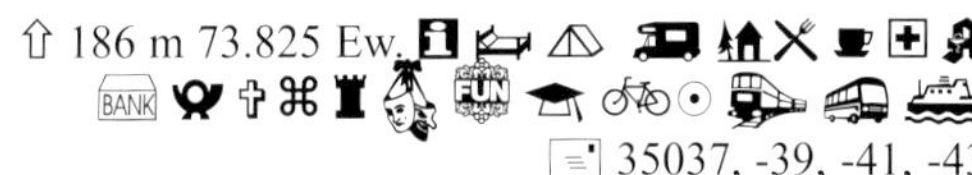

35037, -39, -41, -43

- Marburg Stadt und Land Tourismus GmbH, Erwin-Piscator-Haus, Biegenstraße 15, ☏ 064 21/991 20, www.marburg.-tourismus.de, info@marburg-tourismus.de
- Pilgerherberge im Kulturzentrum Waggonhalle, Rudolf-Bultmann-Straße 2 a, ☏ 064 21/68 12 67, www.elisabethpfad.de, € 10
- ♦ Jugendherberge Marburg, Jahnstraße 1, ☏ 064 21/ 234 61
- ♦ Hostaria del Castello, Markt 19, ☏ 064 21/24 302, www.del-castello.de, Fachwerkhaus am Marktplatz, ab € 39
- ✕ Restaurant del Castello, Markt 19, ☏ 064 21/25 884, www.del-castello.de,
- ♦ Gasthaus Zur Sonne, Markt 14, ☏ 064 21/17 190, www.zur-sonne-marburg.de, sonne.marburg@googlemail.com, täglich 8:00-14:00, 18:00-22:00

Marburg besticht durch die Schönheit seiner fast vollständig erhaltenen mittelalterlichen Altstadt voller Fachwerkhäuser, mit engen Gassen und verwinkelten Treppen, die belebt sind von jungen Leuten, die zu Tausenden hier studieren und das Stadtbild prägen. Auf einen Studenten kommen gegenwärtig weniger als drei Einwohner.

Der Grund für den Aufschwung vor knapp 800 Jahren war ein anderer: Marburg erhielt im 13.Jh. nicht nur die Stadtrechte, sondern einen großen Bedeutungszuwachs durch die Heilige Elisabeth von Thüringen (1207-1231). Obwohl sie eine Tochter des ungarischen Königs Andreas und die Frau des Landgrafen Ludwig von Thüringen war, wollte sie nach dessen frühem Tod 1227 wie ihr Vorbild Franz von Assisi Christus in Armut nachfolgen. Deshalb verzichtete sie auf Geld und Ehre, verließ die Wartburg und baute 1228 in Marburg ein Hospital für die Armen, bei deren unermüdlicher Pflege sie sich aufrieb, sodass sie schon mit 24 Jahren starb. In der Kapelle ihres Hospitals wurde sie beigesetzt, woraufhin sofort Wallfahrer aus dem ganzen Land ihr Grab aufsuchten.

Die Kapelle und ein Erweiterungsbau konnten die Pilgermassen schon bald nicht mehr fassen. Der Deutsche Orden, der seit dem Scheitern der Kreuzzüge eine neue Aufgabe brauchte, hatte vom Kaiser die Erlaubnis erhalten, die Polen und Balten an der Ostsee zu christianisieren. Dafür verpflichtete er sich zum Bau und Unterhalt einer prächtigen, großen Kirche über dem Grab der bereits vier Jahre nach ihrem Tod heiliggesprochenen Elisabeth. Die Bauzeit erstreckte sich von 1235-83, nur die fast neunzig Meter hohen Türme wurden erst 1340 fertig. Es wurde die erste rein gotische Hallenkirche auf deutschem Boden und neben Rom und Santiago de Compostela eine bedeutende Wallfahrtsstätte Mitteleuropas.

Nach der Einführung der Reformation in Hessen war dem Landgrafen Philipp die Verehrung der Heiligen ein großes Ärgernis. Deshalb ließ er 1539 ihre Gebeine aus dem goldenen, mit Edelsteinen verzierten Sarkophag entfernen und an unbekanntem Ort beseitigen. Seitdem ist die Kirche evangelisch und der Reliquien-Schrein leer. Die Verehrung der Heiligen Elisabeth hält dennoch an bis in unsere Tage.

St. Georg auf dem Marburger Marktplatz

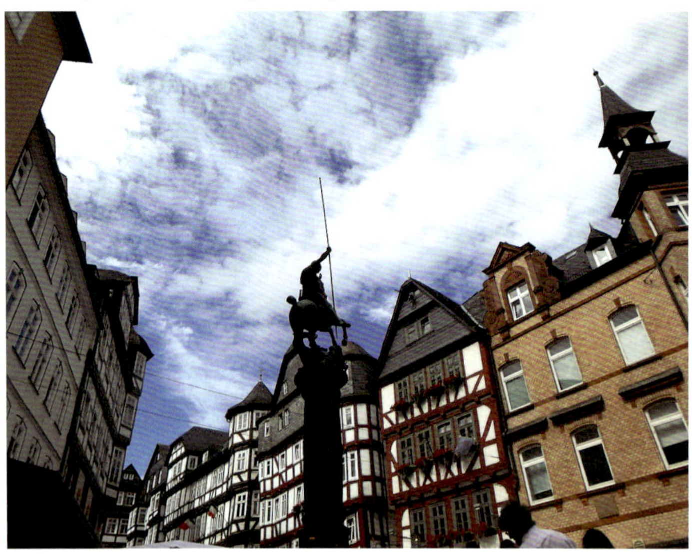

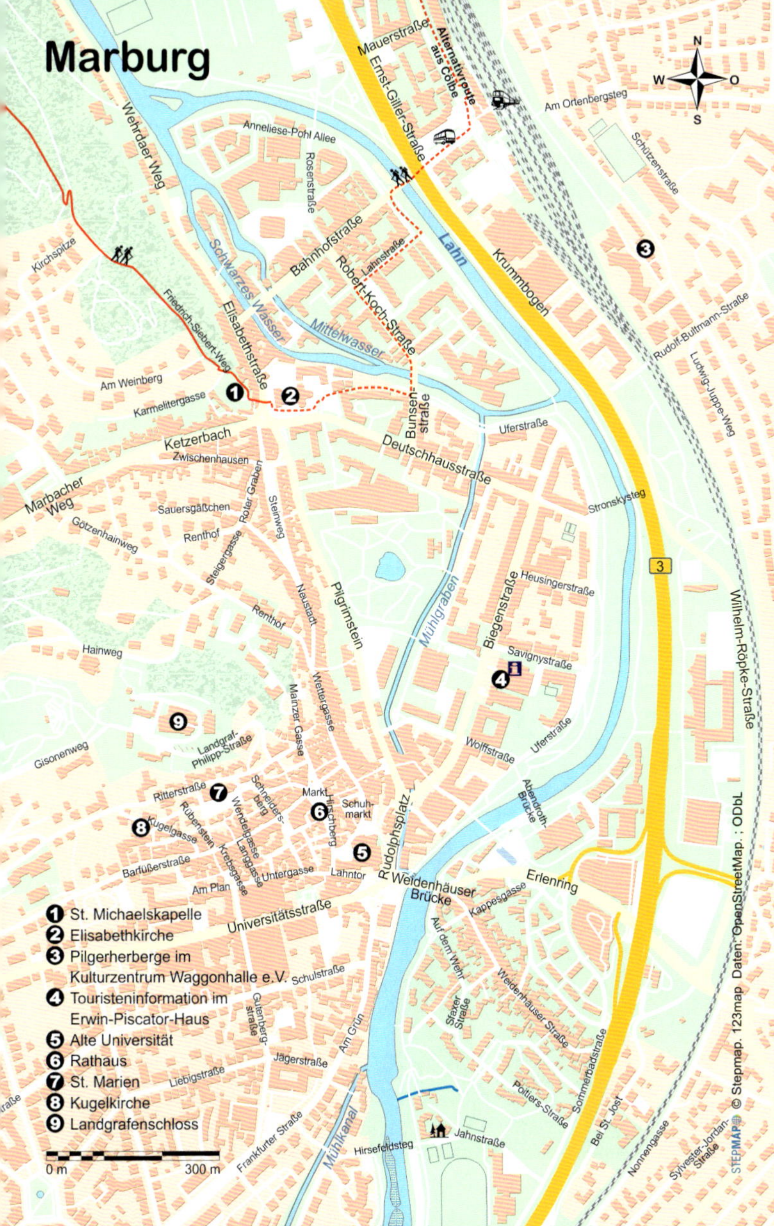
Marburg
N
W
O
S
Mauerstraße
Alternativroute aus Cölbe
Ernst-Giller-Straße
Am Ortenbergsteg
Schützenstraße
Wehrdaer Weg
Anneliese-Pohl Allee
Rosenstraße
Bahnhofstraße
Lahnstraße
Robert-Koch-Straße
Lahn
Krummbogen
Kirchspitze
Schwarzes Wasser
Mittelwasser
Friedrich-Siebert-Weg
Elisabethstraße
Rudolf-Bultmann-Straße
Ludwig-Juppe-Weg
Am Weinberg
Karmelitergasse
Bunsen-straße
Uferstraße
Ketzerbach
Zwischenhausen
Deutschhausstraße
Marbacher Weg
Sauersgäßchen
Roter Graben
Steinweg
Stronskysteg
Götzenhainweg
Renthof
Steigergasse
3
Heusingerstraße
Neustadt
Pilgrimstein
Mühlgraben
Biegenstraße
Wilhelm-Röpke-Straße
Hainweg
Savignystraße
Wettergasse
Mainzer Gasse
Gisonenweg
Landgraf-Philipp-Straße
Wolffstraße
Uferstraße
Ritterstraße
Schneiders-berg
Markt
Hirschberg
Schuh-markt
Abendroth-Brücke
Rübenstein
Kugelgasse
Wendelgasse
Langgasse
Krebsgasse
Rudolphsplatz
Barfüßerstraße
Untergasse
Lahntor
Weidenhäuser Brücke
Erlenring
Am Plan
Kappesgasse
Universitätsstraße
Auf dem Wehr
Schulstraße
Weidenhäuser Straße
Gutenberg-straße
Staxer Straße
Am Grün
Sommerbadstraße
Jägerstraße
Liebigstraße
Poitiers-Straße
Bei St. Jost
Mühlkanal
Frankfurter Straße
Jahnstraße
Hirsefeldsteg
Nonnengasse
Sylvester-Jordan-Straße
0 m
300 m
1 St. Michaelskapelle
2 Elisabethkirche
3 Pilgerherberge im Kulturzentrum Waggonhalle e.V.
4 Touristeninformation im Erwin-Piscator-Haus
5 Alte Universität
6 Rathaus
7 St. Marien
8 Kugelkirche
9 Landgrafenschloss
© Stepmap. 123map Daten: OpenStreetMap : ODbL
STEPMAP

Neben den vielen Altären, Bildern, Statuen und anderen Kunstwerken, allen voran dem kostbaren Elisabeth-Schrein, sind besonders eindrücklich die farbigen Glasfenster im Hohen Chor, auf denen das Leben Elisabeths und ihre Werke der Barmherzigkeit dargestellt sind (13. und 14. Jh.). Im nördlichen Turm befinden sich die Gräber des Reichspräsidenten Paul von Hindenburg und seiner Frau.

✝ Elisabethkirche, Elisabethstraße 12, ☎ 064 21/655 73, ✉ kuesterstube@elisabethkirche.de, 💻 www.elisabethkirche.de, 🚪 Apr-Sept: 9:00-18:00, Okt: 9:00-17:00, Nov-Mrz: 10:00-16:00, Advent 10:00-18:00, Eintritt ins Hauptschiff bis zum Lettner frei, in den hinteren Teil € 2,70, Pilger erhalten freien Eintritt. Öffentliche Führungen (1 Std.) Apr-Okt: So-Fr 15:00, zusätzlich So nach dem Gottesdienst 11:15, Treffpunkt Hauptportal, € 4 inkl. Eintritt, Pilgerstempel erhältlich

✝ Marienkirche, Lutherischer KIrchhof 1, ☎ 064 21/340 06 96, 💻 pfarrkirche.ekmr.de, 🚪 täglich 8:00-18:00

1297 errichtete der Deutsche Orden im Zentrum der Altstadt eine dreischiffige gotische Hallenkirche. Da die Elisabethkirche damals noch außerhalb der Stadt lag, ist diese Marienkirche die älteste – heute lutherische – Pfarrkirche Mar-

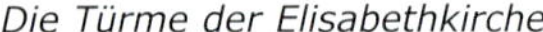

Die Türme der Elisabethkirche

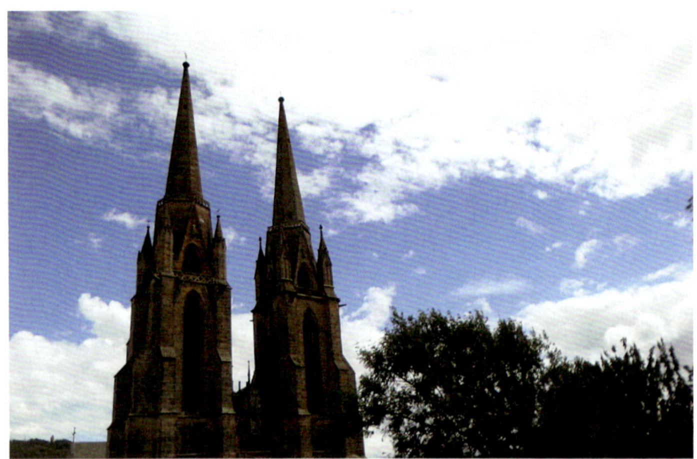

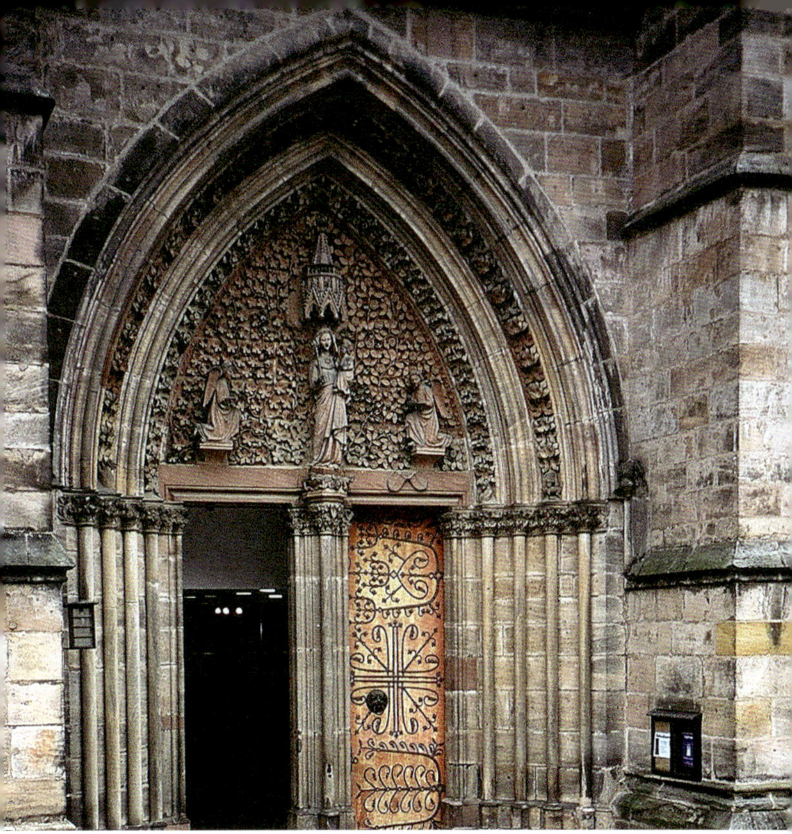

Eingangsportal der Elisabethkirche

burgs. Ihre mittelalterliche Ausstattung ist in den Wirren um die Reformation zerstört worden. Markenzeichen der Marienkirche ist der mittlerweile schiefe Turm.

✝ Kugelkirche, Ritterstraße 12, ☎ 064 21/91 39 10, 💻 www.st-johannes-marburg.de, ✉ info@st-johannes-marburg.de, 🚪 Mai-Sept: Mo-Fr 8:00-21:00, Sa 10:00-21:00, So 10:00-18:00, Okt-Apr: Mo-Fr 8:00-17:30, Sa-So 10:00-18:00

Die spätgotische Kirche St. Johannes Evangelist wurde 1515 vom Konvent der „Brüder vom gemeinsamen Leben" erbaut. Nach der kapuzenartigen Kopfbedeckung („Gugel") der Brüder heißt sie im Volksmund bis heute Kugelkirche. Der

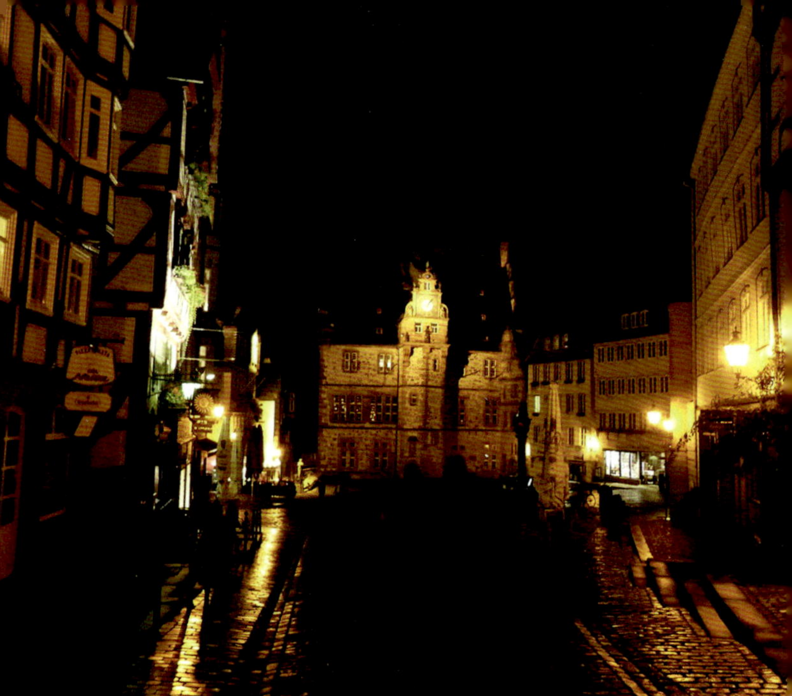

Rathaus und Marktplatz von Marburg

Orden gehörte der Reformbewegung der *devotio moderna* an, die versuchte, Missstände in der Kirche zu bekämpfen und sie zu ihren alten Idealen zurückzuführen. Nur wenige Jahrzehnte nach ihrem Bau wurde die Kirche zum Hörsaal der Theologischen Fakultät umfunktioniert, nachdem mit der Einführung der Reformation in Hessen der Konvent aufgelöst worden war. Seit 1828 ist die Kugelkirche wieder ein katholisches Gotteshaus.

✝ Universitätskirche, Reitgasse, ☎ 064 21/23 745,
✉ pfarramt1@universitaetskirche.de, 💻 www.universitaetskirche.de

Als einziges Gebäude des ehemaligen Dominikanerklosters ist heute noch die Kirche in der Reitgasse erhalten. Auf einem Felsen hoch über der Lahn wurde sie um 1300 erbaut und Johannes dem Täufer geweiht. Als eines der Wahrzeichen der Stadt ließ man sie bei der Säkularisation des Klosters unangetastet und nutzte sie als Universitätskirche. Diese Funktion ist ihr bis heute geblieben. Daneben wird sie auch von der evangelischen Gemeinde genutzt.

⌘ Alte Universität

Landgraf Philipp von Hessen gründete mit seiner Einführung der Reformation 1527 die Universität in dem von ihm zuvor aufgelösten Dominikanerkloster, das 1291 erbaut worden war. Er rief damit die weltweit zweite protestantische Universität ins Leben. Das Kloster wurde 1872 abgerissen, das heutige Gebäude weist nur noch dessen Grundmauern auf. Es beherbergt den Fachbereich Evangelische Theologie.

Die berühmtesten Absolventen der Marburger Universität sind sicher die Brüder Jacob und Wilhelm Grimm, deren Märchen überall in der Stadt auch optisch präsent sind. Zu den berühmten Professoren zählen z. B. der Philosoph Martin Heidegger, der Theologe Rudolf Bultmann, der Polarforscher Alfred Wegener und der Physiker Denis Papin.

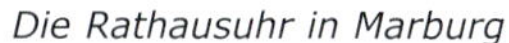

Die Rathausuhr in Marburg

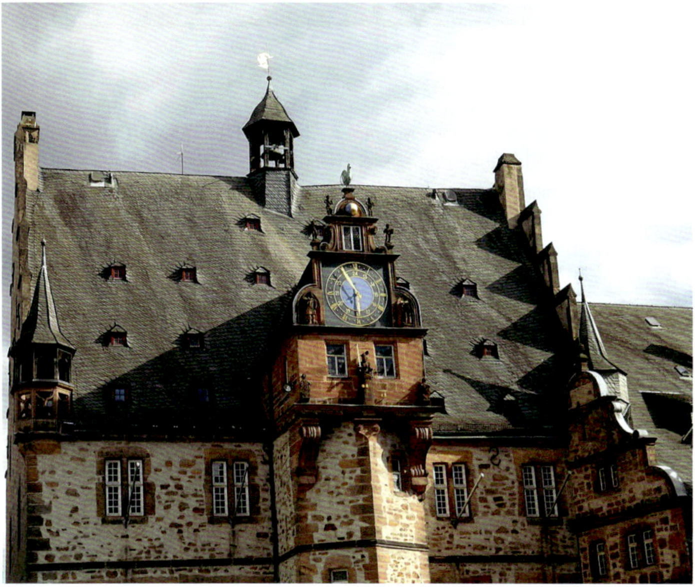

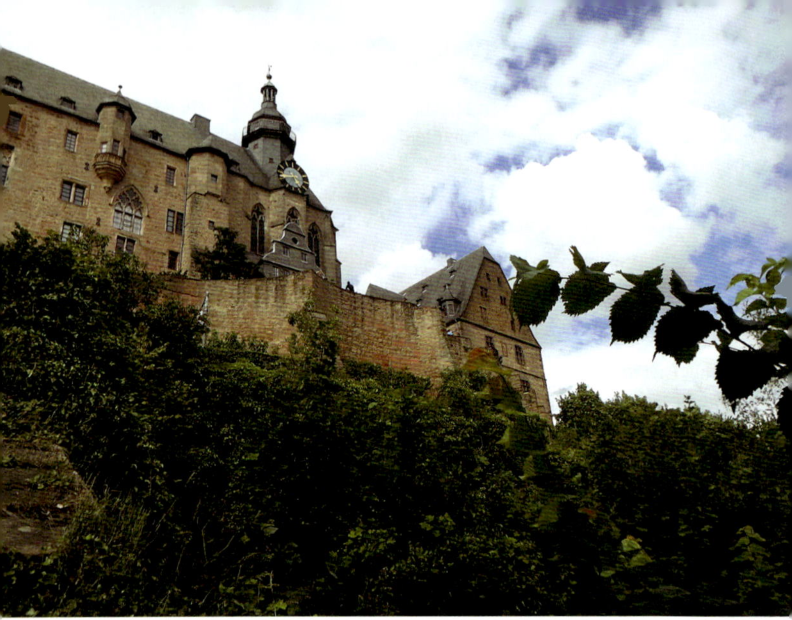

Schloss Marburg

Heute sind die modernen Gebäude der Universität über die ganze Stadt versteilt. Als größter Arbeitgeber Marburgs ist diese Bildungsstätte ein wichtiger Wirtschaftsfaktor für die Region.

Neben der Philipps-Universität gibt es in Marburg noch die Deutsche Blindenanstalt. Auch Blinde sind deshalb in den Straßen der Stadt häufig zu sehen.

Di-So 9:00-18:00

⌘ Rathaus

Im Herzen der Altstadt steht auf dem Marktplatz in einem Ensemble alter Fachwerkhäuser das spätgotische Rathaus, 1512-1527 erbaut. Auf dem Giebel befindet sich die Figur eines Boten, der zu jeder vollen Stunde ein scheppperndes Trompetensignal erschallen lässt, zu dem ein Hahn mit den Flügeln schlägt. Auch heute noch ist das Gebäude der Sitz der Stadtverwaltung.

⌘ Landgrafenschloss

Über der Stadt thront weithin sichtbar auf einem Ausläufer des Marburger Rückens das Schloss der hessischen Landgrafen, eine gotische Anlage, die auf einem

Vorgängerbau des 11. Jh. errichtet und in der Zeit der Renaissance erweitert wurde. Hier fand 1529 auf Einladung des Landgrafen Philipp das Marburger Religionsgespräch zwischen Luther und Zwingli statt, das ihre Differenzen im Abendmahlsverständnis beseitigen sollte. Dies gelang nicht. Heute ist im Schloss ein Museum für Kulturgeschichte untergebracht. Theateraufführungen, Konzerte und andere kulturelle Veranstaltungen finden hier oben in malerischem Ambiente statt.

Apr-Okt: Di-So 10:00-18:00, Nov-Mrz: Di-So 10:00-16:00, € 5

Von Marburg bis Santiago de Compostela sind es jetzt nur noch rund 2.600 km!

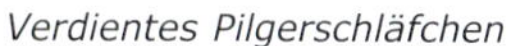

Verdientes Pilgerschläfchen

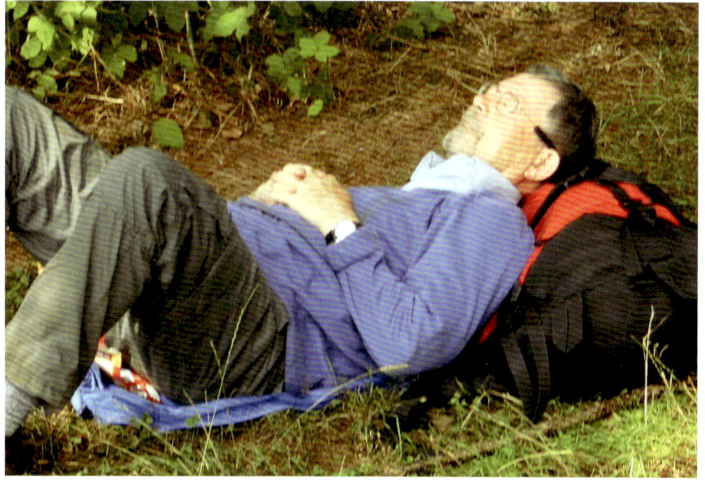

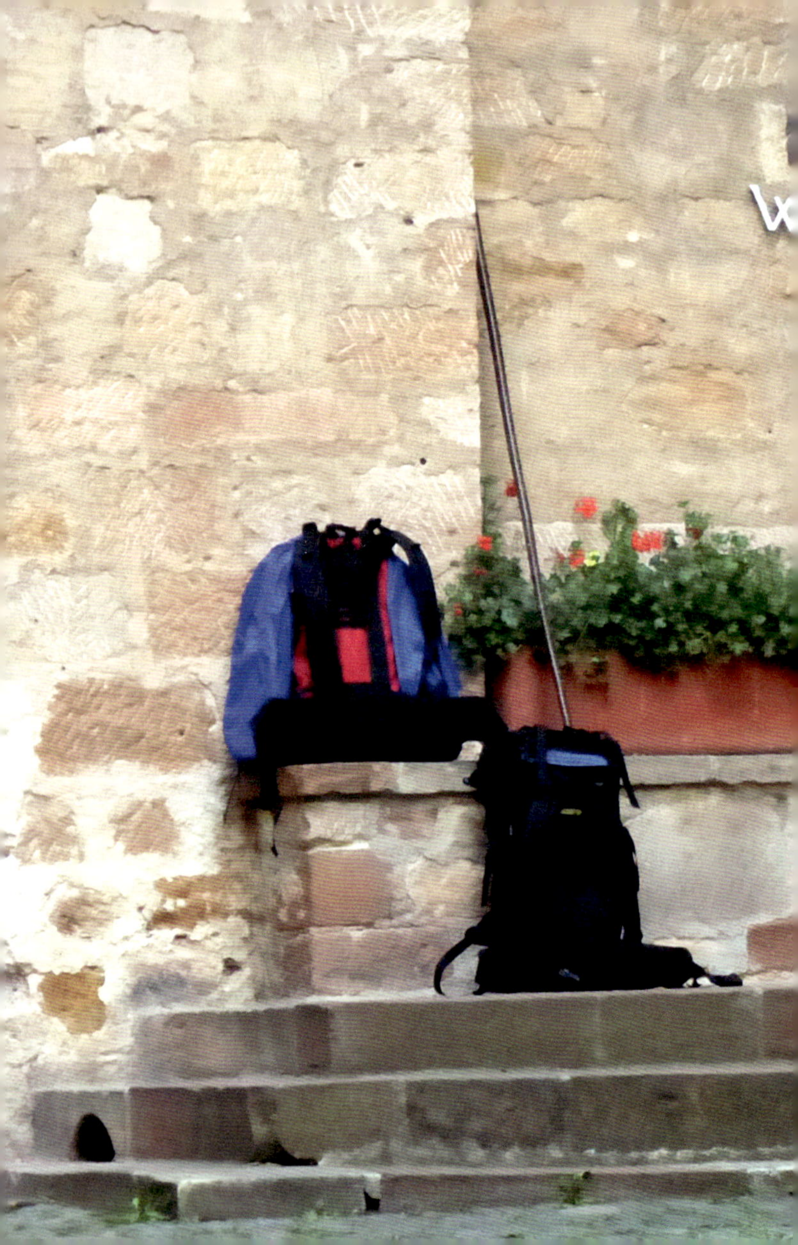

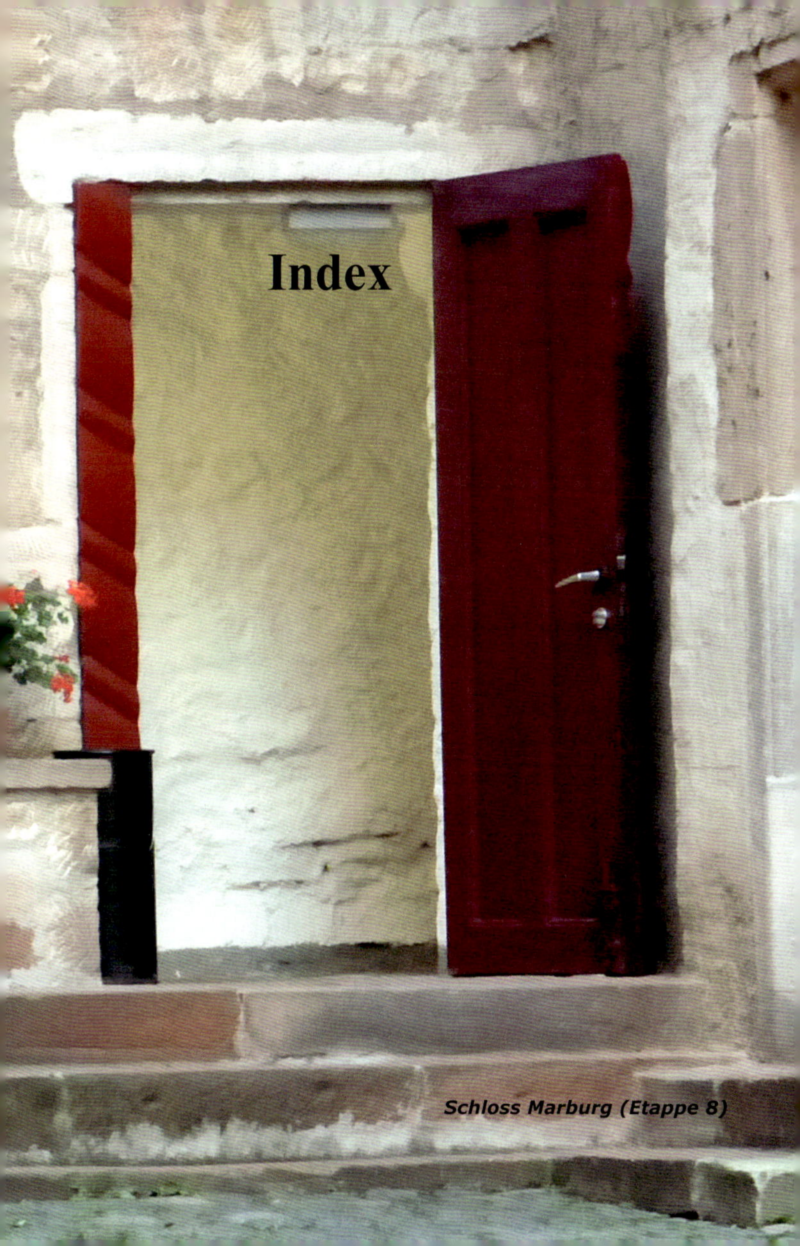

Index

Schloss Marburg (Etappe 8)

Weser-Promenade Corvey-Höxter (Etappe 1)

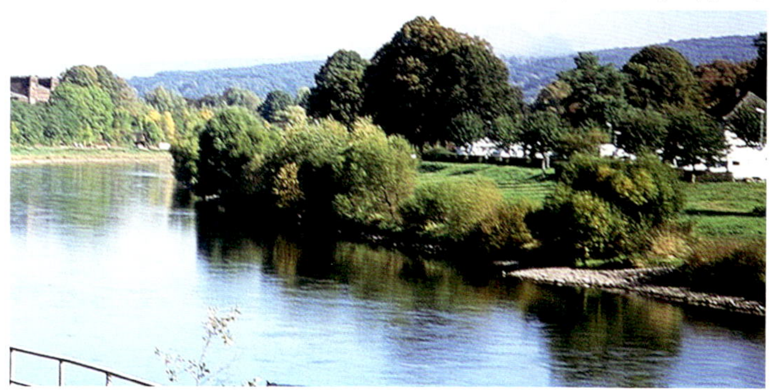

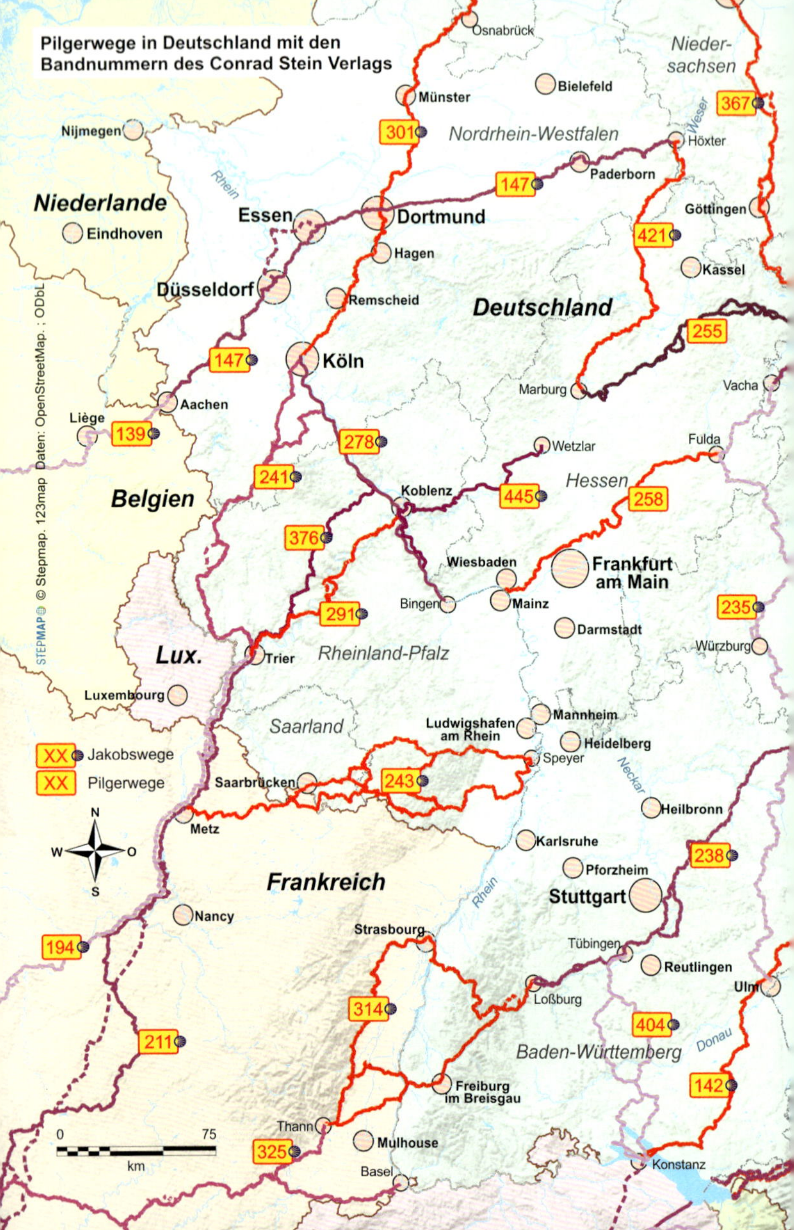
Pilgerwege in Deutschland mit den
Bandnummern des Conrad Stein Verlags
Niederlande
Belgien
Lux.
Deutschland
Frankreich
Niedersachsen
Nordrhein-Westfalen
Hessen
Rheinland-Pfalz
Saarland
Baden-Württemberg
Osnabrück
Münster
Bielefeld
Nijmegen
Höxter
Paderborn
Göttingen
Kassel
Essen
Dortmund
Eindhoven
Hagen
Düsseldorf
Remscheid
Köln
Aachen
Liège
Marburg
Vacha
Wetzlar
Fulda
Koblenz
Wiesbaden
Frankfurt am Main
Mainz
Bingen
Darmstadt
Würzburg
Trier
Luxembourg
Mannheim
Ludwigshafen am Rhein
Heidelberg
Speyer
Saarbrücken
Metz
Heilbronn
Karlsruhe
Pforzheim
Stuttgart
Nancy
Strasbourg
Tübingen
Reutlingen
Loßburg
Ulm
Freiburg im Breisgau
Thann
Mulhouse
Basel
Konstanz
Rhein
Weser
Neckar
Donau
301
147
367
421
255
139
278
241
445
258
376
291
235
243
238
194
314
404
211
142
325
XX Jakobswege
XX Pilgerwege
N
W
O
S
0
75
km
STEPMAP © Stepmap. 123map Daten: OpenStreetMap. ; ODbL

Buchtipps aus dem Conrad Stein Verlag

NEU 2019

Lahn-Camino und Rhein-Camino

Wolfgang Scholz
OutdoorHandbuch Band 445
Der Weg ist das Ziel
ca. 128 Seiten
ca. 9 Kartenskizzen und Höhenprofile

ISBN 978-3-86686-671-1

>>Das Buch beschreibt 9 attraktive Etappen für den Lahn- und Rhein-Camino von Wetzlar bis Kaub.

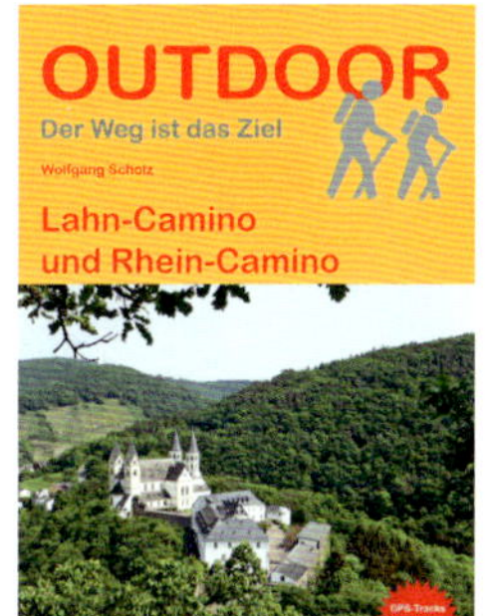

Mosel-Camino

Karl-Heinz Jung
OutdoorHandbuch Band 291
Der Weg ist das Ziel
96 Seiten ▸ 31 farbige Abbildungen
13 farbige Kartenskizzen und 9 farbige Höhenprofile

ISBN 978-3-86686-491-7

>>**Die Tagespost - reisen&wohlfühlen**:
„Jung ist die Strecke selbst mehrfach entlanggepilgert und lässt seine Erfahrungen mit einfließen.“

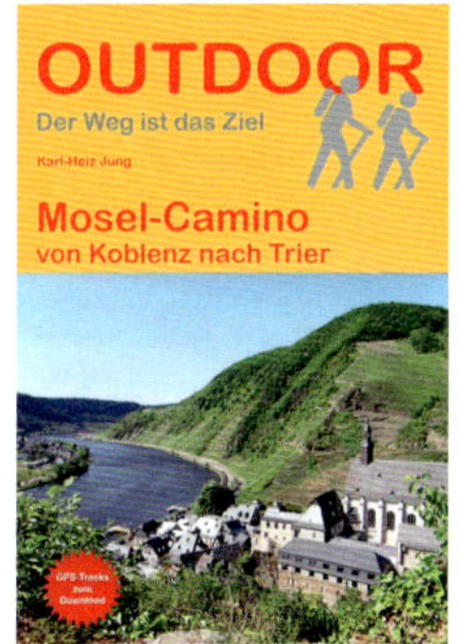

Jakobsweg Via Coloniensis

Ingrid Retterath
OutdoorHandbuch Band 241
Der Weg ist das Ziel
224 Seiten ▸ 68 farbige Abbildungen
20 farbige Kartenskizzen

ISBN 978-3-86686-439-9

>> gehlebt.at:
„Exakte Beschreibungen zeichnen diesen Wanderführer aus.“

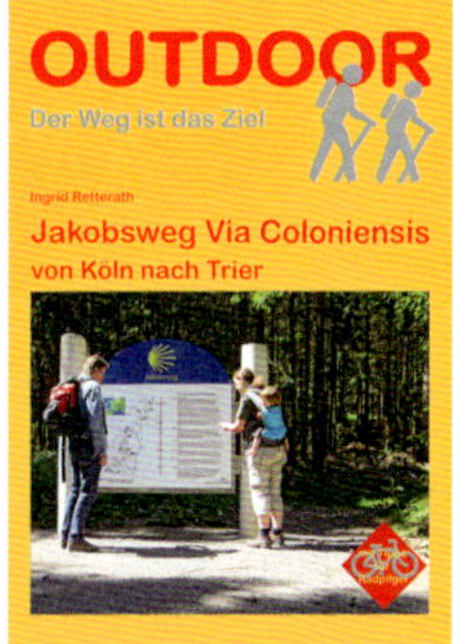

Buchtipps aus dem Conrad Stein Verlag

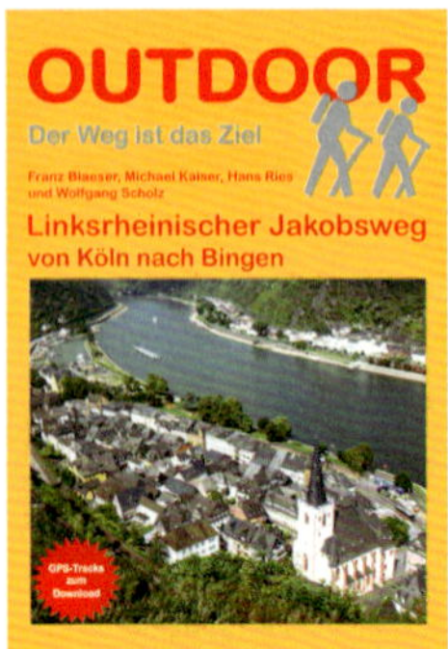

Linksrheinischer Jakobsweg
von Köln nach Bingen

Franz Blaeser, Michael Kaiser, Hans Ries
und Wolfgang Scholz
OutdoorHandbuch Band 278
Der Weg ist das Ziel
128 Seiten ▸ 42 farbige Abbildungen
29 farbige Karten und 10 farbige Höhenprofile

ISBN 978-3-86686-464-1

>> **unterwegs**: *„Einführung in die Jakobspilgerschaft und Reise-Infos bieten einen guten Einstieg."*

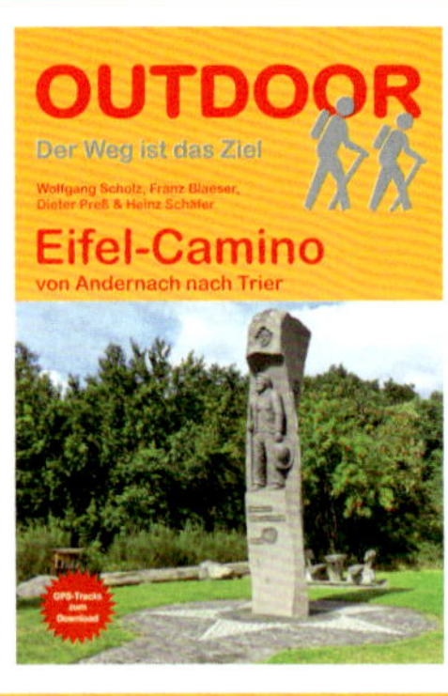

Eifel-Camino
von Andernach nach Trier

Wolfgang Scholz, Franz Blaeser, Dieter Preß
und Heinz Schäfer
OutdoorHandbuch Band 376
Der Weg ist das Ziel
159 Seiten ▸ 57 farbige Abbildungen
25 farbige Karten und 12 farbige Höhenprofile

ISBN 978-3-86686-489-4

>> **Hunsrücker Wochenspiegel**: *„Eine exakte Wegbeschreibung des 160 Kilometer langen Eifel-Camino."*

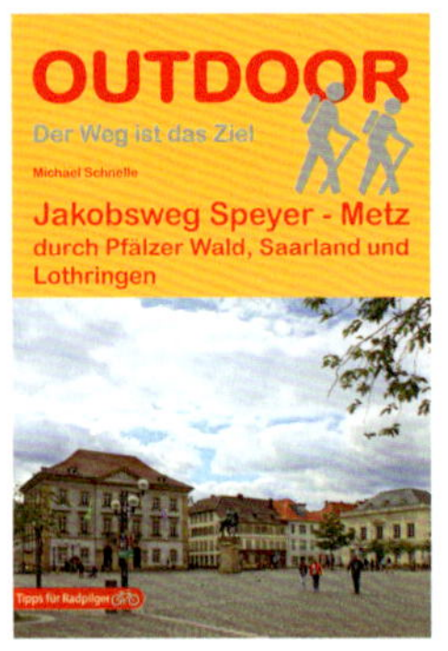

Jakobsweg Speyer – Metz
durch Pfälzer Wald, Saarland und Lothringen

Michael Schnelle
OutdoorHandbuch Band 243
Der Weg ist das Ziel
224 Seiten ▸ 32 farbige Abbildungen
30 farbige Karten und 18 farbige Höhenprofile

ISBN 978-3-86686-516-7

>>**Saar-Gast**: *„Übersichtlich bietet der kleine Band alle wichtigen Informationen zu den Tagestouren."*